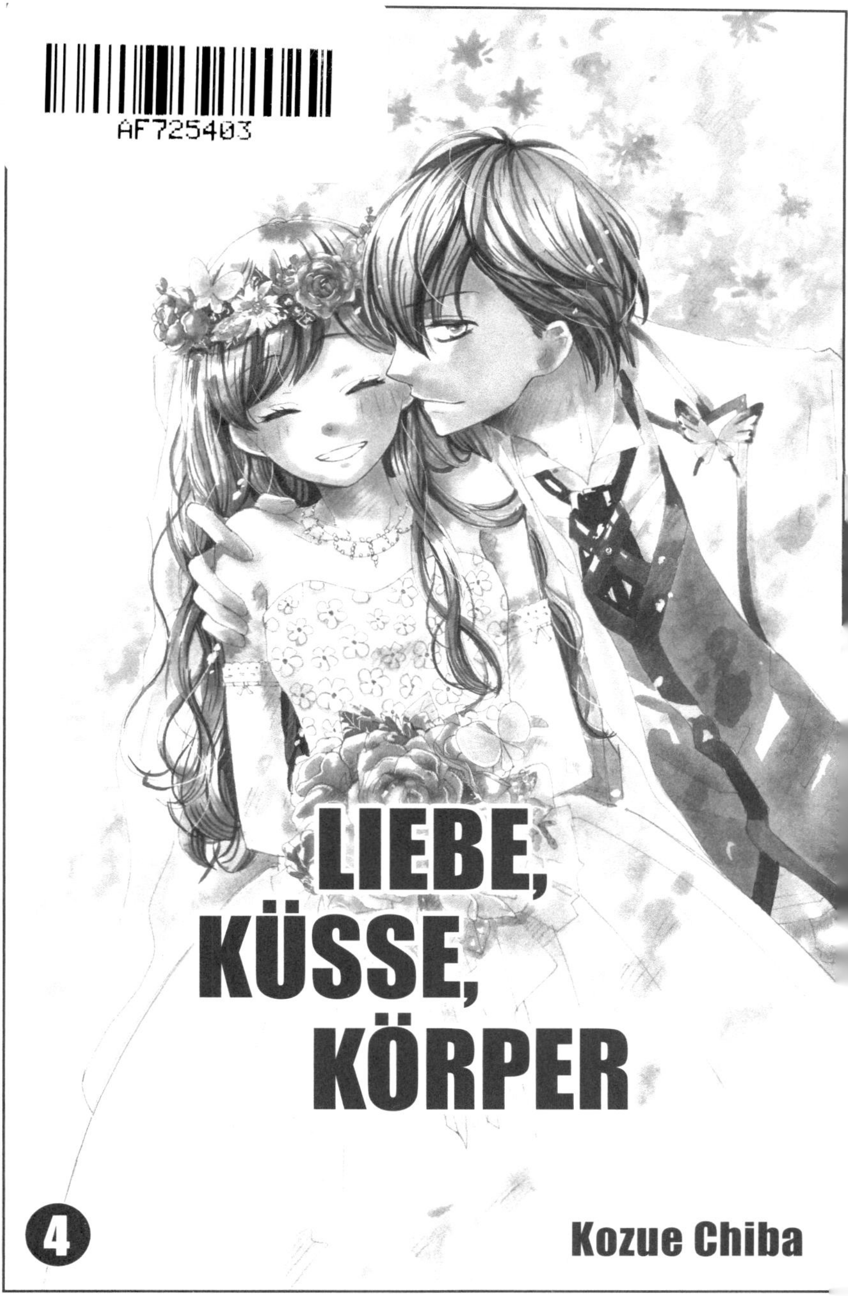

LIEBE, KÜSSE, KÖRPER

4

Kozue Chiba

LIEBE, KÜSSE, KÖRPER

4

Kozue Chiba

TOKYOPOP®

Inhaltsverzeichnis

Die Charaktere

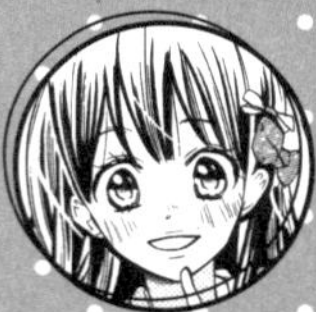

Sasa Yamamoto
ist natürlich und offenherzig. Ihre Familie besitzt eine Tierklinik.

Maki Kaneda
ist superbeliebt und gut aussehend. Seine Hündin heißt Raisin.

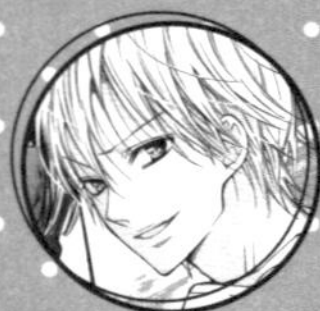

Was bisher geschah …

Sasa kennt ihren Schwarm Maki vom Sehen, doch erst auf der Highschool lernen sie sich richtig kennen. Dort entpuppt sich der nette und tierliebe Maki als waschechter Womanizer, der nichts anbrennen lässt! Als sich Maki schließlich auch in Sasa verliebt, werden die beiden ein Paar! Sasas Vater ist aber gegen die Beziehung. Doch Sasa hält an ihrer Liebe fest und überzeugt so letztlich auch ihn. Endlich können sie und Maki unbeschwert zusammen sein …

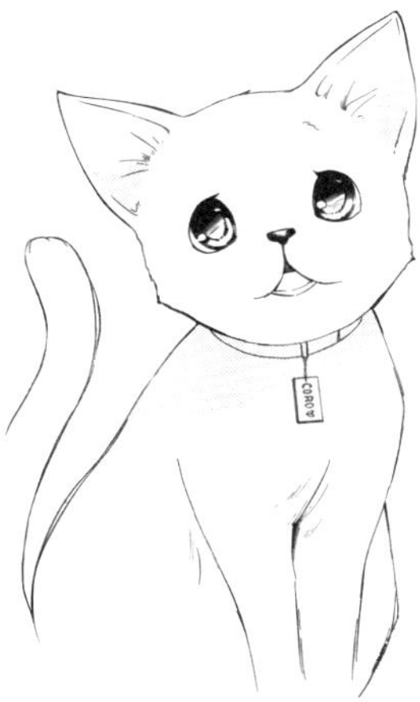
CORO♡

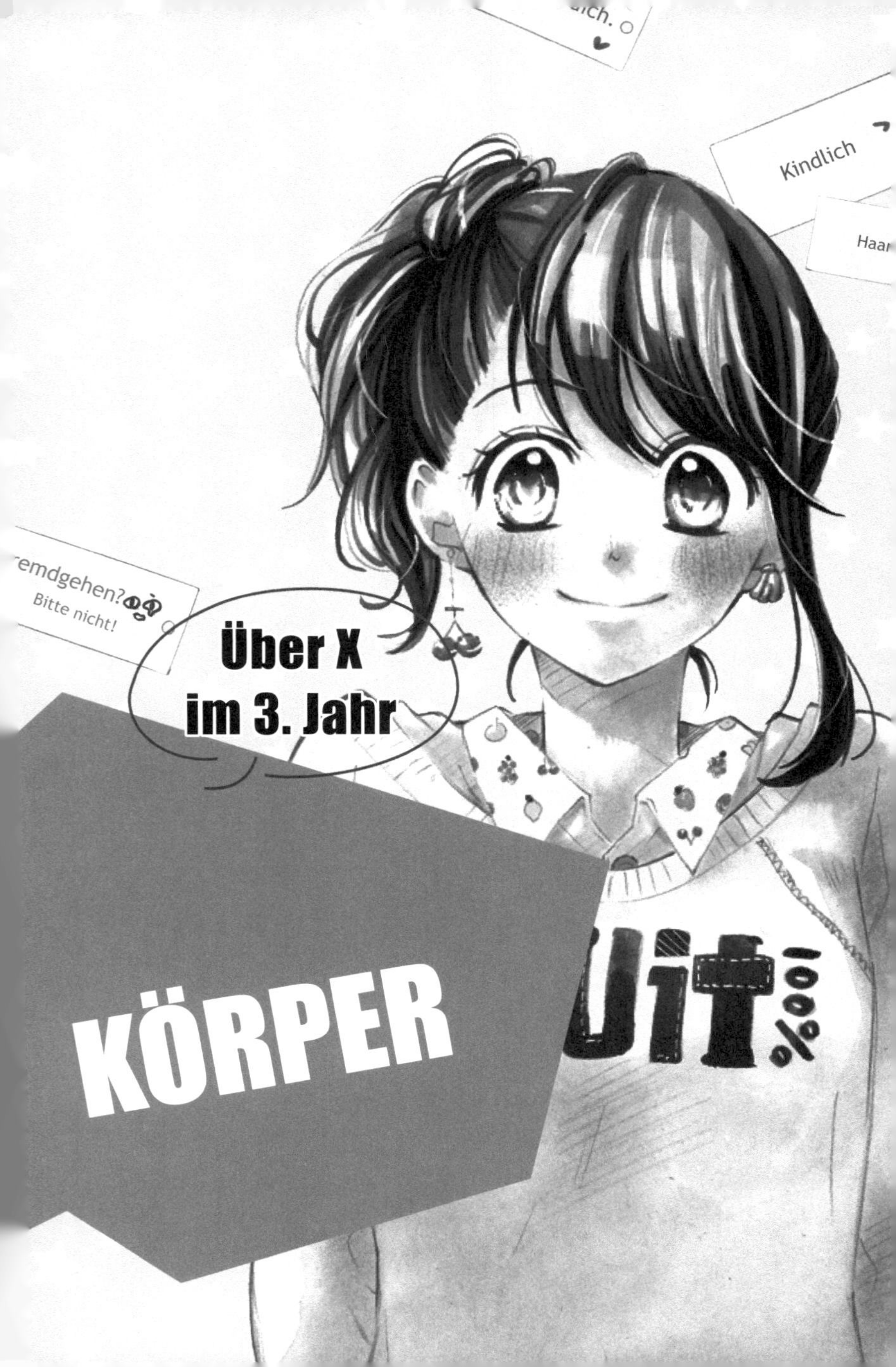

Kindlich
Haar
remdgehen?
Bitte nicht!
Über X
im 3. Jahr
KÖRPER

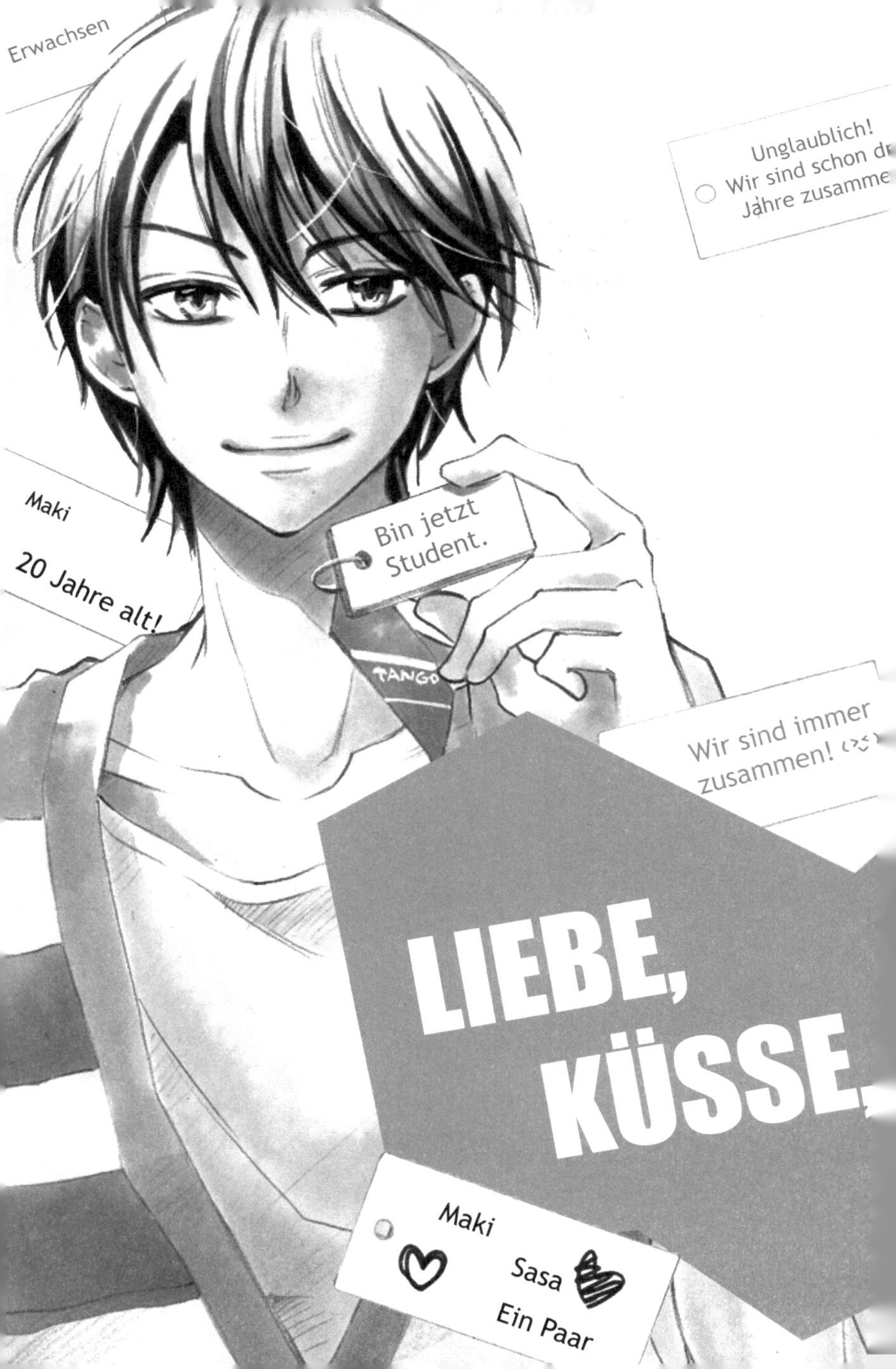
Erwachsen
Unglaublich! Wir sind schon d
Jahre zusamme
Maki
20 Jahre alt!
Bin jetzt Student.
TANGO
Wir sind immer zusammen!
LIEBE, KÜSSE,
Maki
Sasa
Ein Paar

LIEBE, KÜSSE, KÖRPER

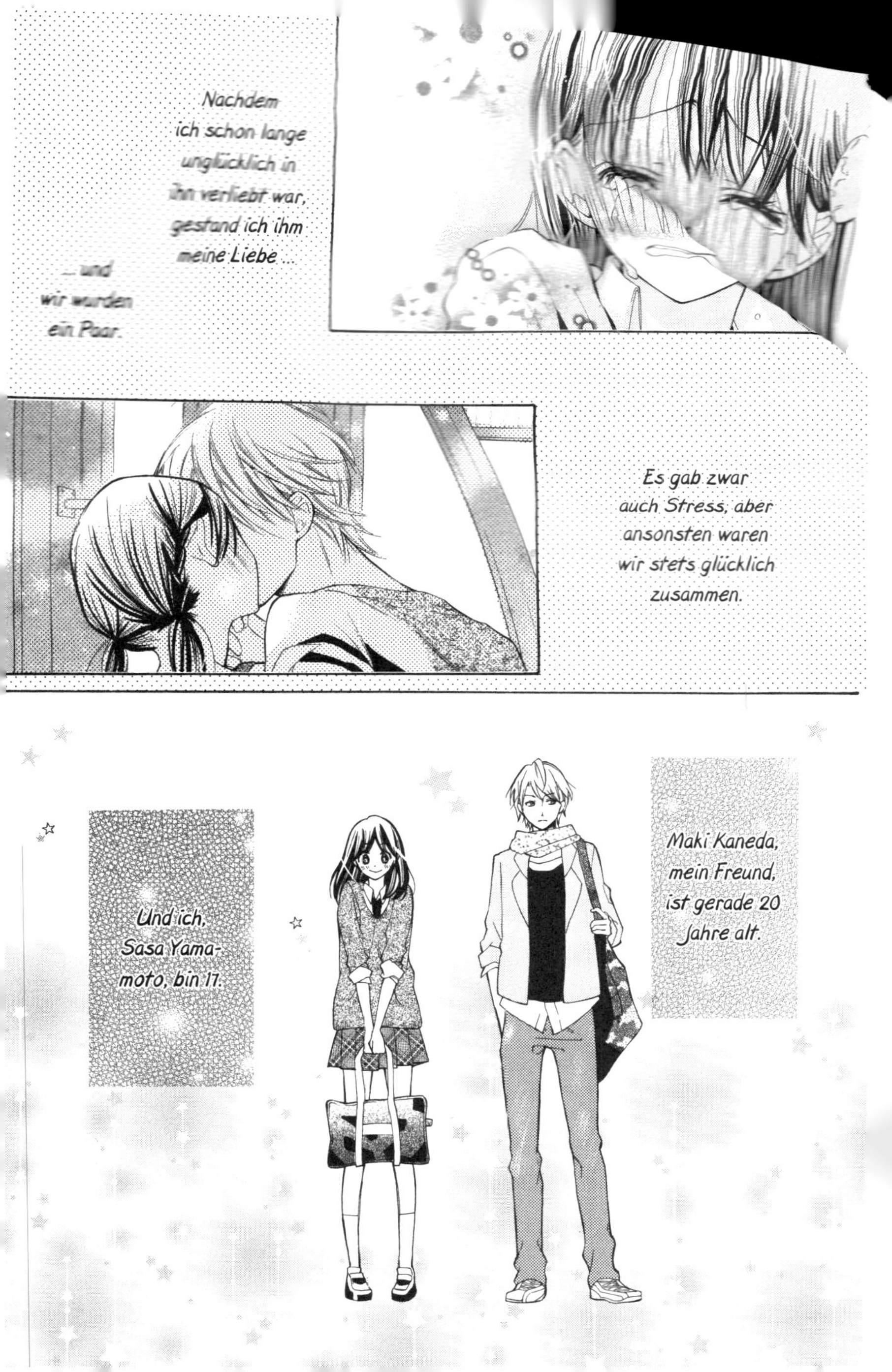

Nachdem ich schon lange unglücklich in ihn verliebt war, gestand ich ihm meine Liebe ...
... und wir wurden ein Paar.
Es gab zwar auch Stress, aber ansonsten waren wir stets glücklich zusammen.
Maki Kaneda, mein Freund, ist gerade 20 Jahre alt.
Und ich, Sasa Yamamoto, bin 17.

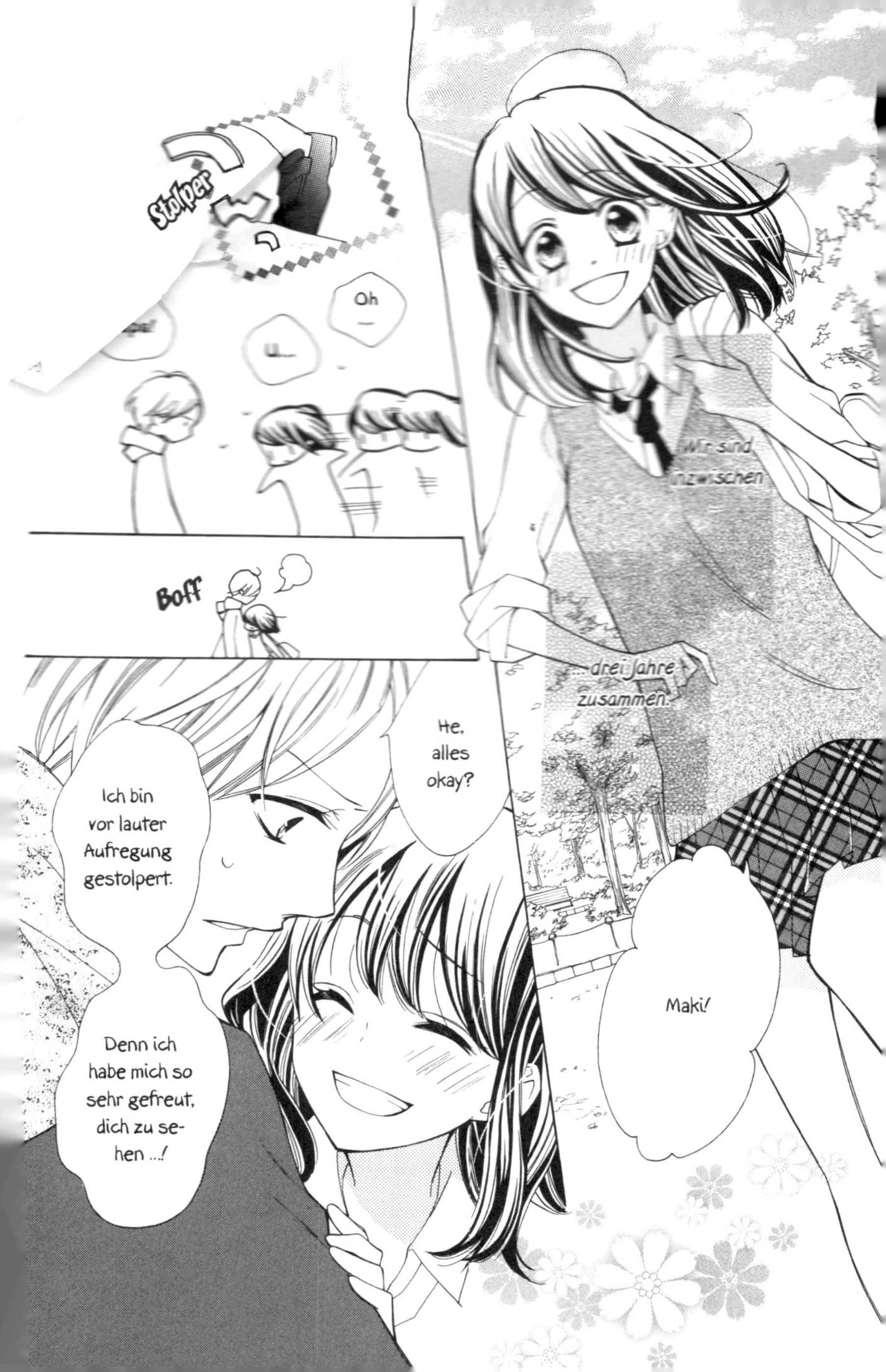
Wir sind inzwischen
... drei Jahre zusammen.
Maki!
Stolper
Oh
U...
Boff
He, alles okay?
Ich bin vor lauter Aufregung gestolpert.
Denn ich habe mich so sehr gefreut, dich zu sehen ...!

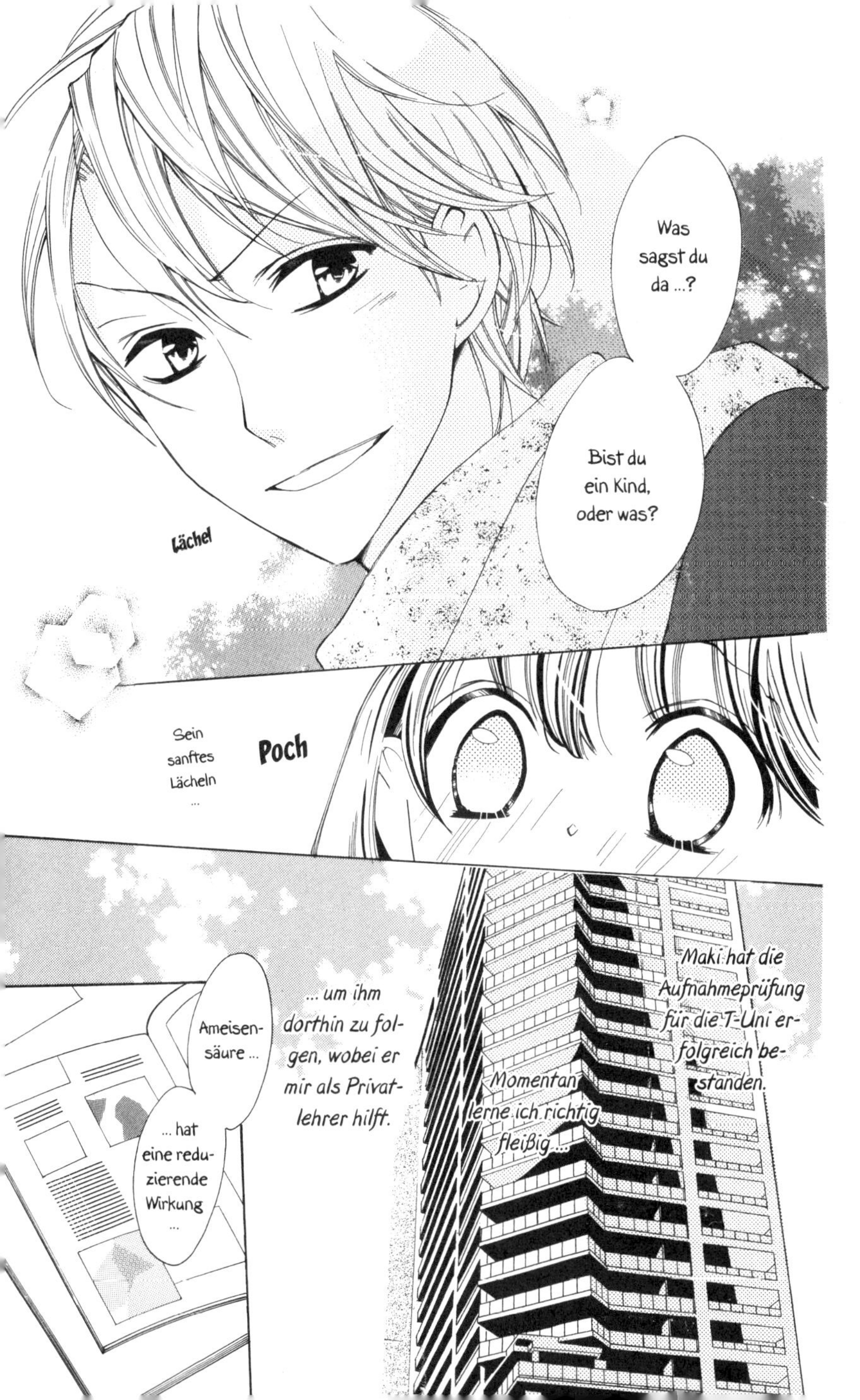
Was sagst du da ...?
Bist du ein Kind, oder was?
Lächel
Poch
Sein sanftes Lächeln ...
Maki hat die Aufnahmeprüfung für die T-Uni erfolgreich bestanden.
Momentan lerne ich richtig fleißig ...
... um ihm dorthin zu folgen, wobei er mir als Privatlehrer hilft.
Ameisensäure ...
... hat eine reduzierende Wirkung ...

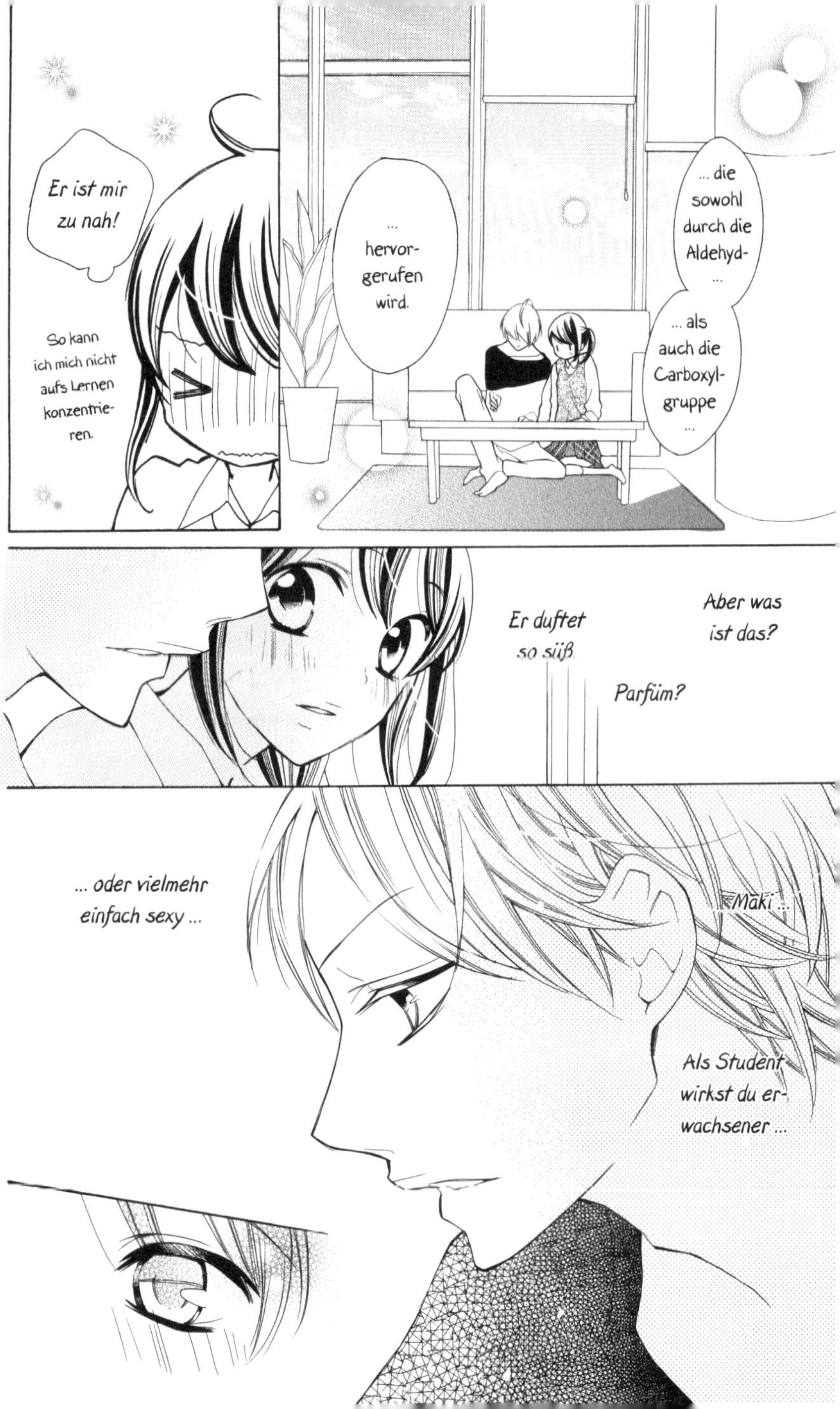
... die sowohl durch die Aldehyd- ...
... als auch die Carboxylgruppe ...
... hervorgerufen wird.
Er ist mir zu nah!
So kann ich mich nicht aufs Lernen konzentrieren.
Aber was ist das?
Parfüm?
Er duftet so süß
Maki ...
Als Student wirkst du erwachsener ...
... oder vielmehr einfach sexy ...

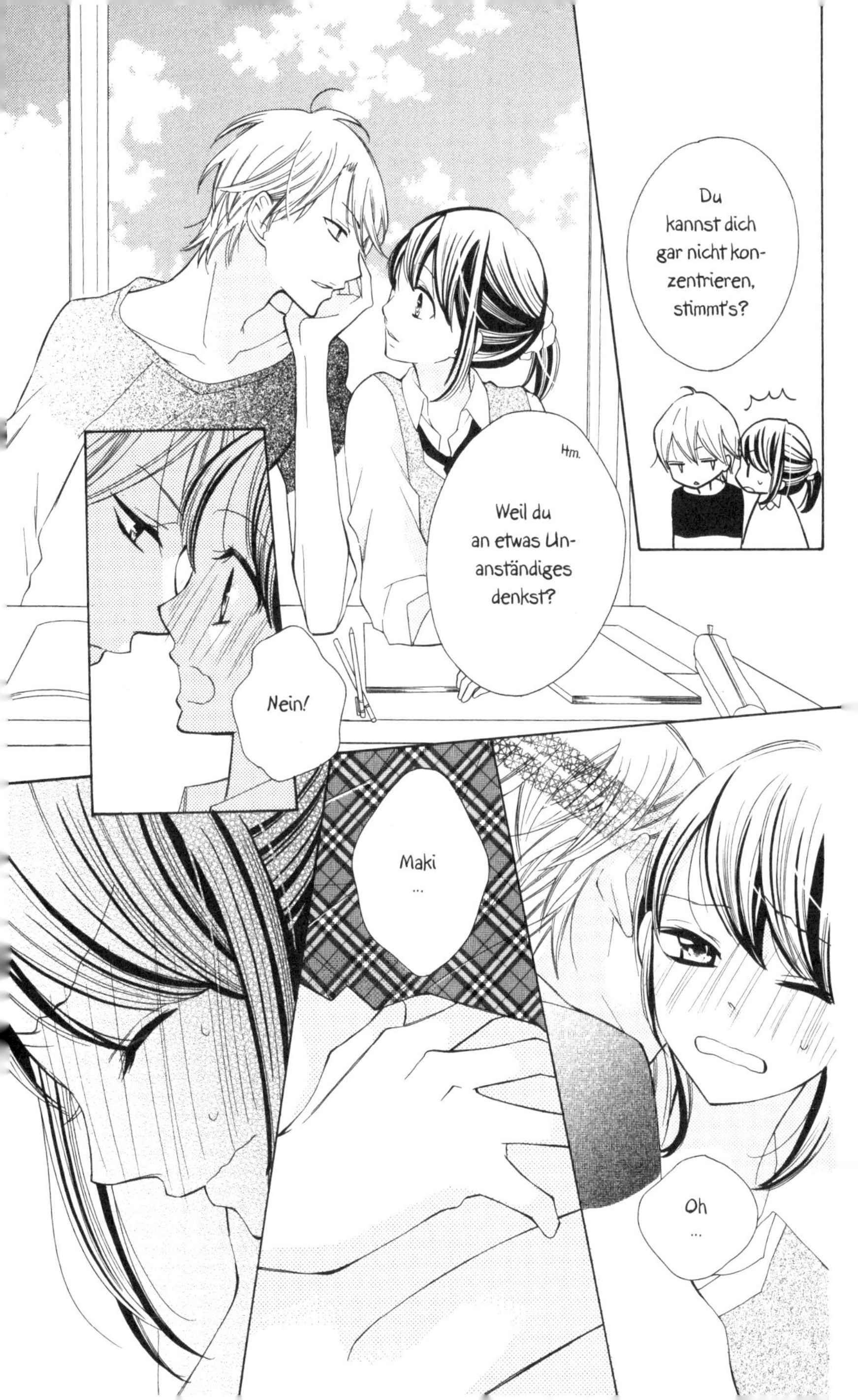
Du kannst dich gar nicht konzentrieren, stimmt's?
Hm.
Weil du an etwas Unanständiges denkst?
Nein!
Oh ...
Maki ...

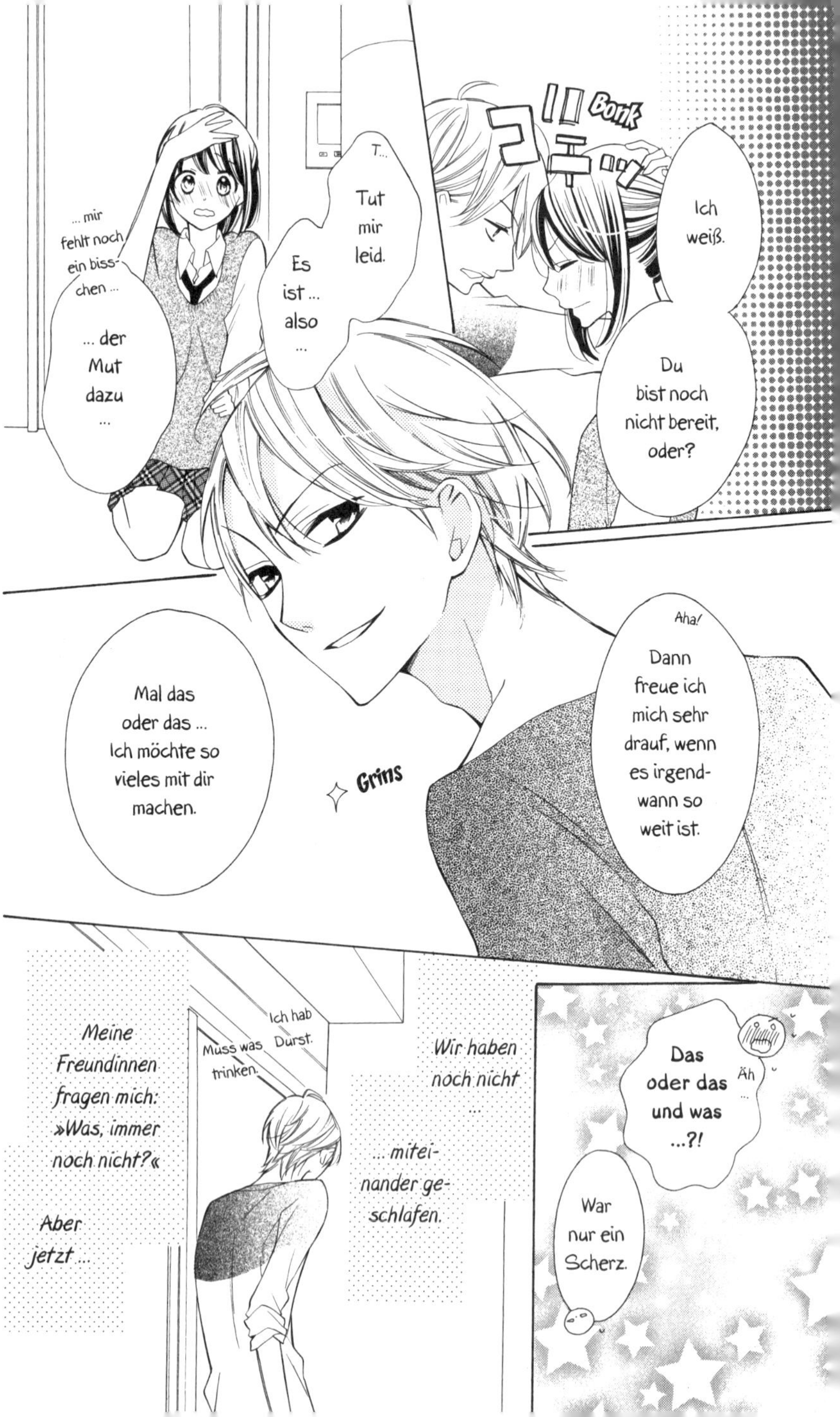
Bonk
Ich weiß.
Du bist noch nicht bereit, oder?
T... Tut mir leid.
Es ist ... also ...
... mir fehlt noch ein bisschen ...
... der Mut dazu ...
Aha! Dann freue ich mich sehr drauf, wenn es irgendwann so weit ist.
Grins
Mal das oder das ... Ich möchte so vieles mit dir machen.
Das oder das und was ...?!
Äh ...
War nur ein Scherz.
Wir haben noch nicht ...
... miteinander geschlafen.
Ich hab Durst.
Muss was trinken.
Meine Freundinnen fragen mich: »Was, immer noch nicht?«
Aber jetzt ...

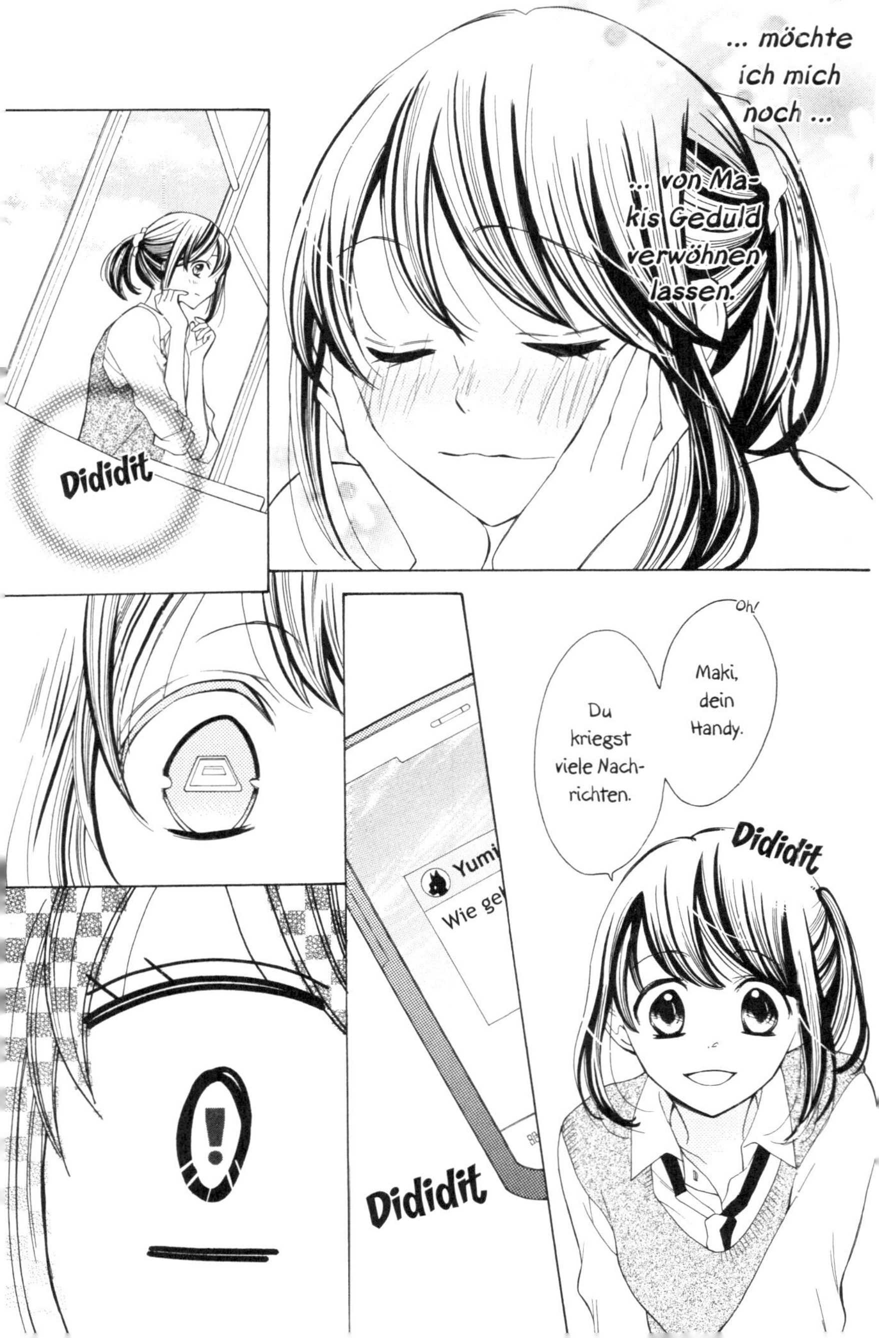

... möchte ich mich noch ...
... von Makis Geduld verwöhnen lassen.
Dididit
Oh!
Maki, dein Handy.
Du kriegst viele Nachrichten.
Dididit
Yumi
Dididit

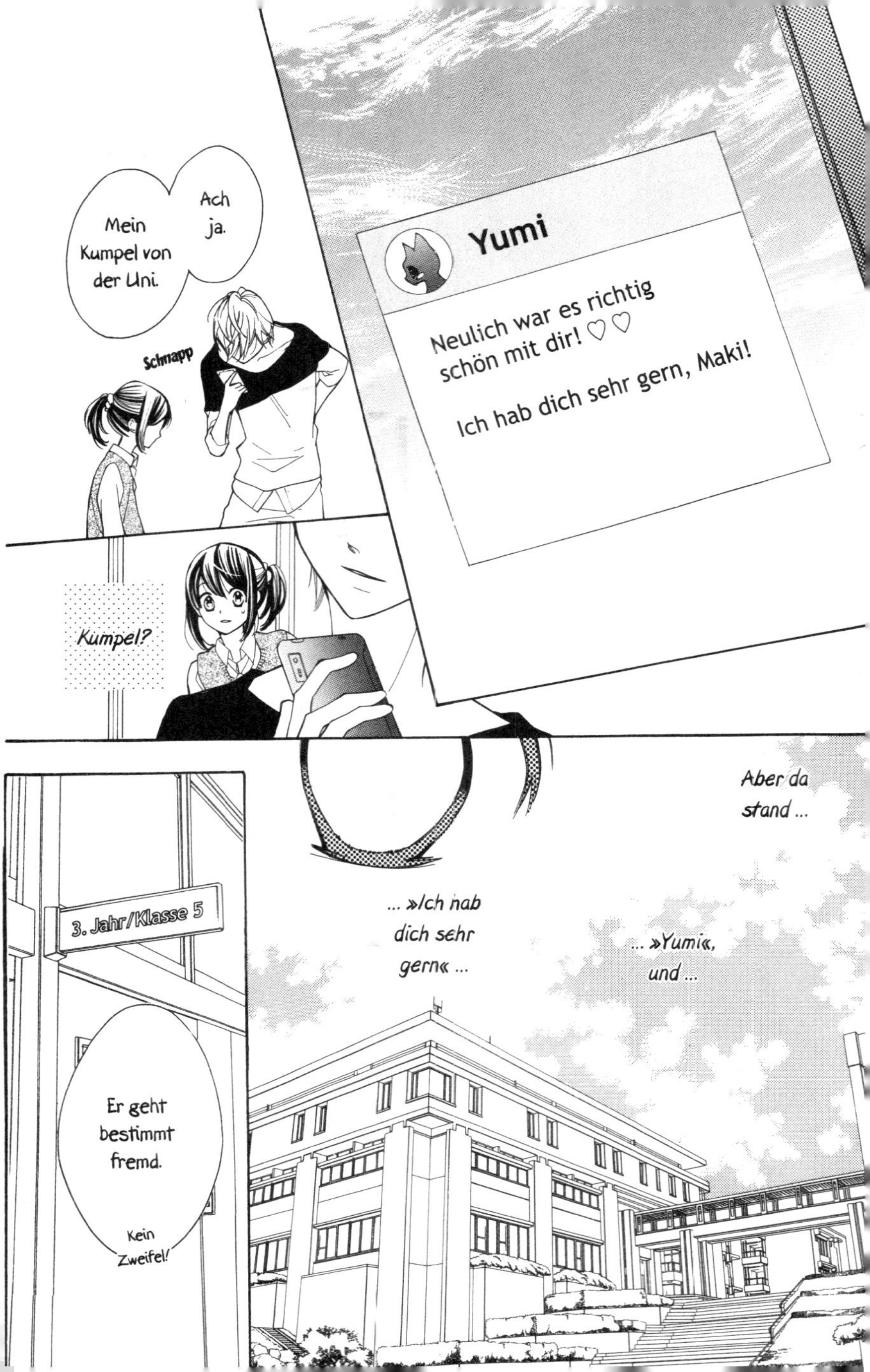

Ach ja.
Mein Kumpel von der Uni.
Schnapp
Kumpel?
Yumi
Neulich war es richtig schön mit dir! ♡ ♡
Ich hab dich sehr gern, Maki!
Aber da stand ...
... »Yumi«, und ...
... »Ich hab dich sehr gern« ...
3. Jahr/Klasse 5
Er geht bestimmt fremd.
Kein Zweifel!

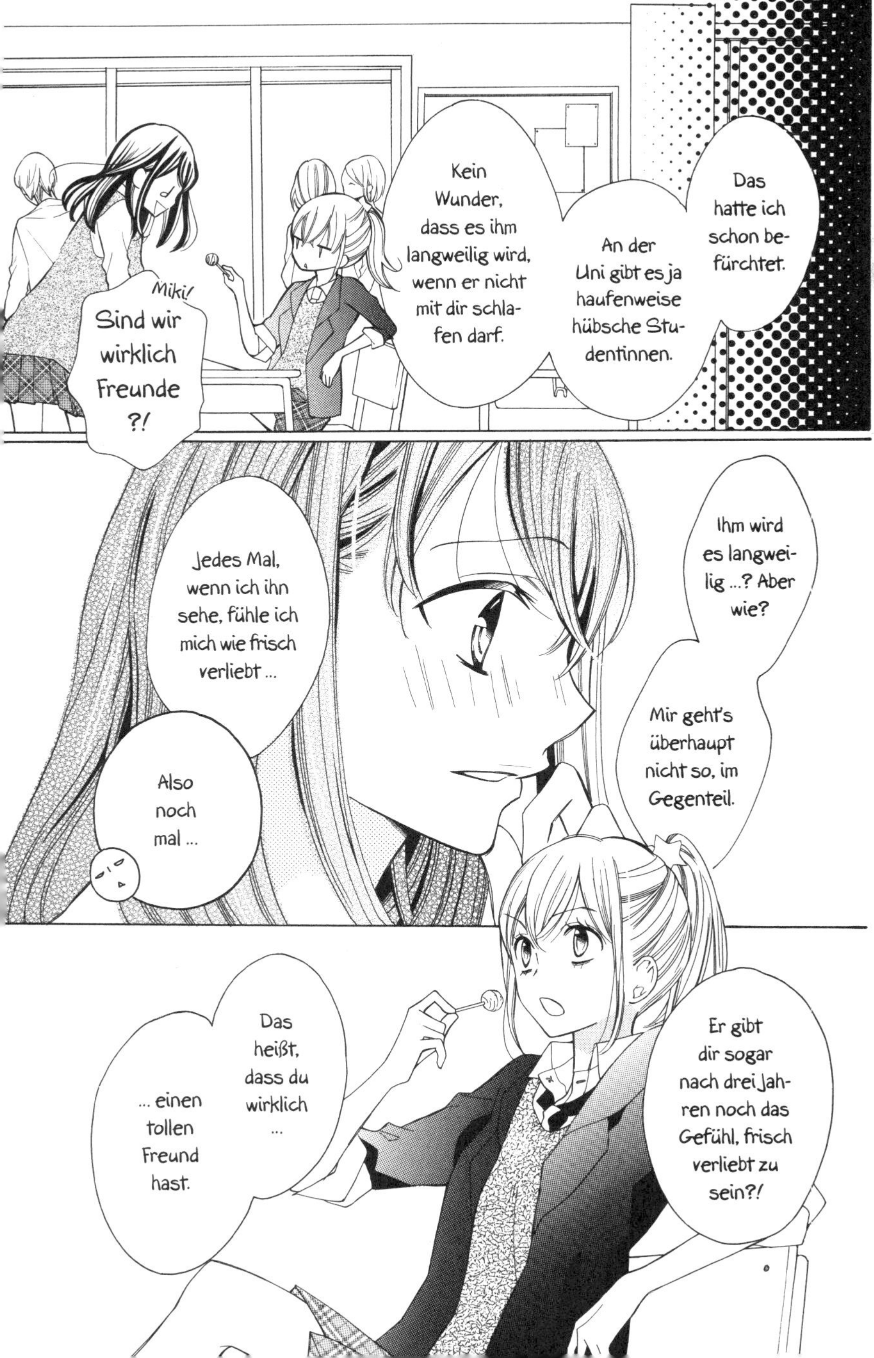
Das hatte ich schon befürchtet.
An der Uni gibt es ja haufenweise hübsche Studentinnen.
Kein Wunder, dass es ihm langweilig wird, wenn er nicht mit dir schlafen darf.
Miki!
Sind wir wirklich Freunde ?!
Ihm wird es langweilig …? Aber wie?
Mir geht's überhaupt nicht so, im Gegenteil.
Jedes Mal, wenn ich ihn sehe, fühle ich mich wie frisch verliebt …
Also noch mal …
Er gibt dir sogar nach drei Jahren noch das Gefühl, frisch verliebt zu sein?!
Das heißt, dass du wirklich …
… einen tollen Freund hast.

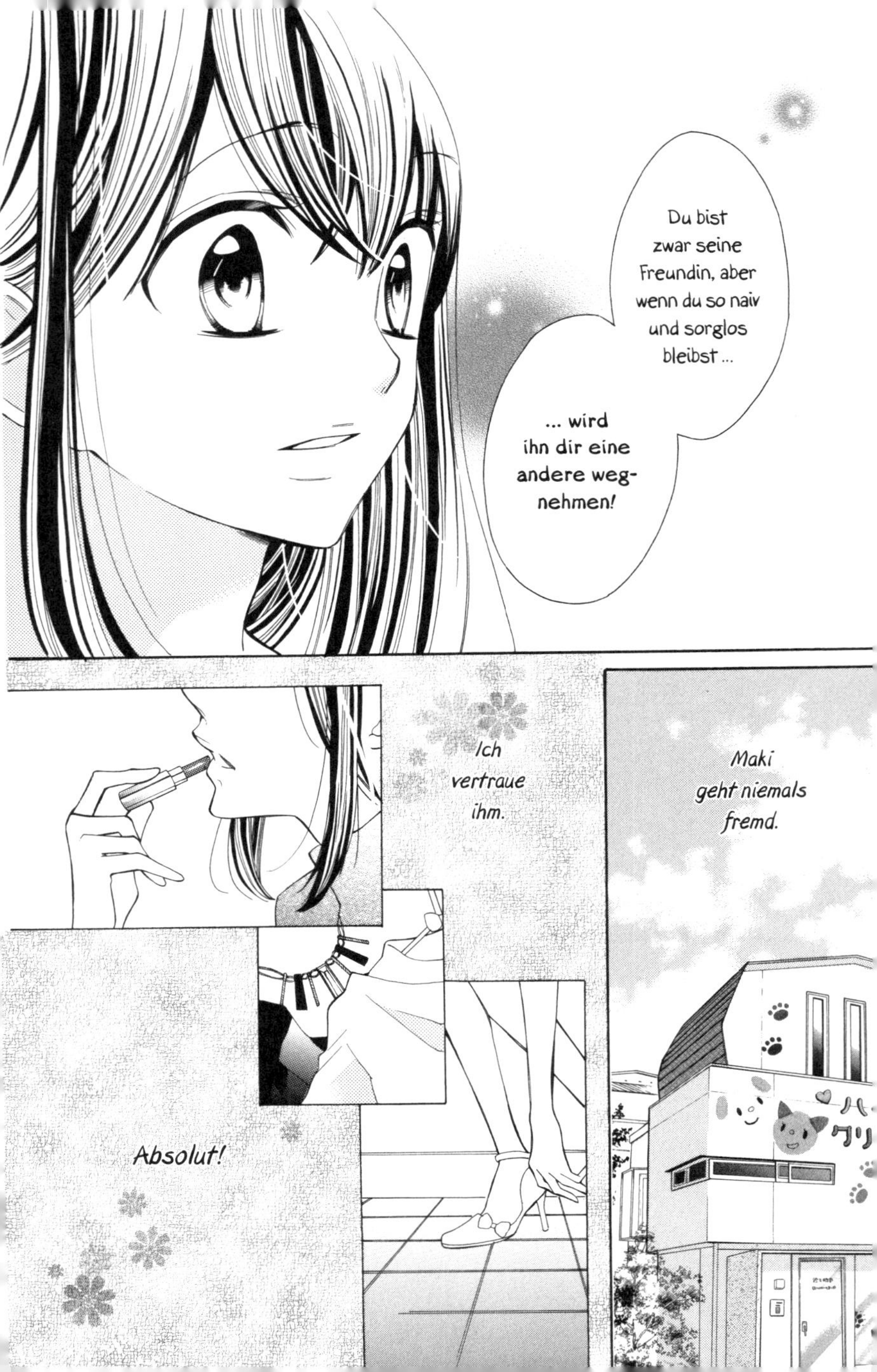
Du bist zwar seine Freundin, aber wenn du so naiv und sorglos bleibst ...
... wird ihn dir eine andere weg-nehmen!
Maki geht niemals fremd.
Ich vertraue ihm.
Absolut!

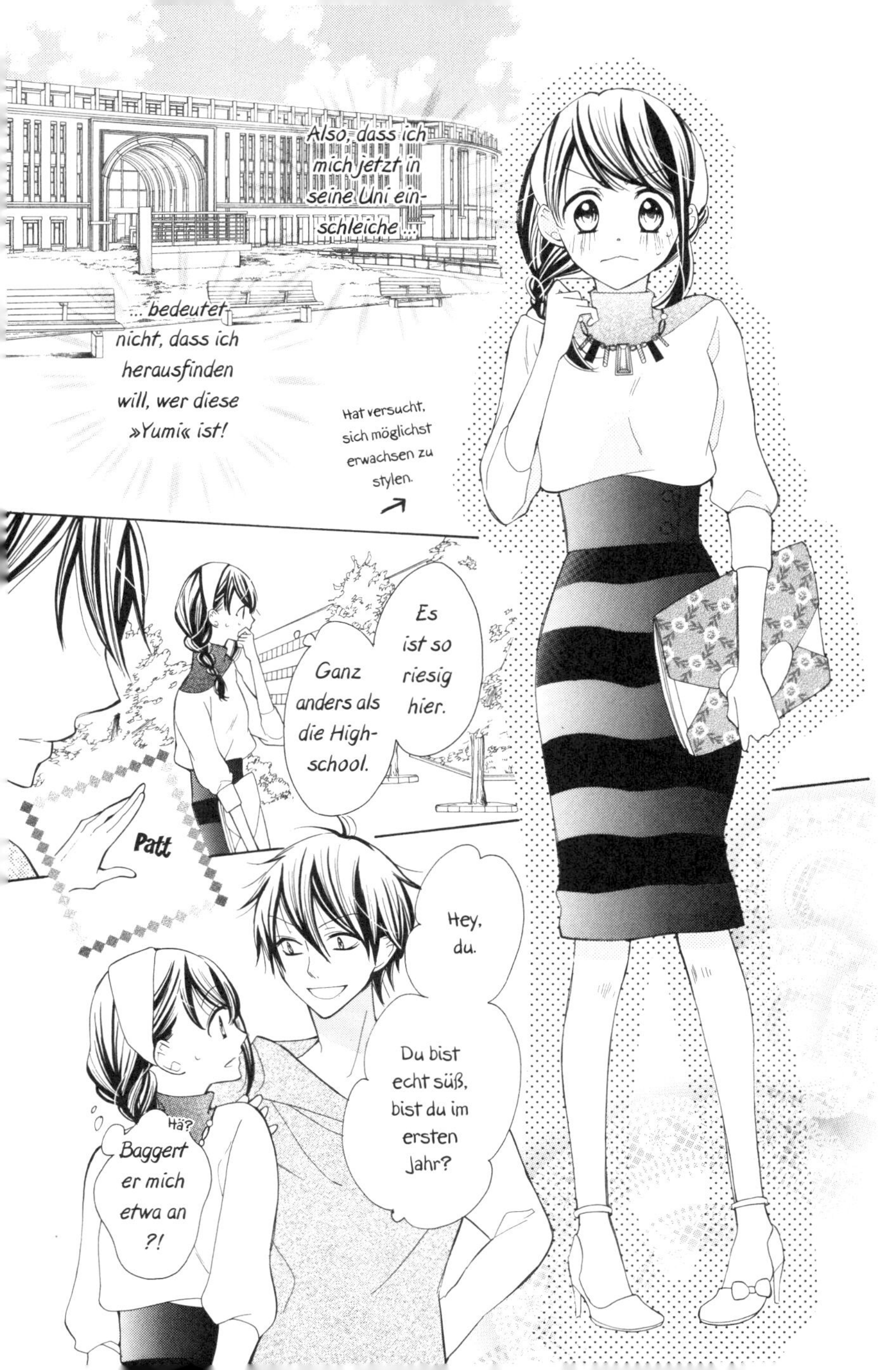
Also, dass ich mich jetzt in seine Uni ein-schleiche ...
... bedeutet nicht, dass ich herausfinden will, wer diese »Yumi« ist!
Hat versucht, sich möglichst erwachsen zu stylen.
Es ist so riesig hier.
Ganz anders als die High-school.
Patt
Hey, du.
Du bist echt süß, bist du im ersten Jahr?
Hä?
Baggert er mich etwa an ?!

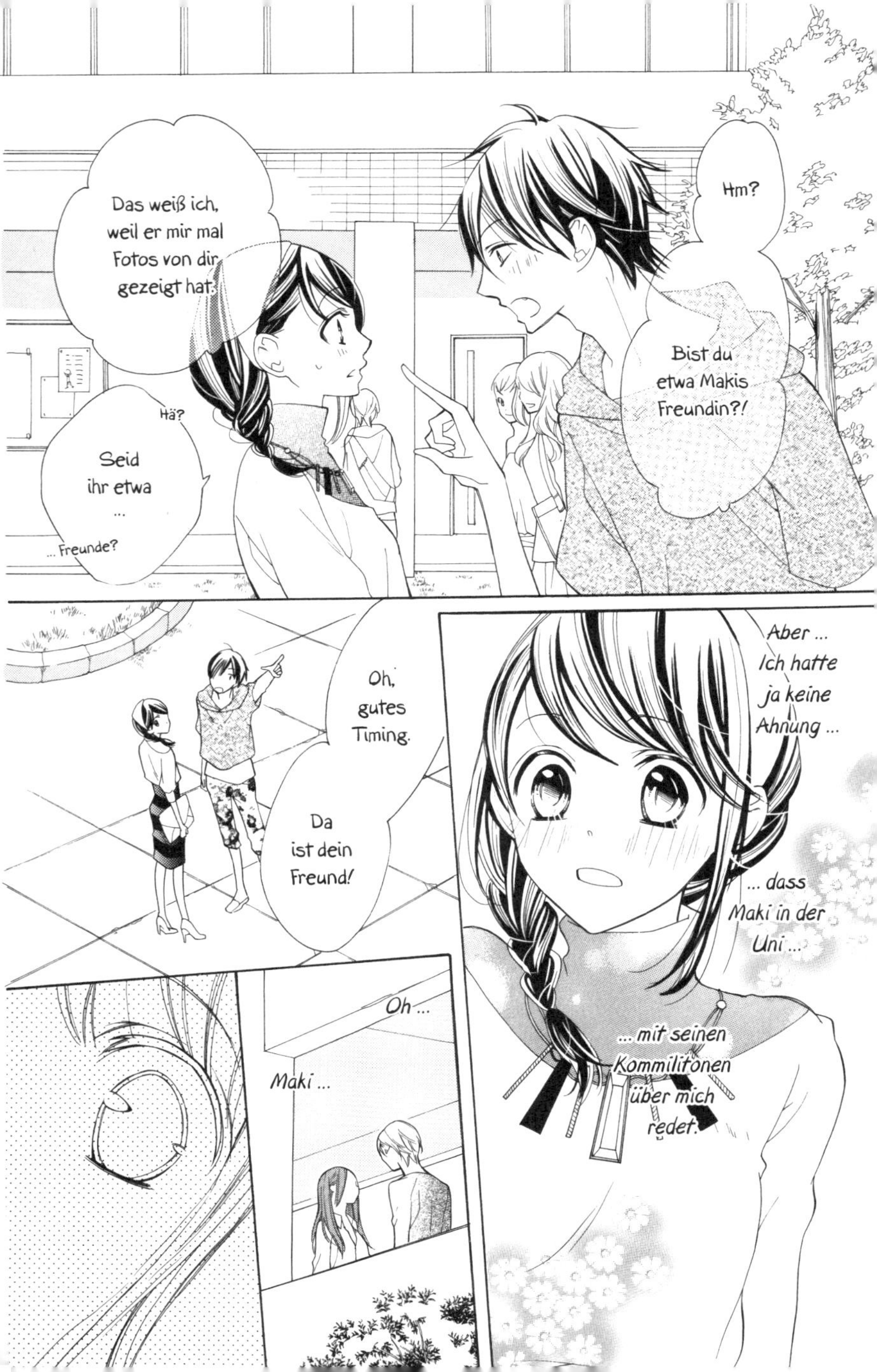

Hm?
Bist du etwa Makis Freundin?!
Das weiß ich, weil er mir mal Fotos von dir gezeigt hat.
Hä?
Seid ihr etwa ...
... Freunde?
Oh, gutes Timing.
Da ist dein Freund!
Oh ...
Maki ...
Aber ... Ich hatte ja keine Ahnung ...
... dass Maki in der Uni ...
... mit seinen Kommilitonen über mich redet.

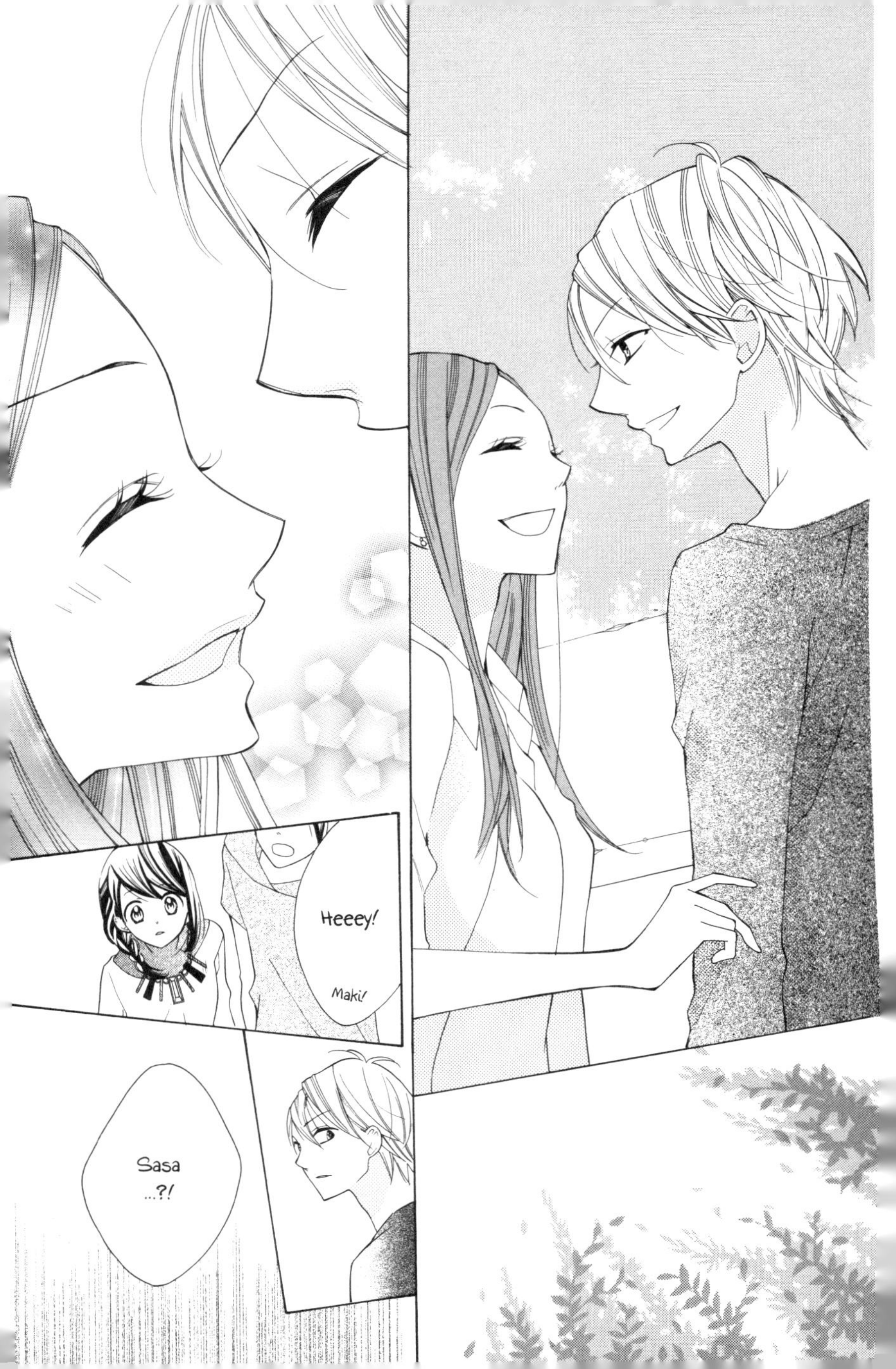
Heeey!
Maki!
Sasa
...?!

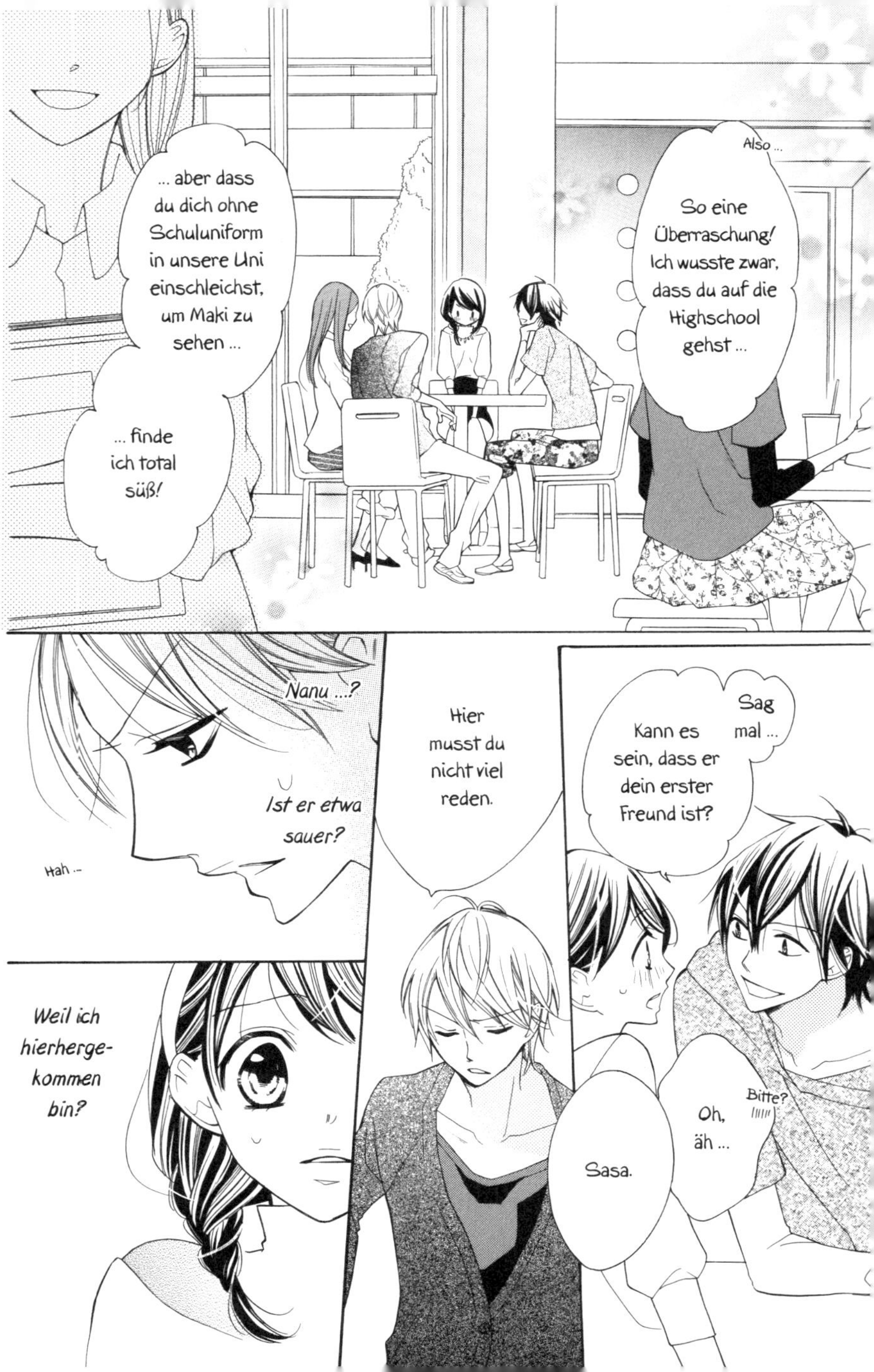
Also ...
So eine Überraschung! Ich wusste zwar, dass du auf die Highschool gehst ...
... aber dass du dich ohne Schuluniform in unsere Uni einschleichst, um Maki zu sehen ...
... finde ich total süß!
Sag mal ...
Kann es sein, dass er dein erster Freund ist?
Hier musst du nicht viel reden.
Nanu ...?
Ist er etwa sauer?
Hah ...
Bitte?
Oh, äh ...
Sasa.
Weil ich hierherge-kommen bin?

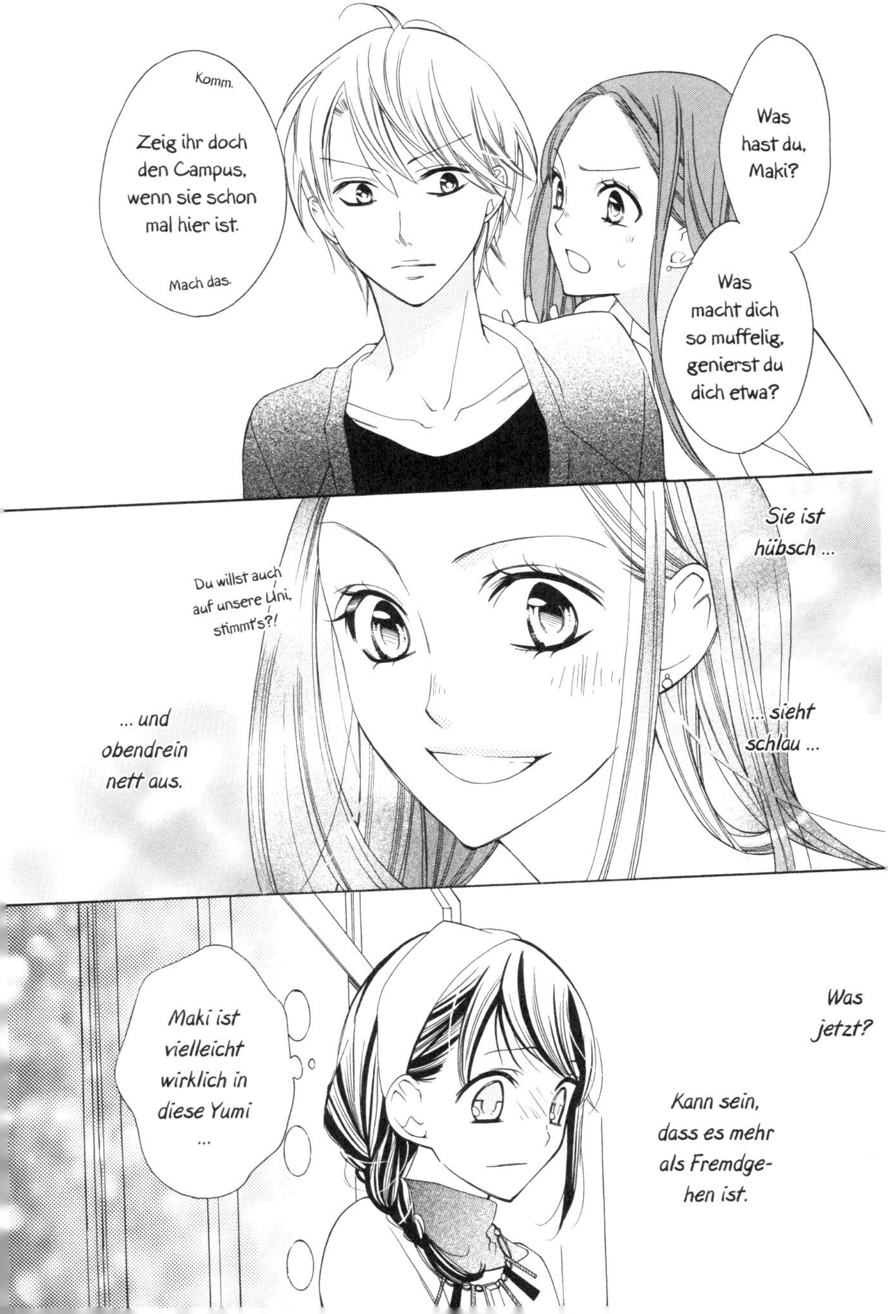
Was hast du, Maki?
Was macht dich so muffelig, genierst du dich etwa?
Komm.
Zeig ihr doch den Campus, wenn sie schon mal hier ist.
Mach das.
Sie ist hübsch ...
... sieht schlau ...
Du willst auch auf unsere Uni, stimmt's?!
... und obendrein nett aus.
Was jetzt?
Kann sein, dass es mehr als Fremdgehen ist.
Maki ist vielleicht wirklich in diese Yumi ...

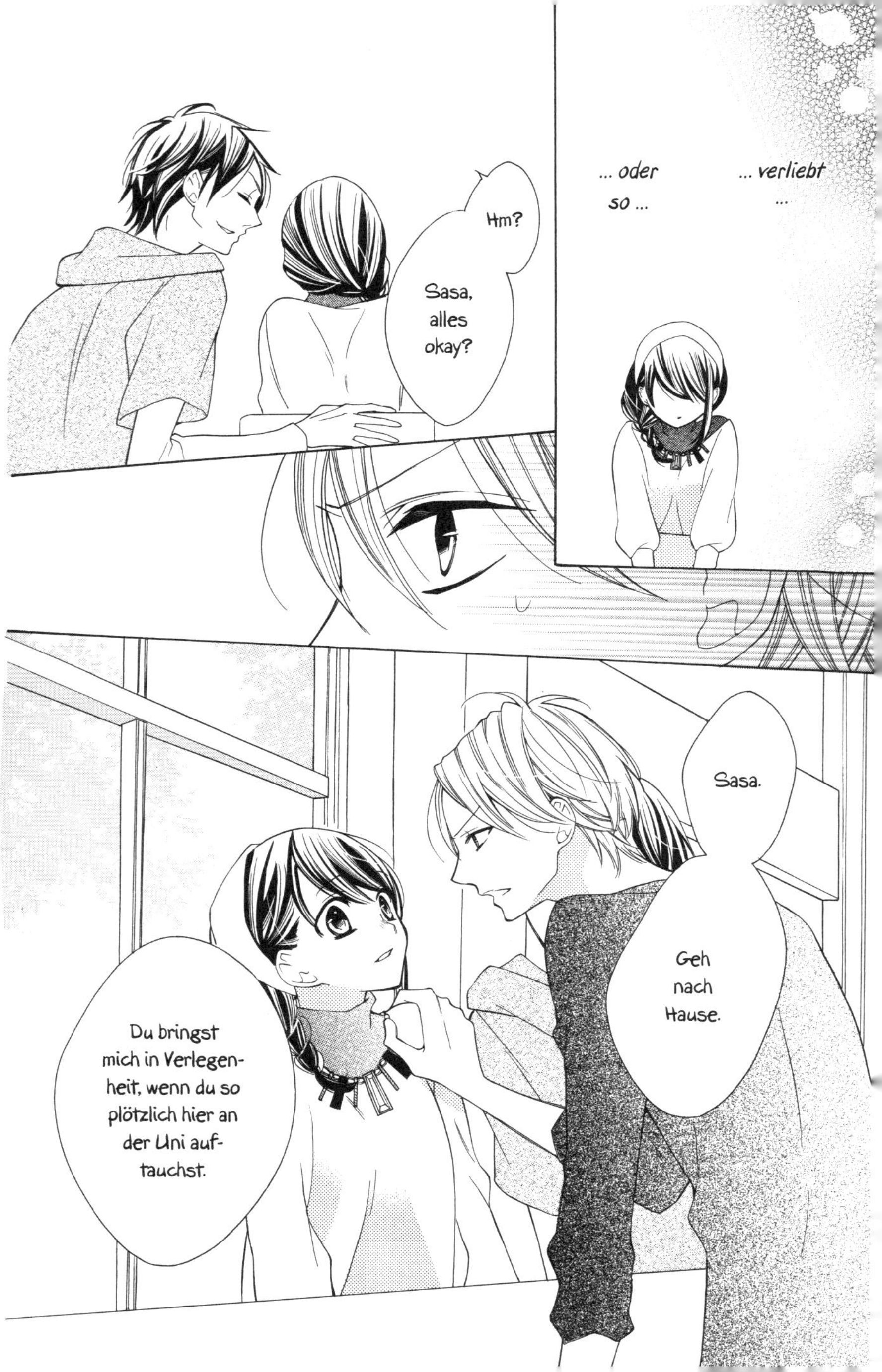
... verliebt ...
... oder so ...
Hm?
Sasa, alles okay?
Sasa.
Geh nach Hause.
Du bringst mich in Verlegenheit, wenn du so plötzlich hier an der Uni auftauchst.

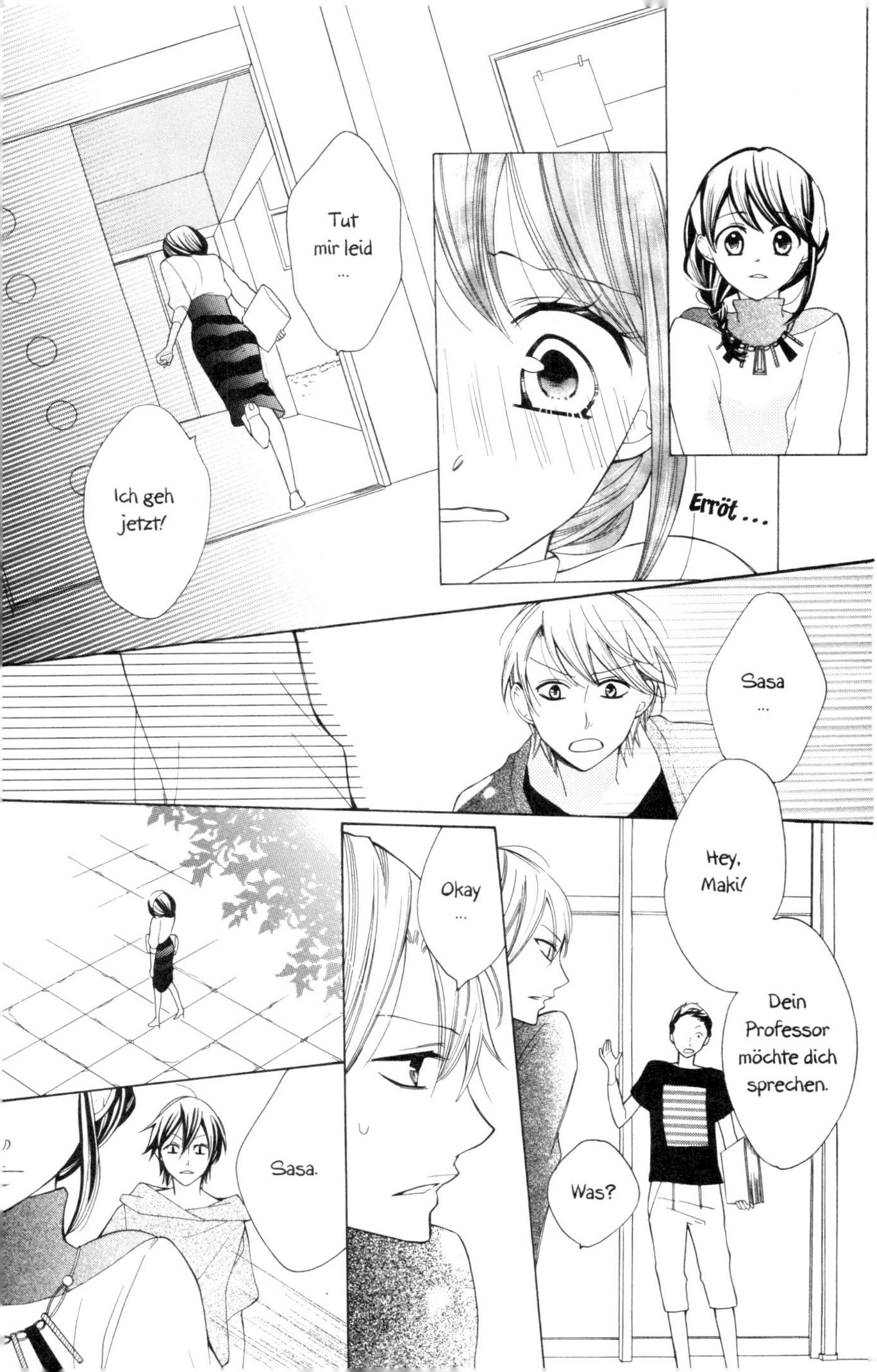
Erröt ...
Tut mir leid ...
Ich geh jetzt!
Sasa ...
Hey, Maki!
Dein Professor möchte dich sprechen.
Was?
Okay ...
Sasa.

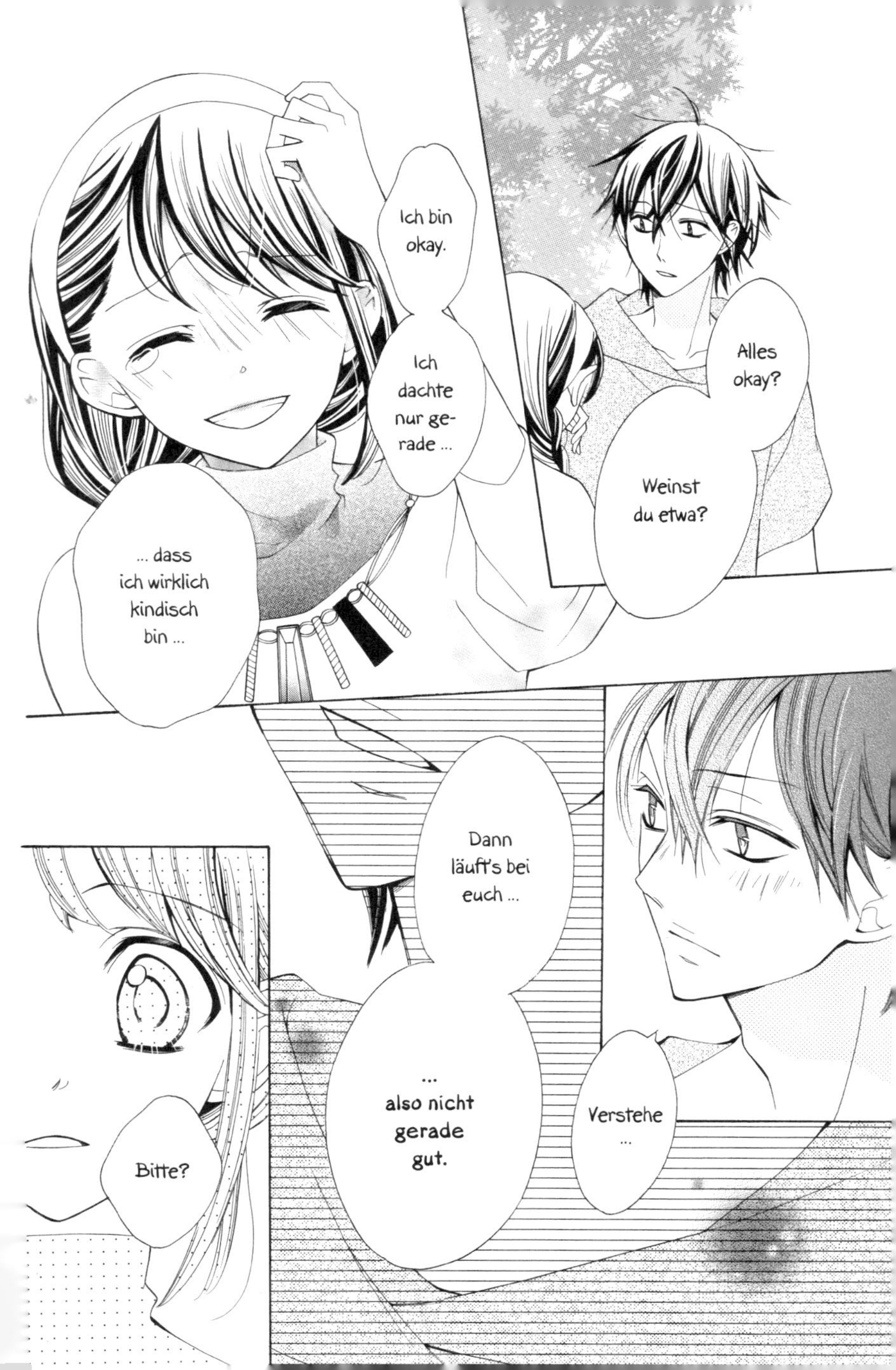
Alles okay?
Weinst du etwa?
Ich bin okay.
Ich dachte nur gerade ...
... dass ich wirklich kindisch bin ...
Verstehe ...
Dann läuft's bei euch ...
... also nicht gerade gut.
Bitte?

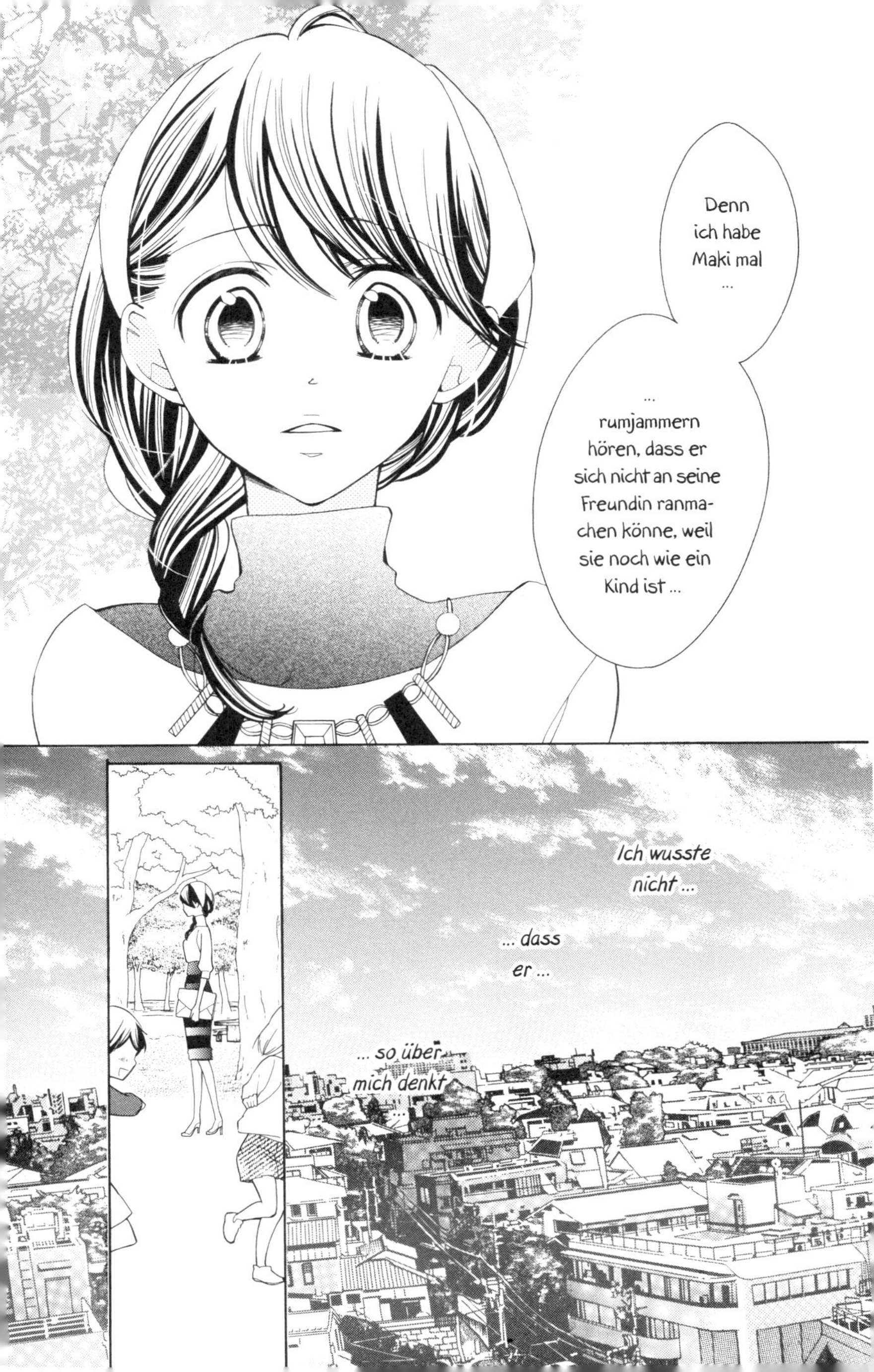
Denn ich habe Maki mal ...
... rumjammern hören, dass er sich nicht an seine Freundin ranmachen könne, weil sie noch wie ein Kind ist ...
Ich wusste nicht ...
... dass er ...
... so über mich denkt

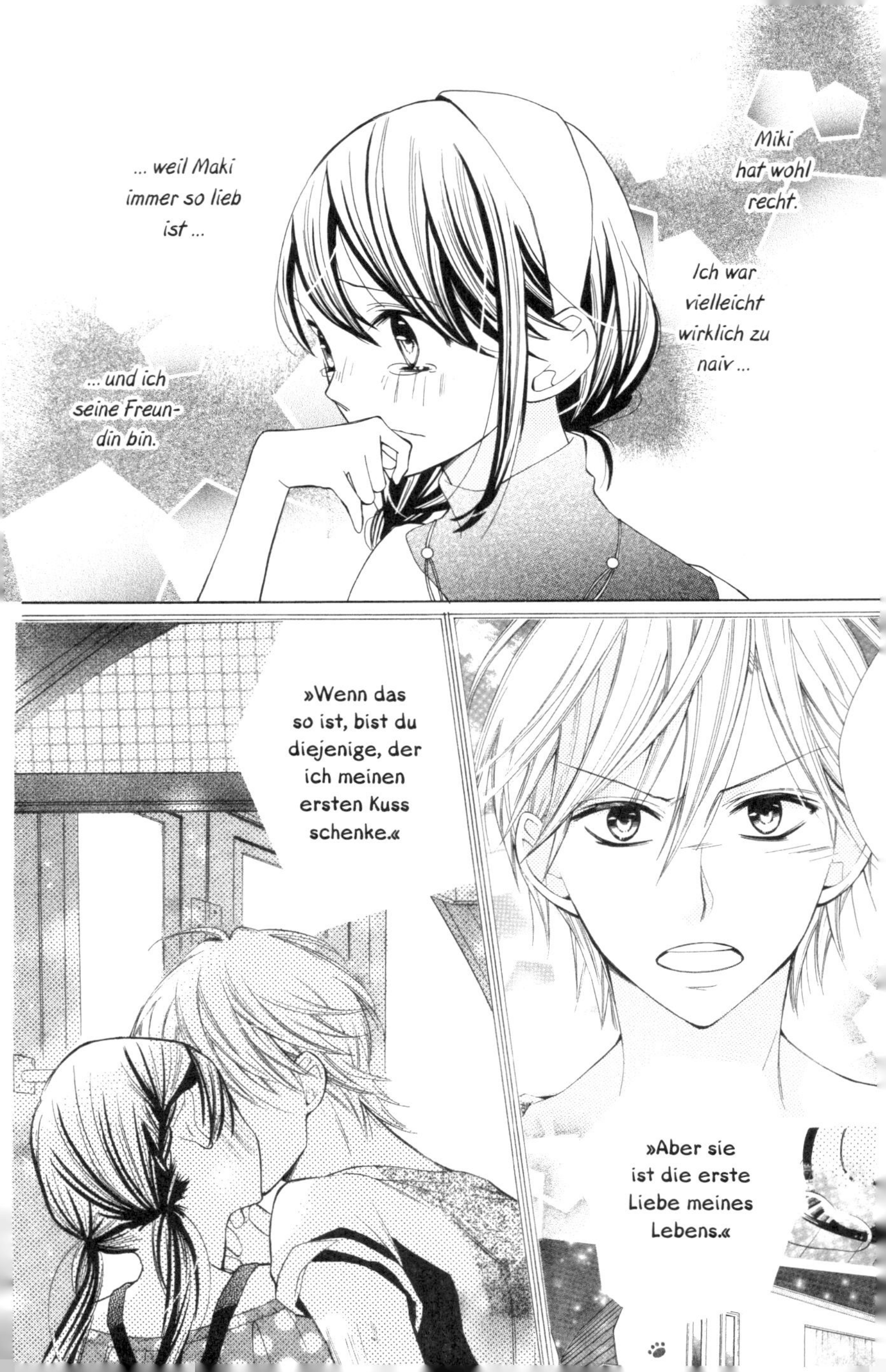
Miki hat wohl recht.
Ich war vielleicht wirklich zu naiv ...
... weil Maki immer so lieb ist ...
... und ich seine Freundin bin.
»Aber sie ist die erste Liebe meines Lebens.«
»Wenn das so ist, bist du diejenige, der ich meinen ersten Kuss schenke.«

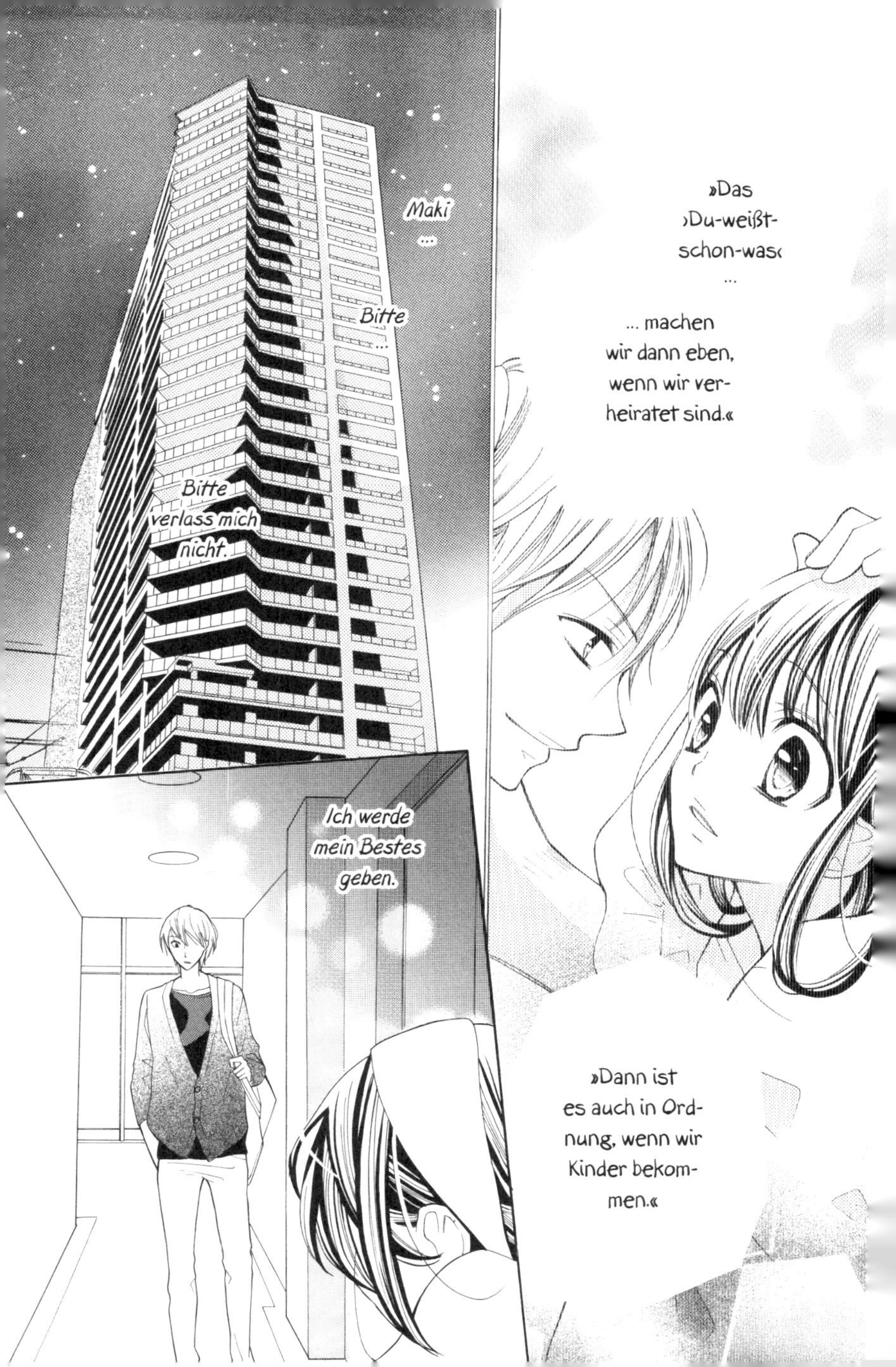
»Das ›Du-weißt-schon-was‹ …
… machen wir dann eben, wenn wir verheiratet sind.«
»Dann ist es auch in Ordnung, wenn wir Kinder bekommen.«
Maki …
Bitte …
Bitte verlass mich nicht.
Ich werde mein Bestes geben.

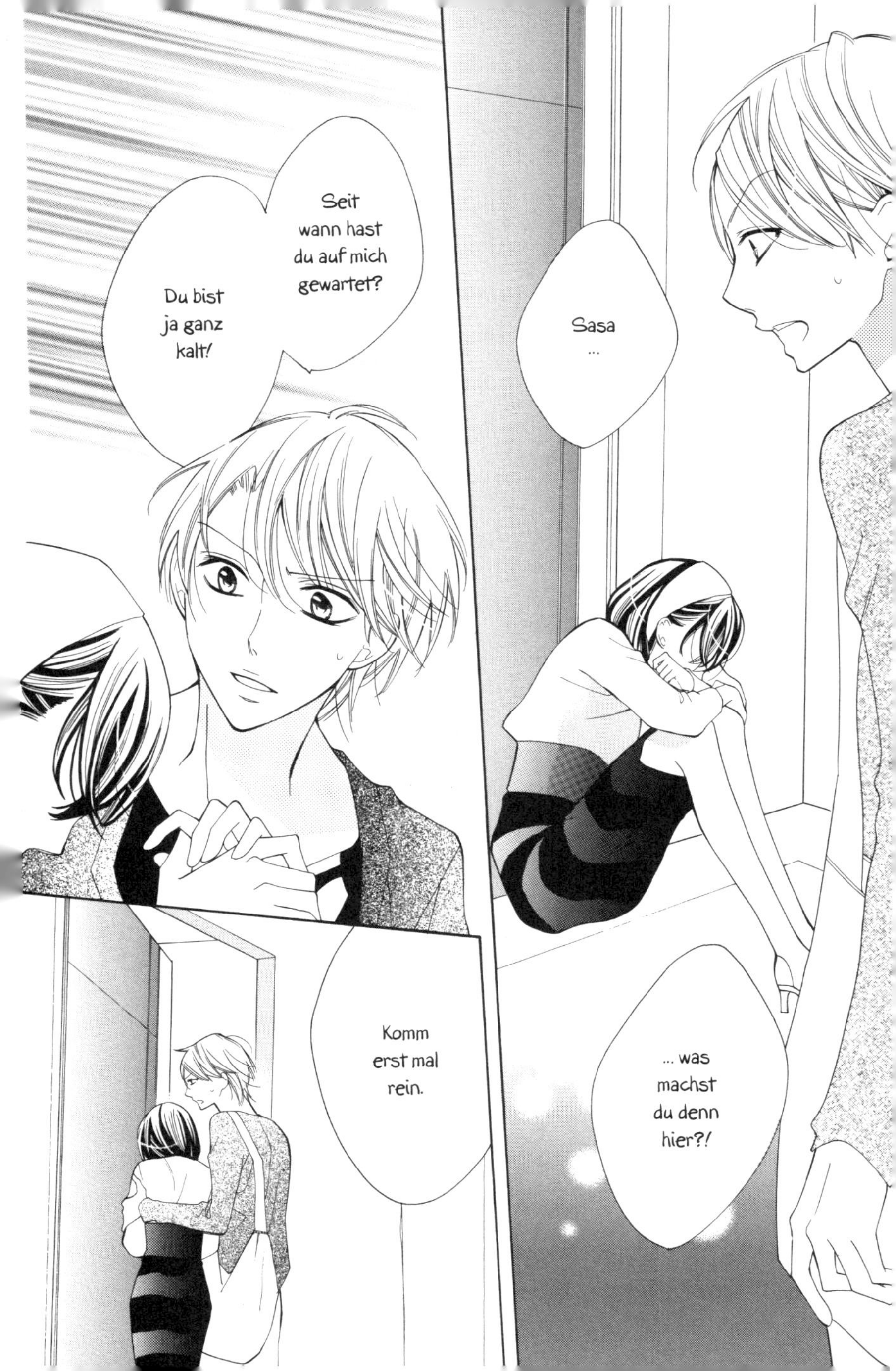
Sasa ...
... was machst du denn hier?!
Seit wann hast du auf mich gewartet?
Du bist ja ganz kalt!
Komm erst mal rein.

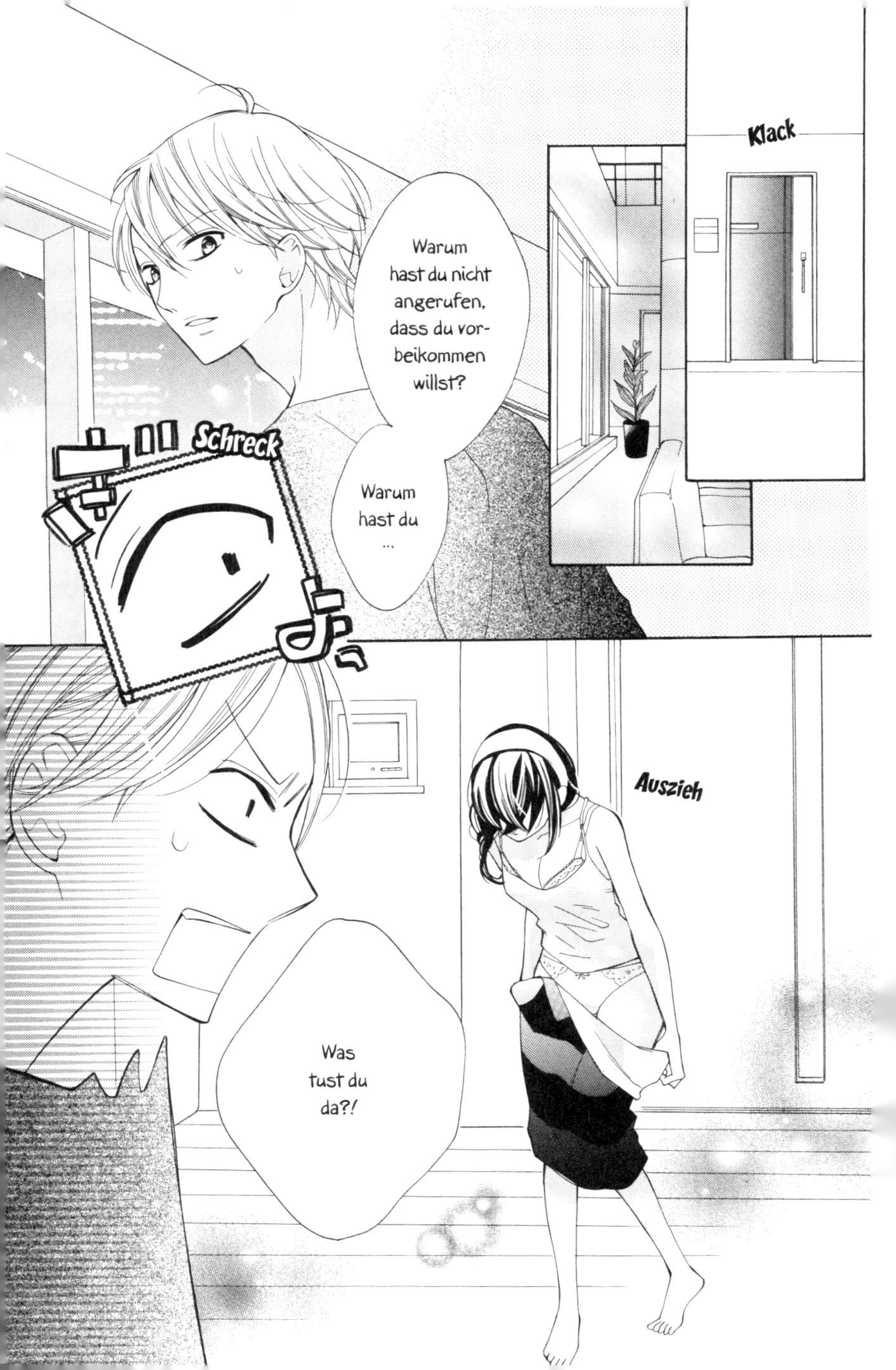
Klack
Warum hast du nicht angerufen, dass du vorbeikommen willst?
Warum hast du ...
Schreck
Auszieh
Was tust du da?!

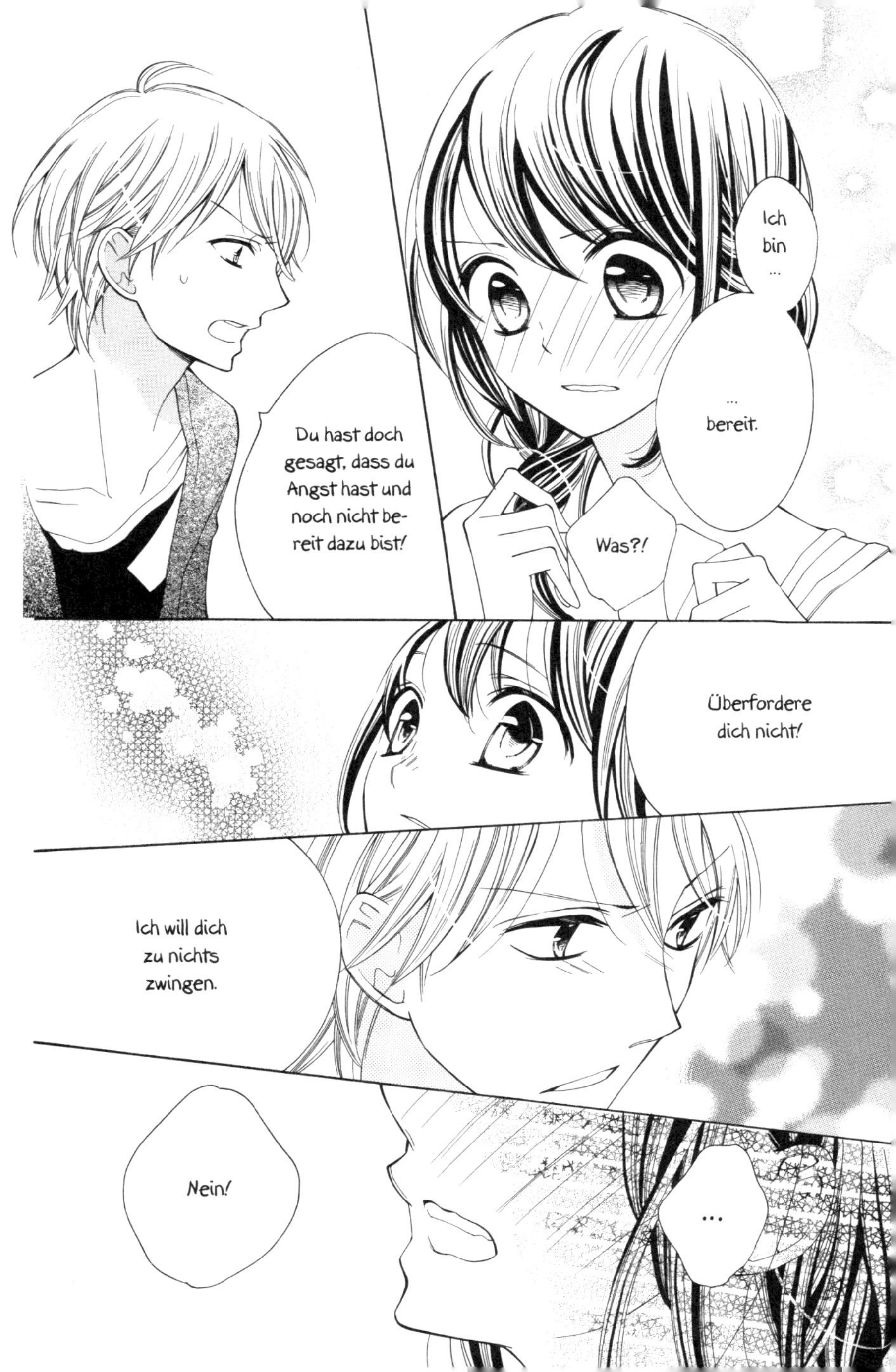

Ich bin ...
... bereit.
Was?!
Du hast doch gesagt, dass du Angst hast und noch nicht be-reit dazu bist!
Überfordere dich nicht!
Ich will dich zu nichts zwingen.
...
Nein!

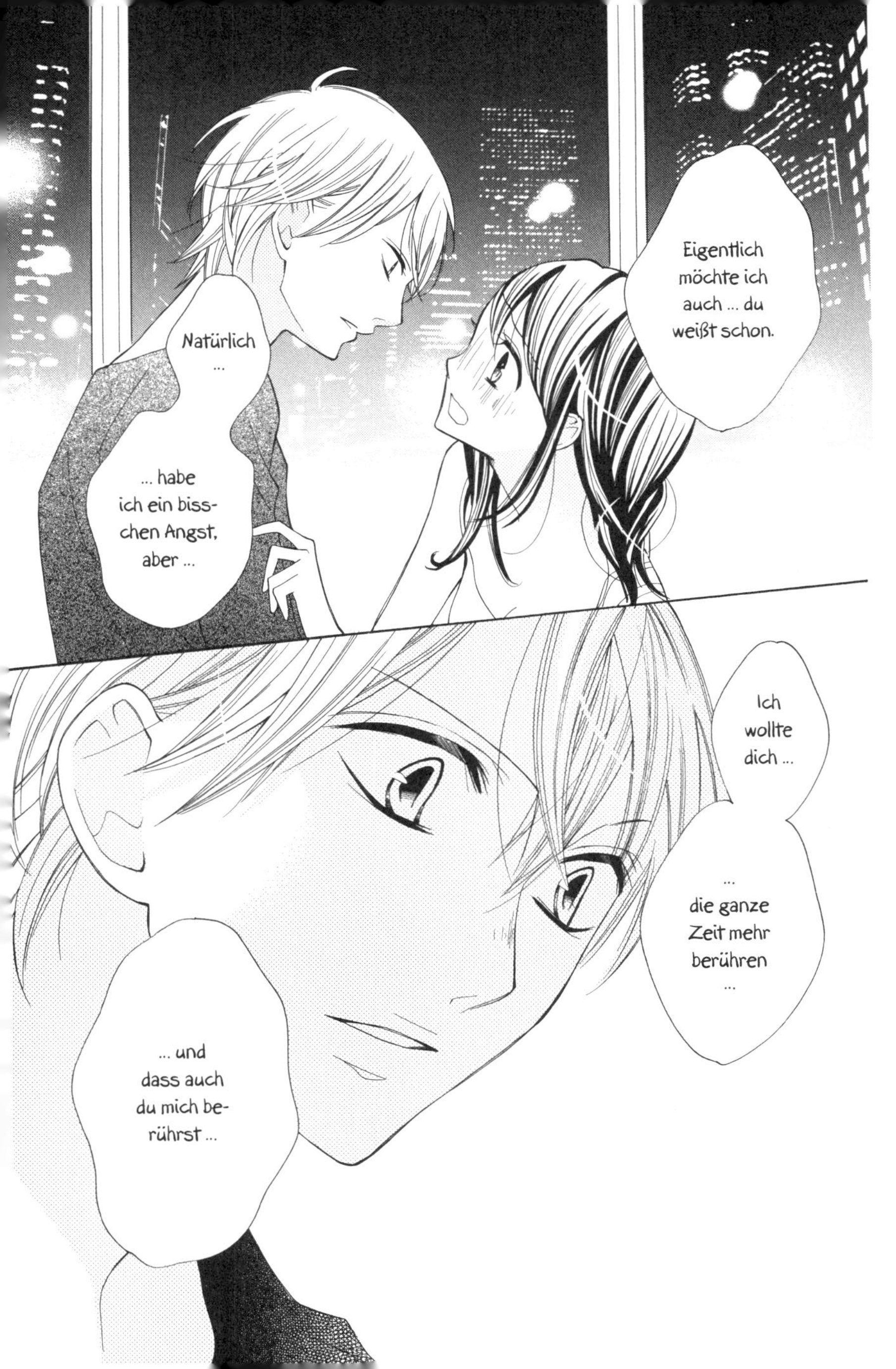
Eigentlich möchte ich auch ... du weißt schon.
Natürlich ...
... habe ich ein bisschen Angst, aber ...
Ich wollte dich ...
... die ganze Zeit mehr berühren ...
... und dass auch du mich berührst ...

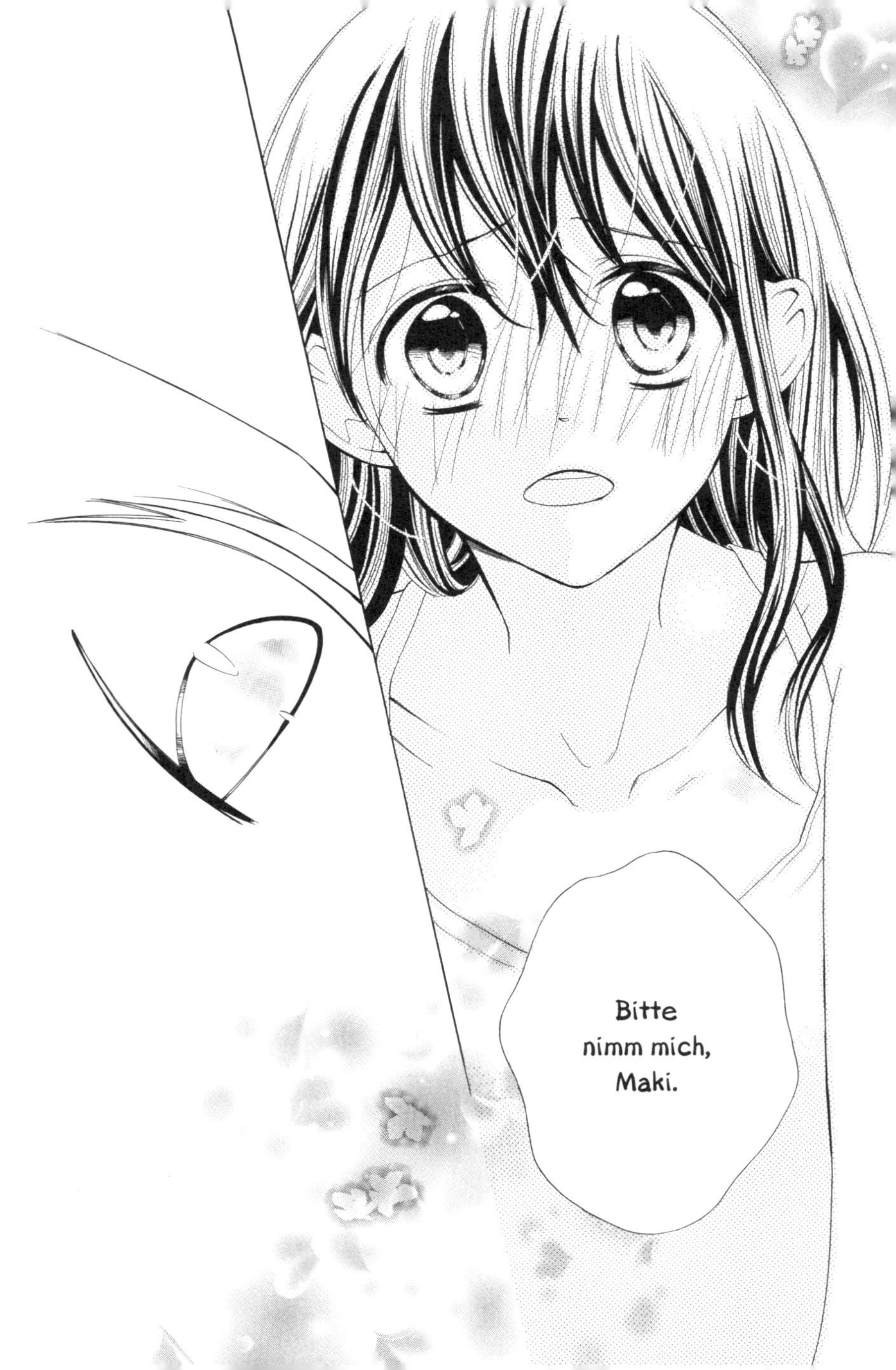
Bitte nimm mich, Maki.

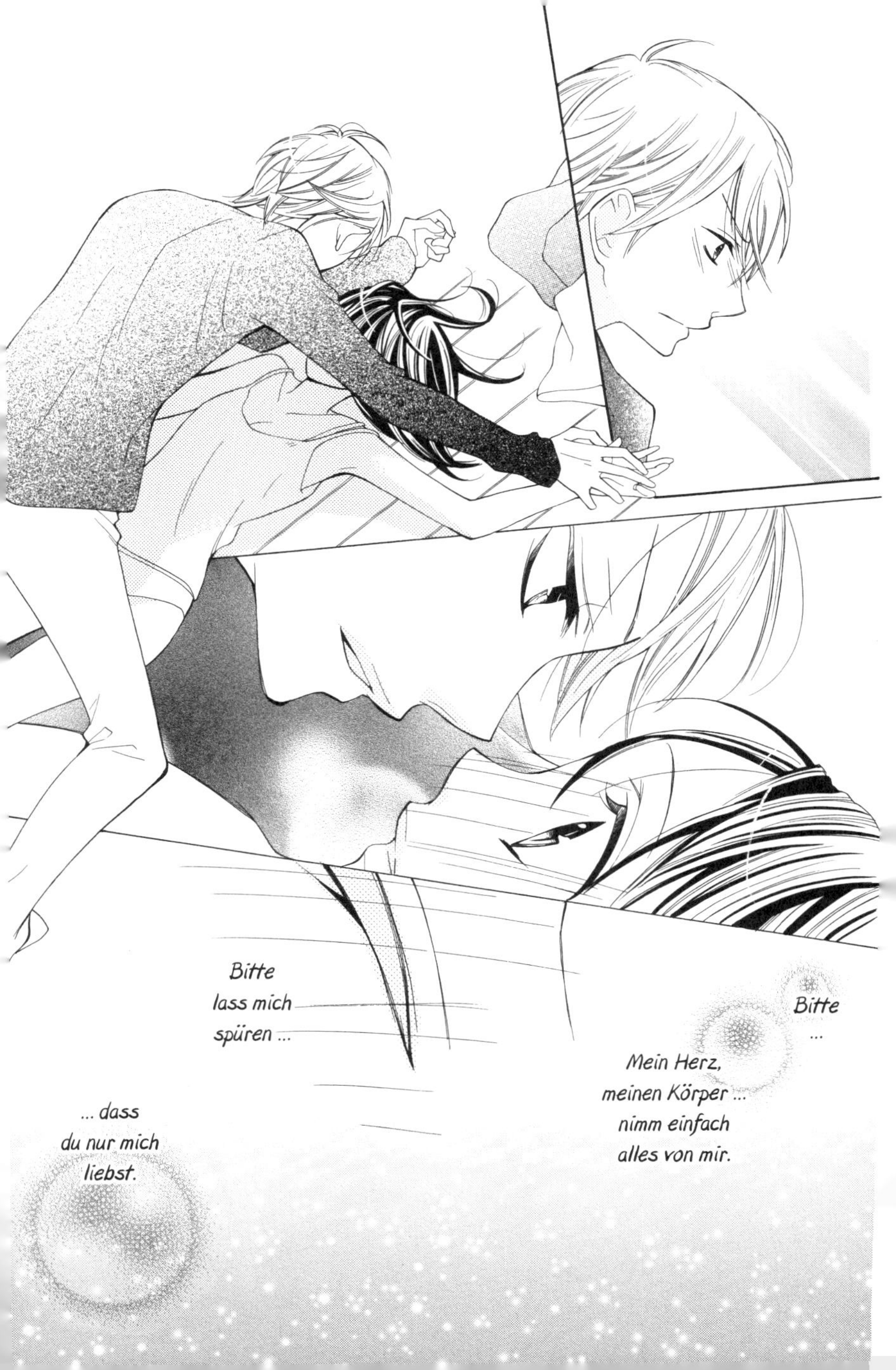
Bitte ...
Bitte lass mich spüren ...
Mein Herz, meinen Körper ... nimm einfach alles von mir.
... dass du nur mich liebst.

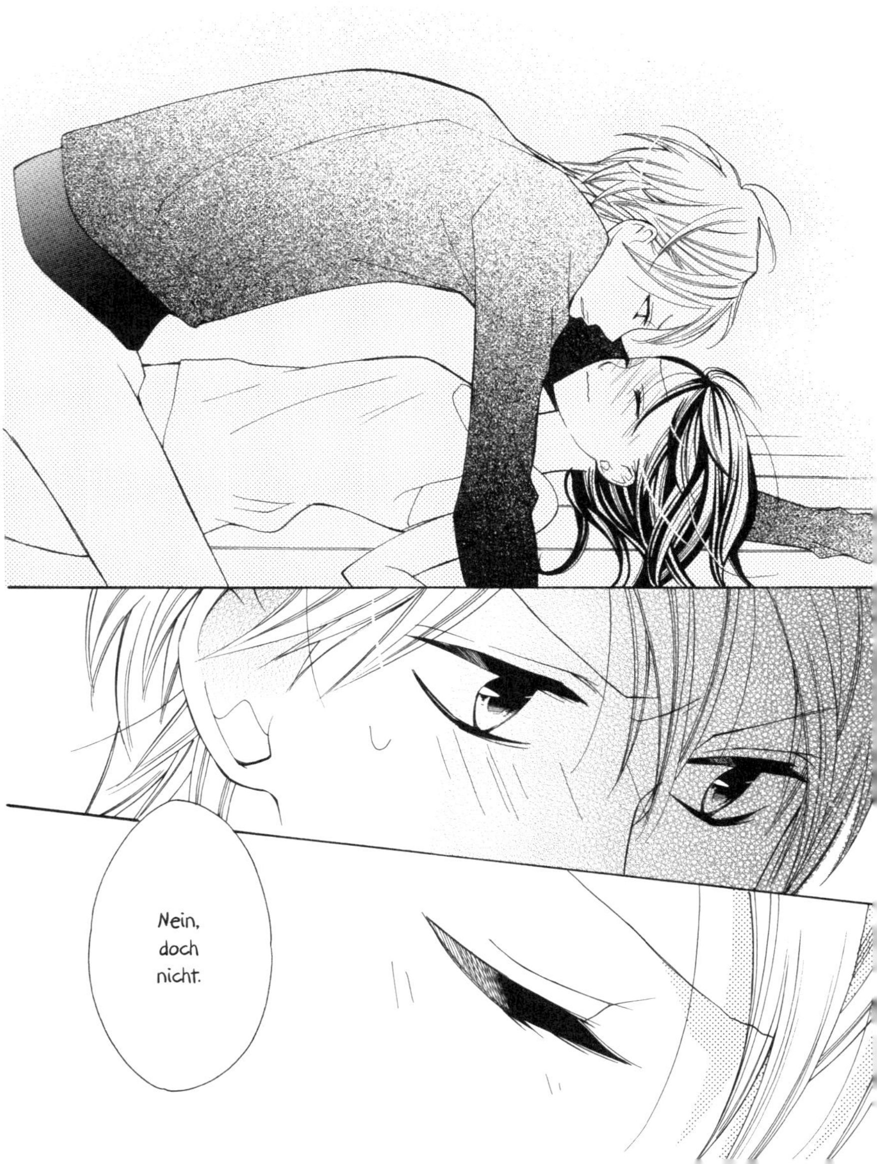
Nein, doch nicht.

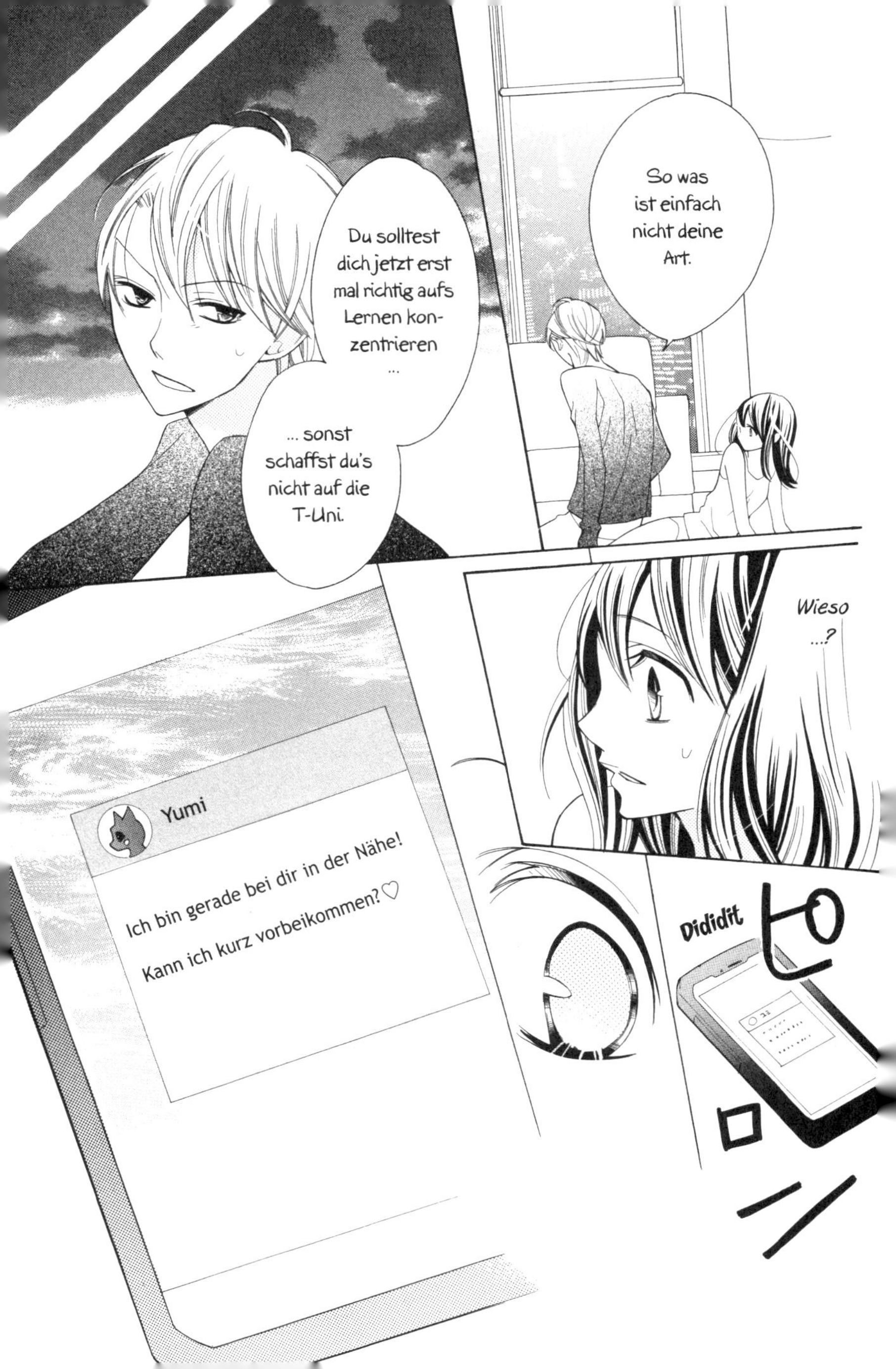
So was ist einfach nicht deine Art.
Du solltest dich jetzt erst mal richtig aufs Lernen konzentrieren ...
... sonst schaffst du's nicht auf die T-Uni.
Wieso ...?
Dididit
Yumi
Ich bin gerade bei dir in der Nähe!
Kann ich kurz vorbeikommen?♡

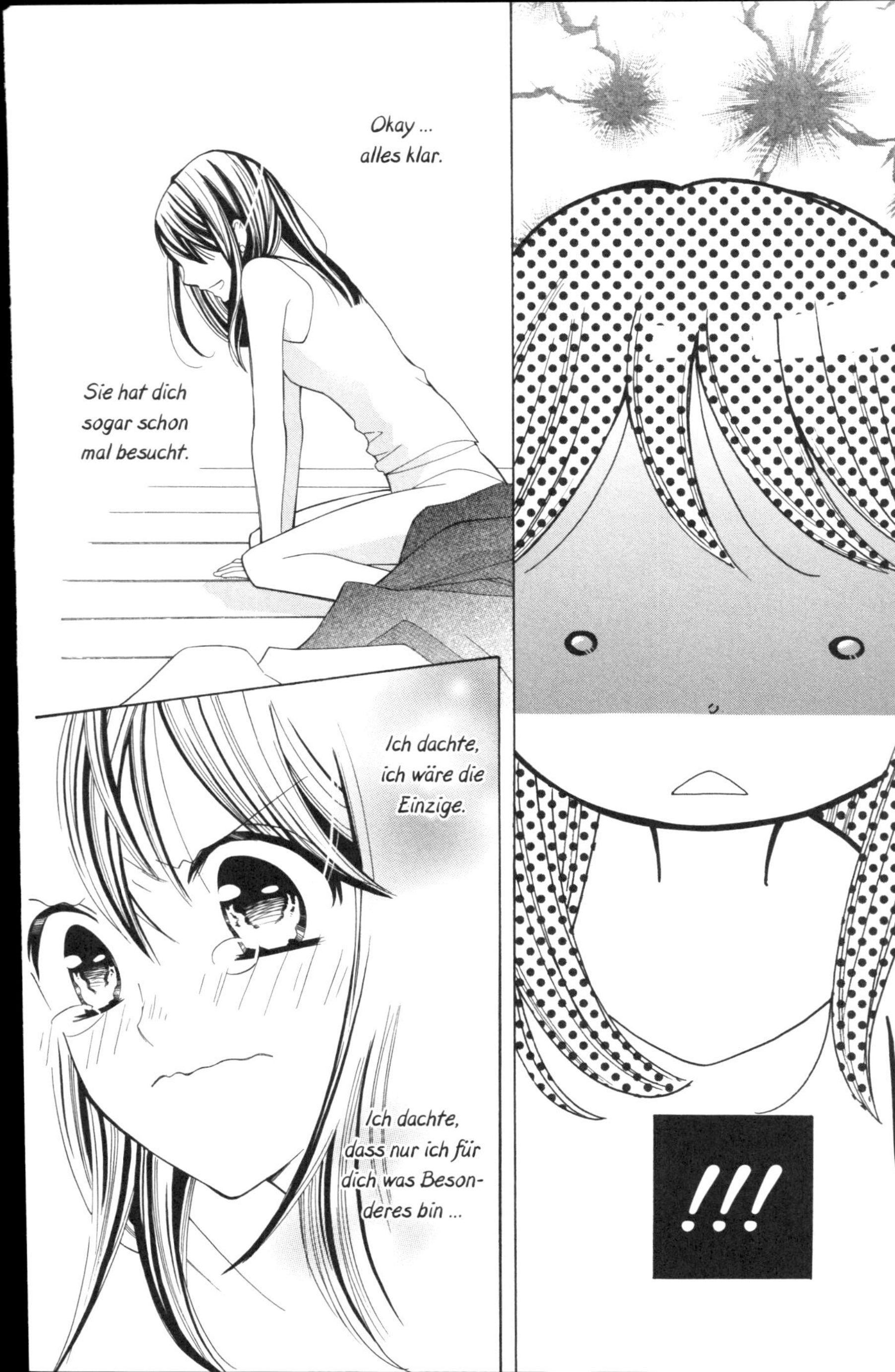
!!!
Okay ... alles klar.
Sie hat dich sogar schon mal besucht.
Ich dachte, ich wäre die Einzige.
Ich dachte, dass nur ich für dich was Besonderes bin ...

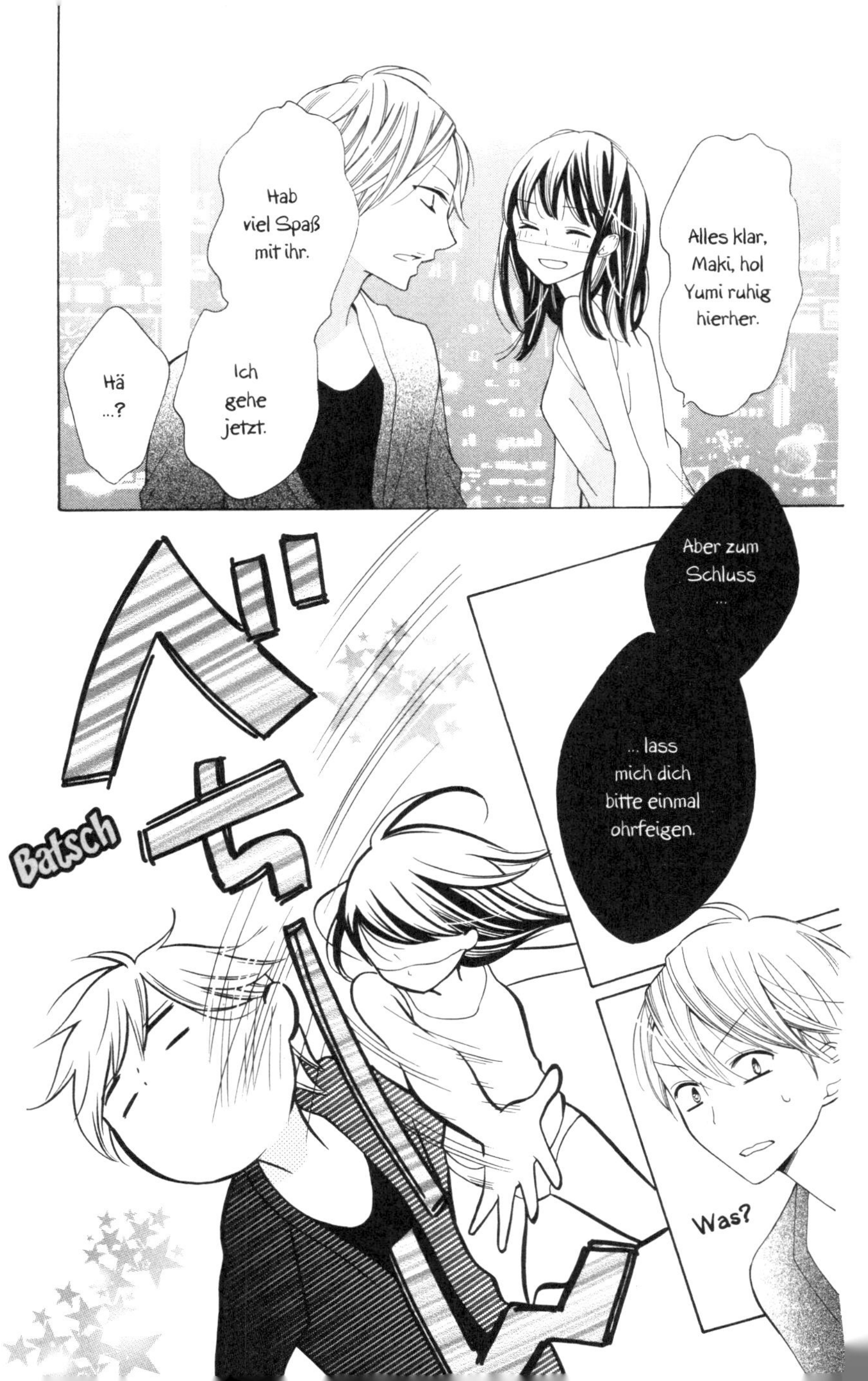
Alles klar, Maki, hol Yumi ruhig hierher.
Hab viel Spaß mit ihr.
Ich gehe jetzt.
Hä ...?
Aber zum Schluss ...
... lass mich dich bitte einmal ohrfeigen.
Was?
Batsch

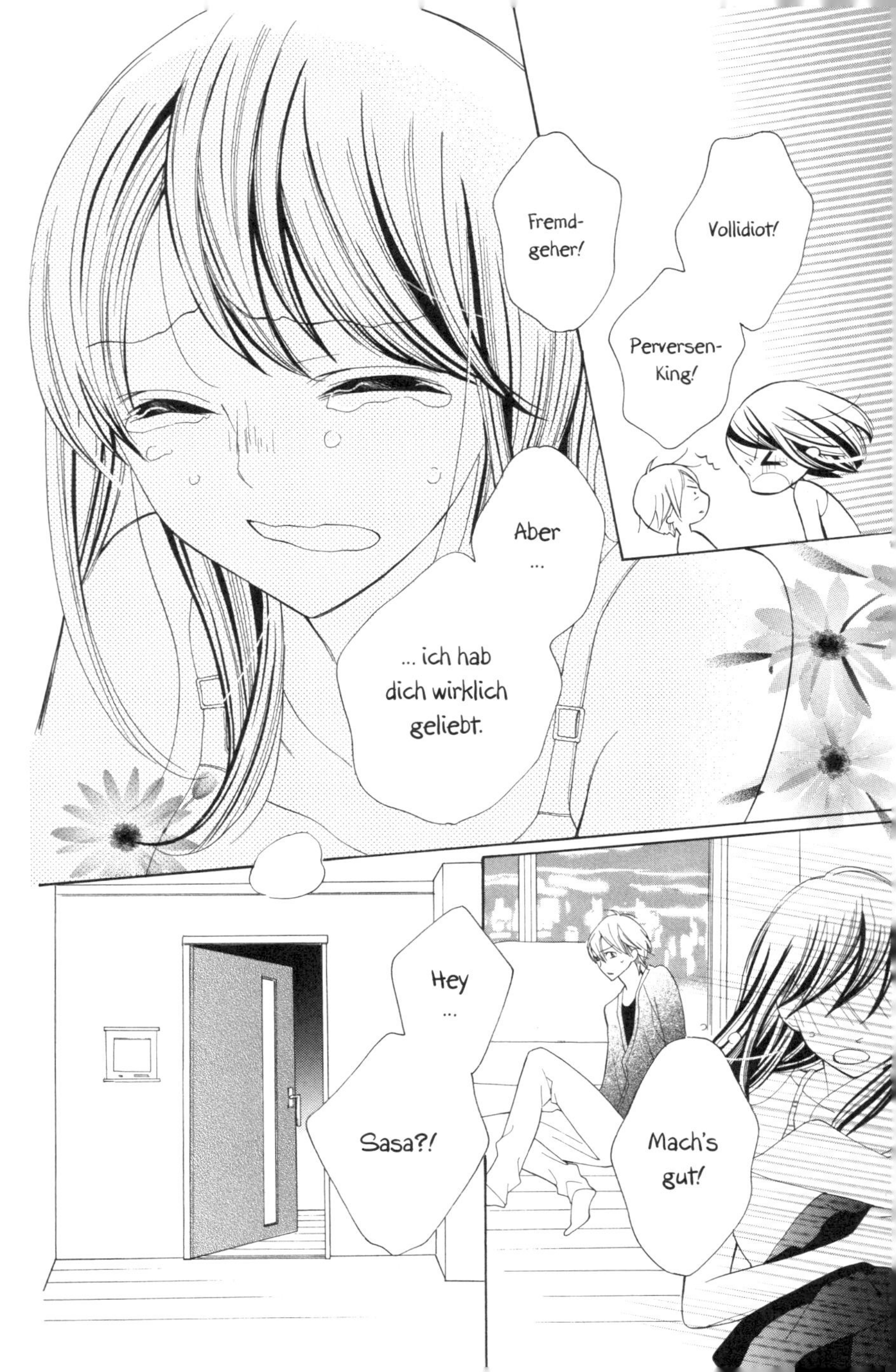
Vollidiot!
Fremd-
geher!
Perversen-
King!
Aber
...
... ich hab
dich wirklich
geliebt.
Mach's
gut!
Hey
...
Sasa?!

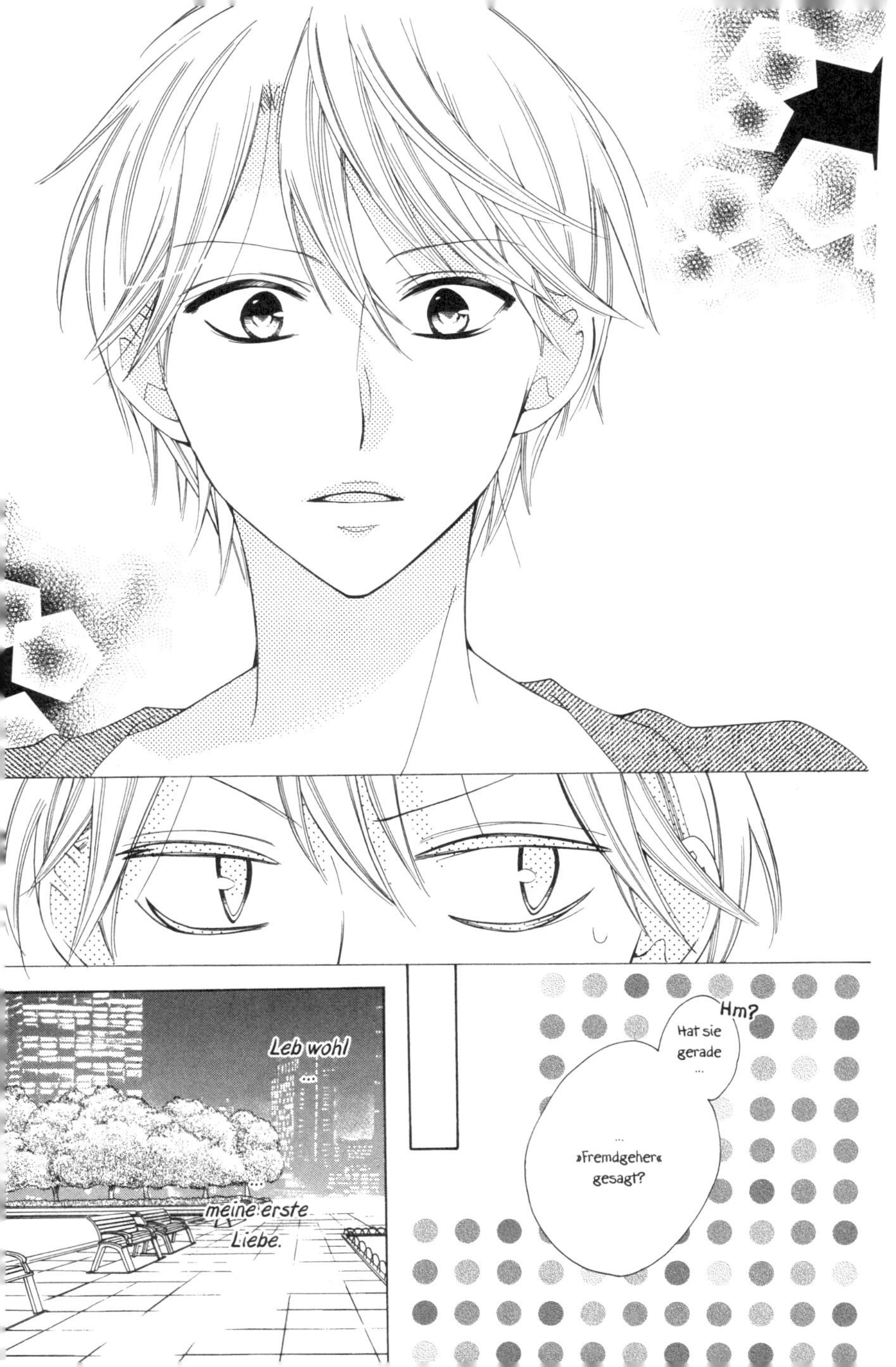
Hm?
Hat sie gerade …
… »Fremdgeher« gesagt?
Leb wohl …
… meine erste Liebe.

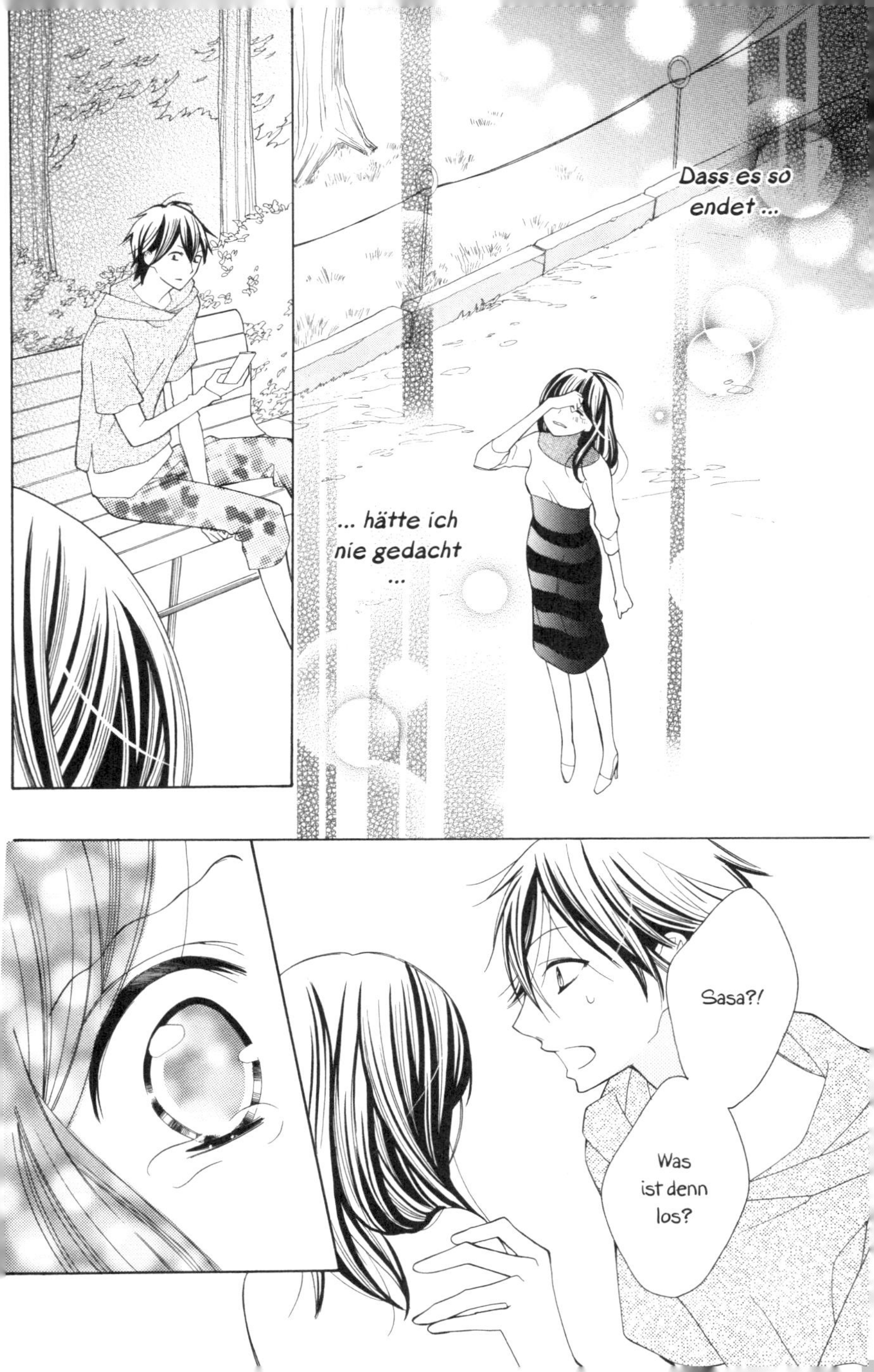
Dass es so endet ...
... hätte ich nie gedacht ...
Sasa?!
Was ist denn los?

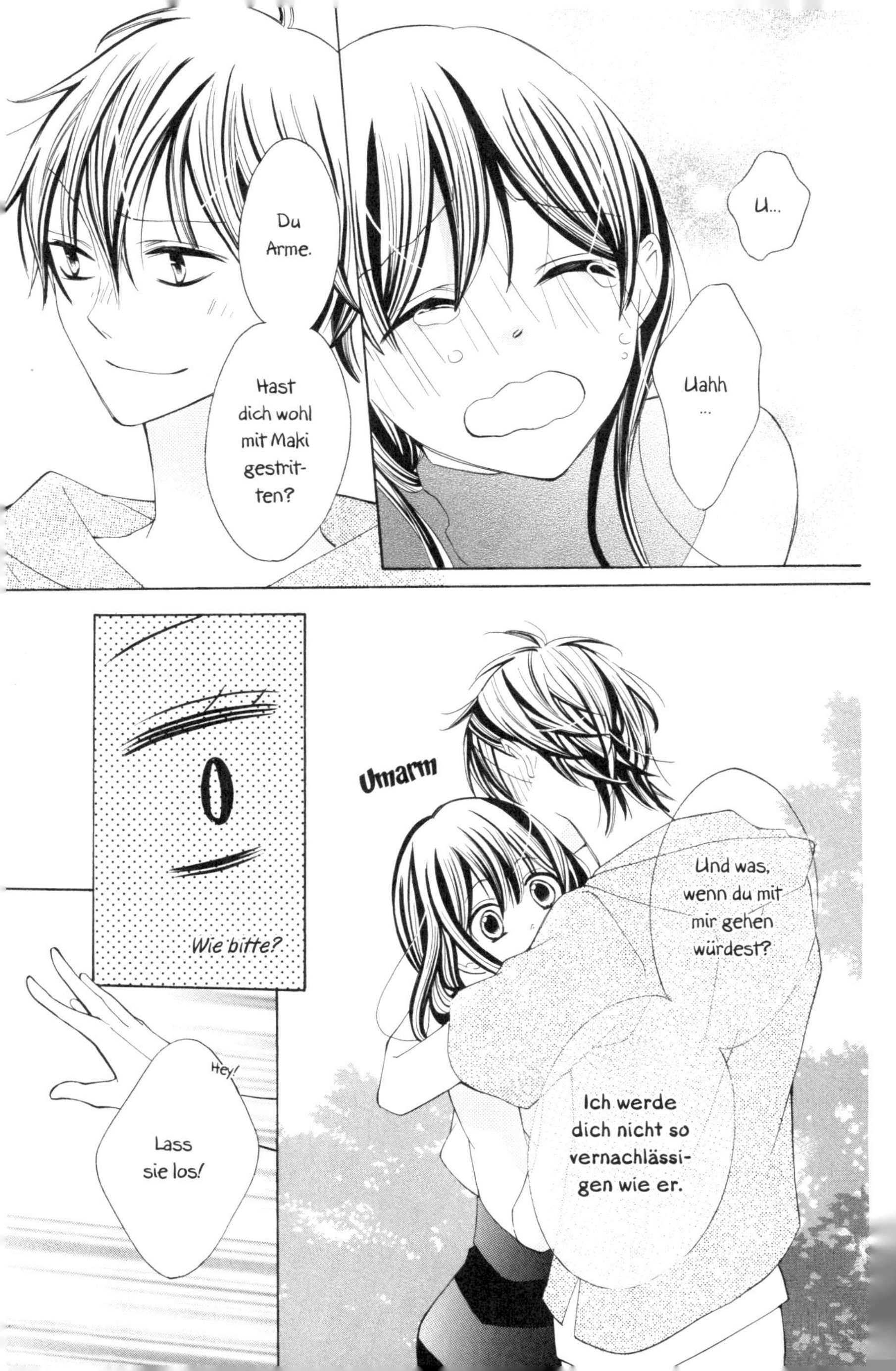
U...
Uahh ...
Du Arme.
Hast dich wohl mit Maki gestritten?
Wie bitte?
Umarm
Und was, wenn du mit mir gehen würdest?
Ich werde dich nicht so vernachlässigen wie er.
Hey!
Lass sie los!

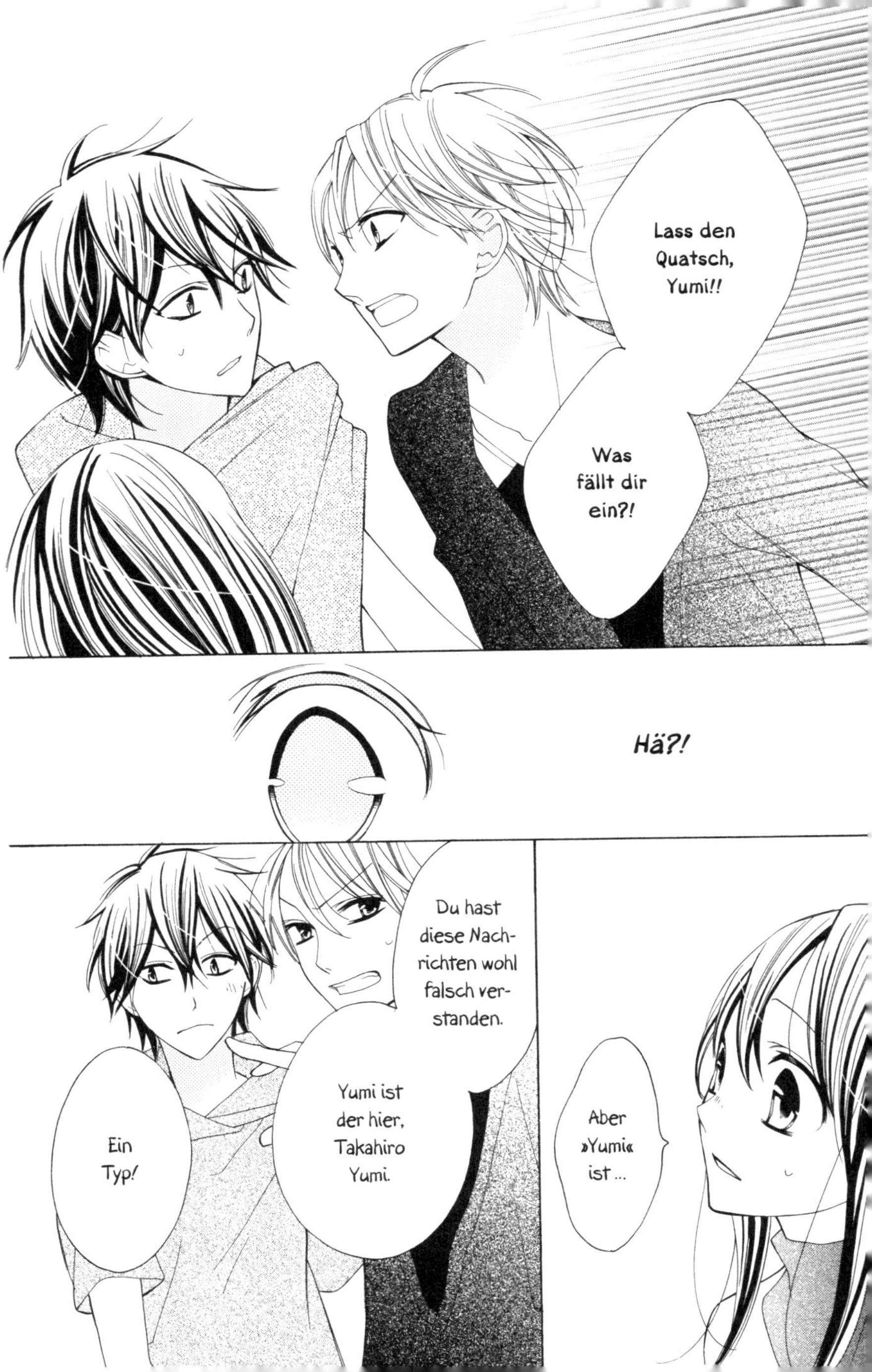
Lass den Quatsch, Yumi!!
Was fällt dir ein?!
Hä?!
Du hast diese Nachrichten wohl falsch verstanden.
Yumi ist der hier, Takahiro Yumi.
Ein Typ!
Aber »Yumi« ist …

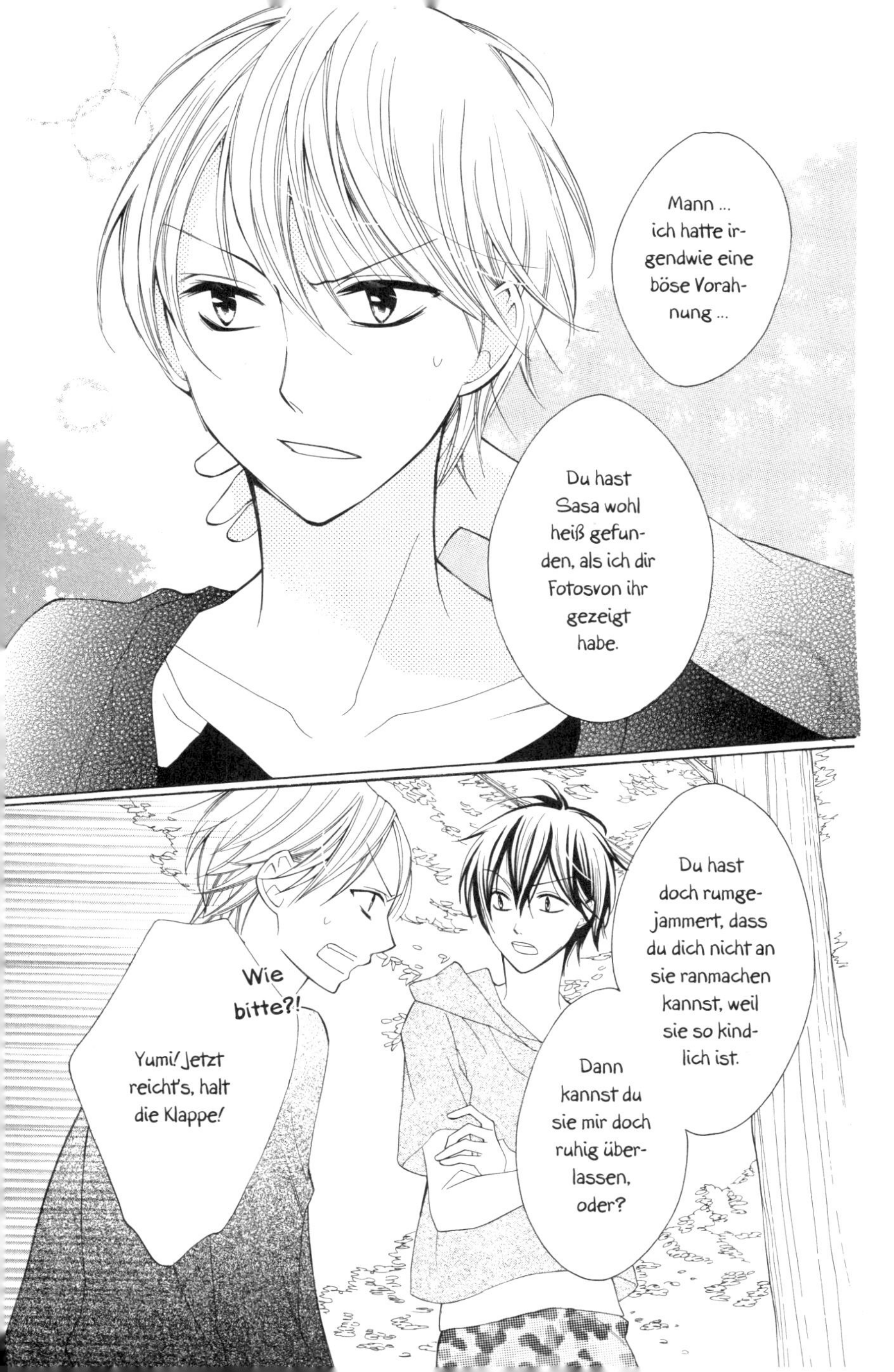

Mann ... ich hatte irgendwie eine böse Vorahnung ...
Du hast Sasa wohl heiß gefunden, als ich dir Fotosvon ihr gezeigt habe.
Du hast doch rumgejammert, dass du dich nicht an sie ranmachen kannst, weil sie so kindlich ist.
Dann kannst du sie mir doch ruhig überlassen, oder?
Wie bitte?!
Yumi! Jetzt reicht's, halt die Klappe!

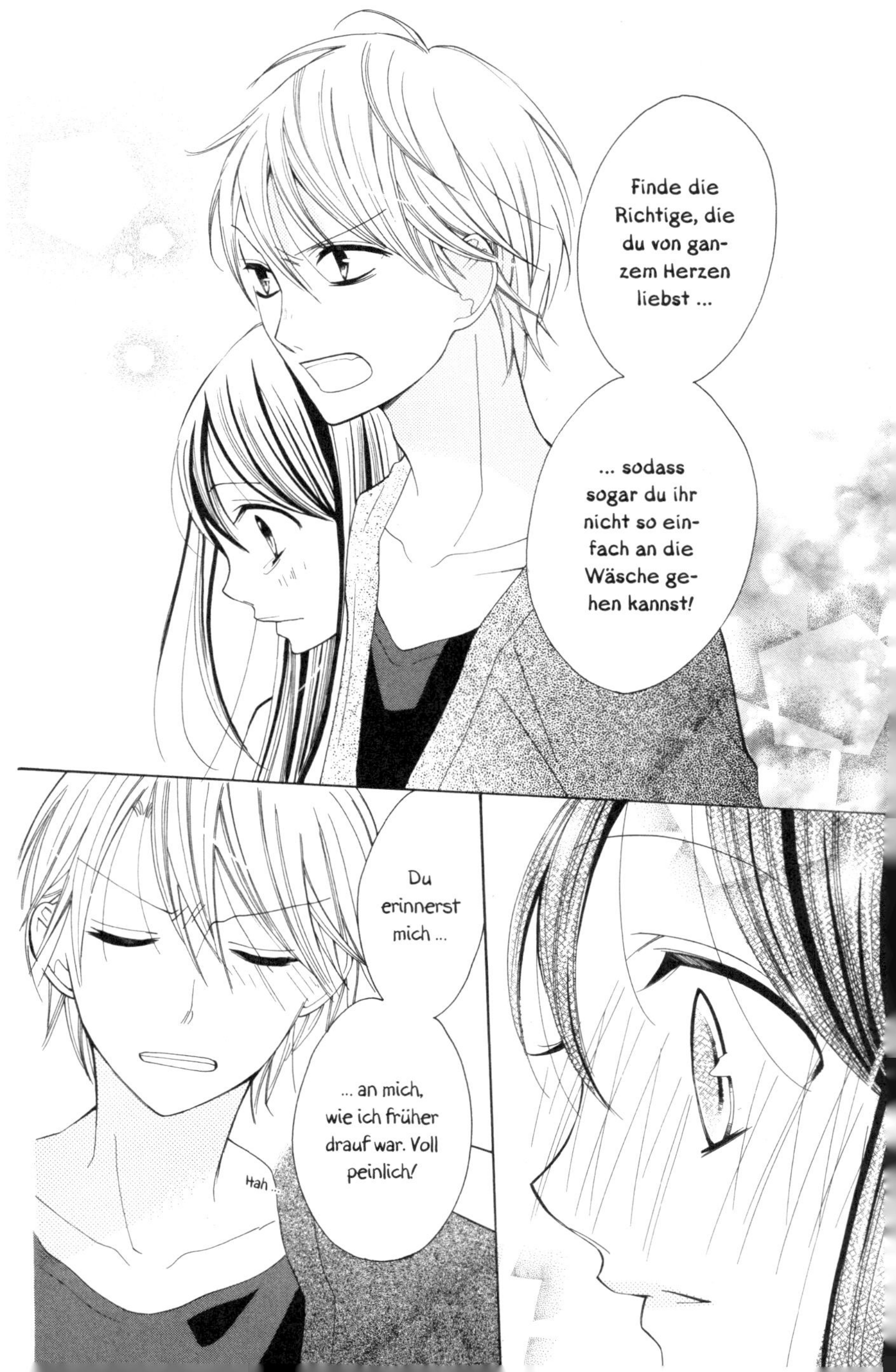
Finde die Richtige, die du von ganzem Herzen liebst ...
... sodass sogar du ihr nicht so einfach an die Wäsche gehen kannst!
Du erinnerst mich ...
... an mich, wie ich früher drauf war. Voll peinlich!
Hah ...

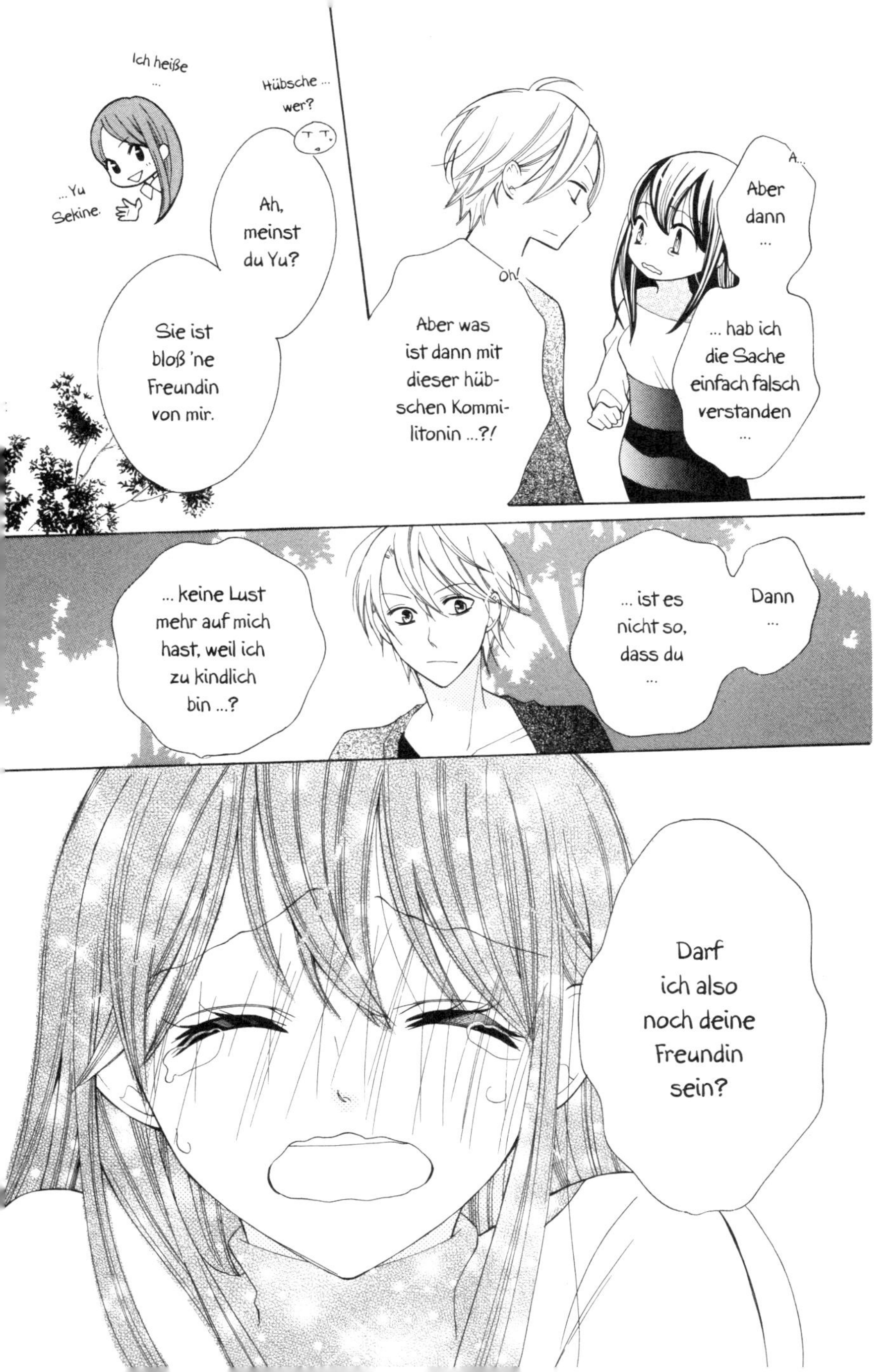
A...
Aber dann ...
... hab ich die Sache einfach falsch verstanden ...
Oh!
Aber was ist dann mit dieser hübschen Kommilitonin ...?!
Hübsche ... wer?
Ah, meinst du Yu?
Sie ist bloß 'ne Freundin von mir.
Ich heiße ... Yu Sekine.
Dann ...
... ist es nicht so, dass du ...
... keine Lust mehr auf mich hast, weil ich zu kindlich bin ...?
Darf ich also noch deine Freundin sein?

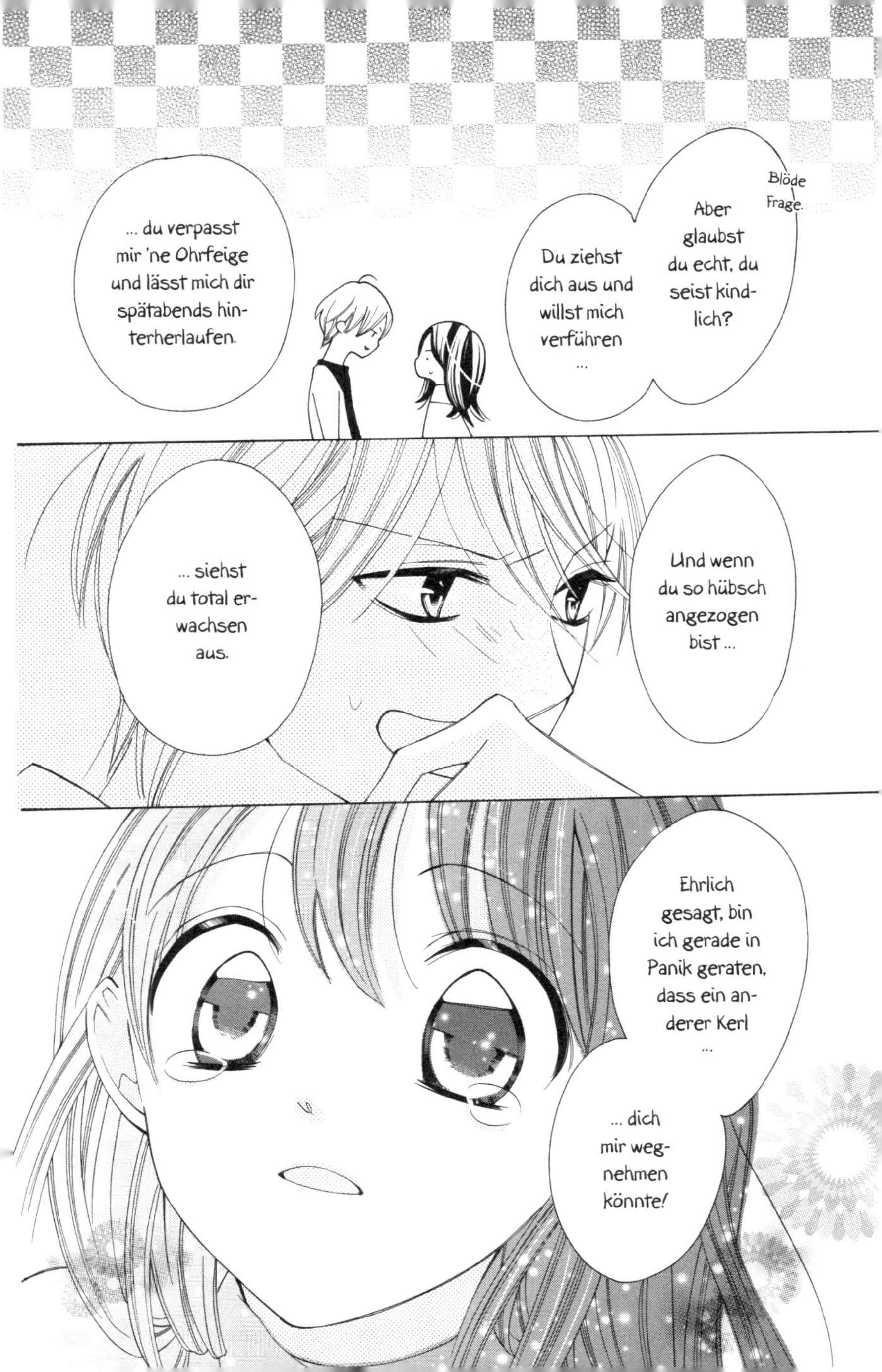
Aber glaubst du echt, du seist kindlich?
Blöde Frage.
Du ziehst dich aus und willst mich verführen ...
... du verpasst mir 'ne Ohrfeige und lässt mich dir spätabends hinterherlaufen.
Und wenn du so hübsch angezogen bist ...
... siehst du total erwachsen aus.
Ehrlich gesagt, bin ich gerade in Panik geraten, dass ein anderer Kerl ...
... dich mir wegnehmen könnte!

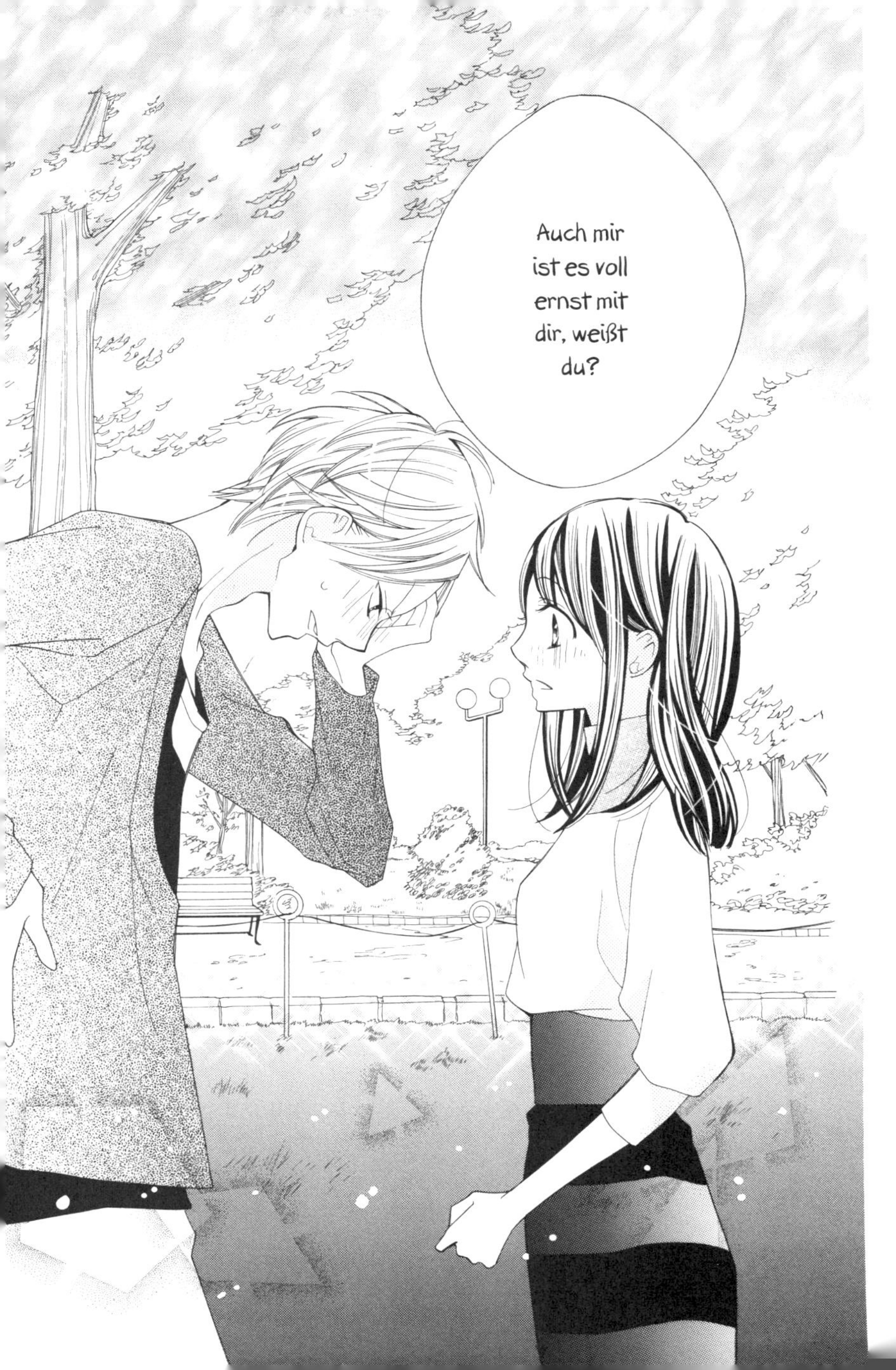
Auch mir ist es voll ernst mit dir, weißt du?

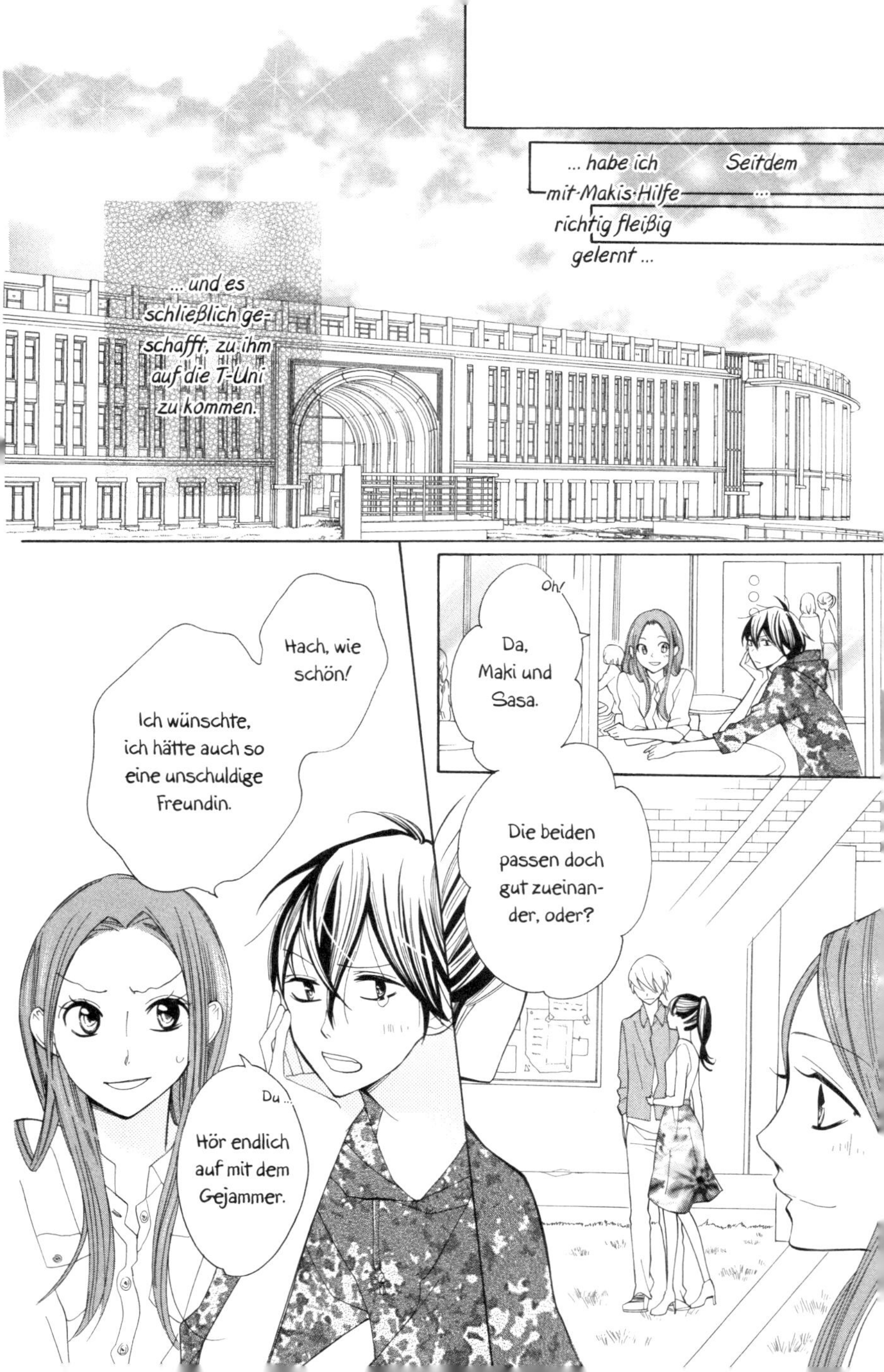
Seitdem …
… habe ich mit Makis Hilfe richtig fleißig gelernt …
… und es schließlich geschafft, zu ihm auf die T-Uni zu kommen.
Oh!
Da, Maki und Sasa.
Die beiden passen doch gut zueinander, oder?
Hach, wie schön!
Ich wünschte, ich hätte auch so eine unschuldige Freundin.
Du …
Hör endlich auf mit dem Gejammer.

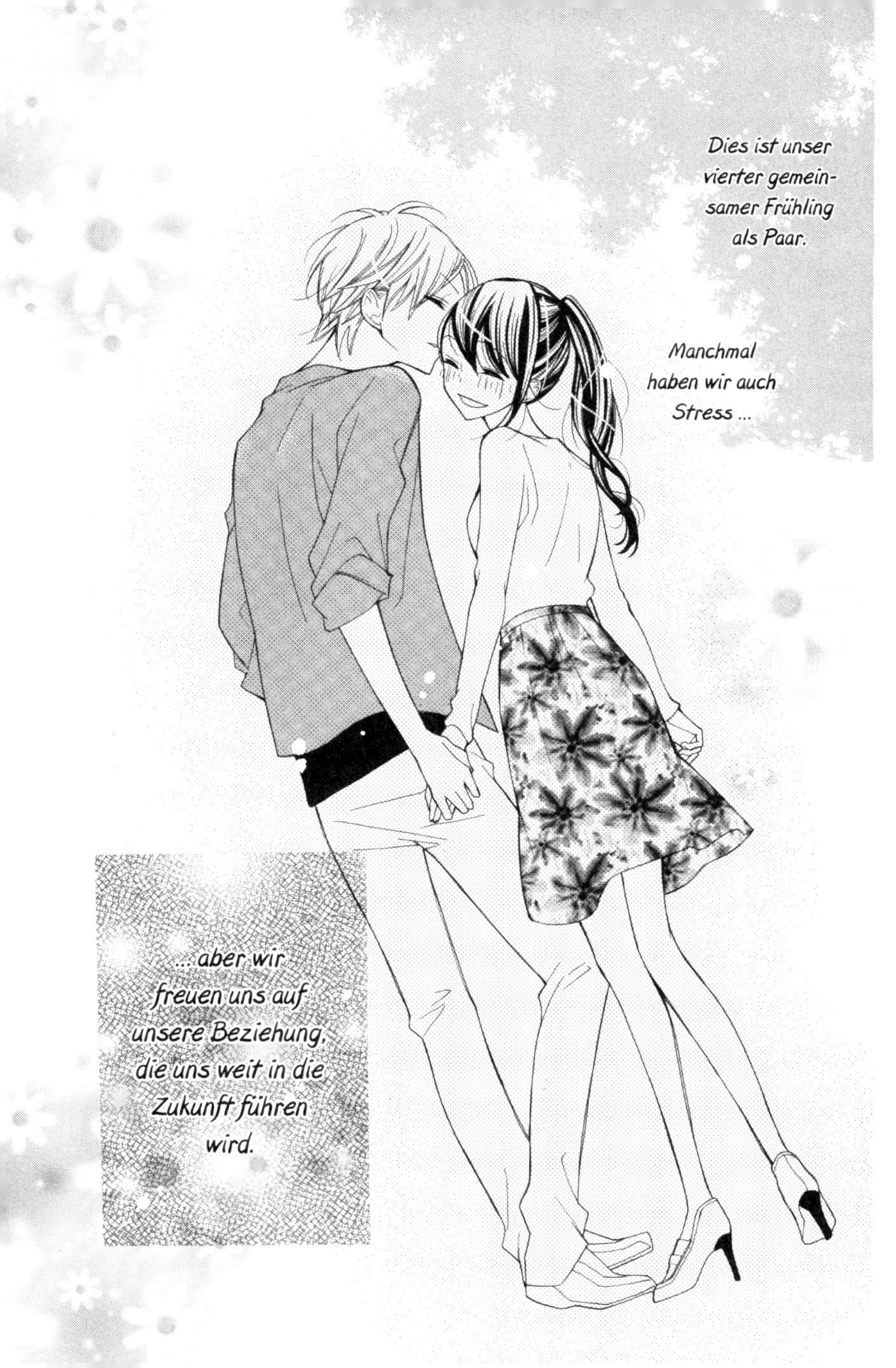
Dies ist unser vierter gemeinsamer Frühling als Paar.
Manchmal haben wir auch Stress ...
... aber wir freuen uns auf unsere Beziehung, die uns weit in die Zukunft führen wird.

LIEBE, KÜSSE, KÖRPER

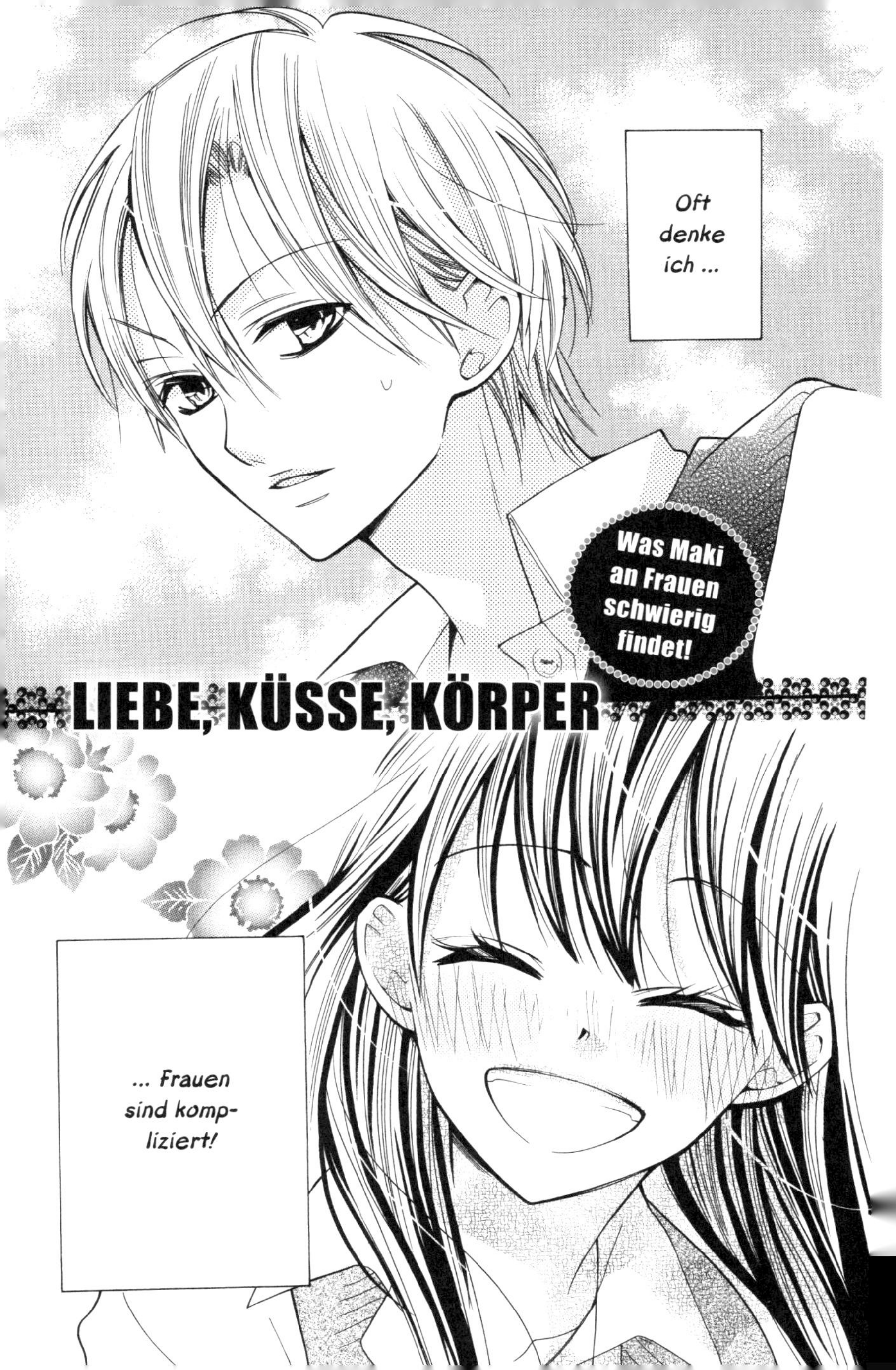

Oft denke ich ...
Was Maki an Frauen schwierig findet!
LIEBE, KÜSSE, KÖRPER
... Frauen sind kompliziert!

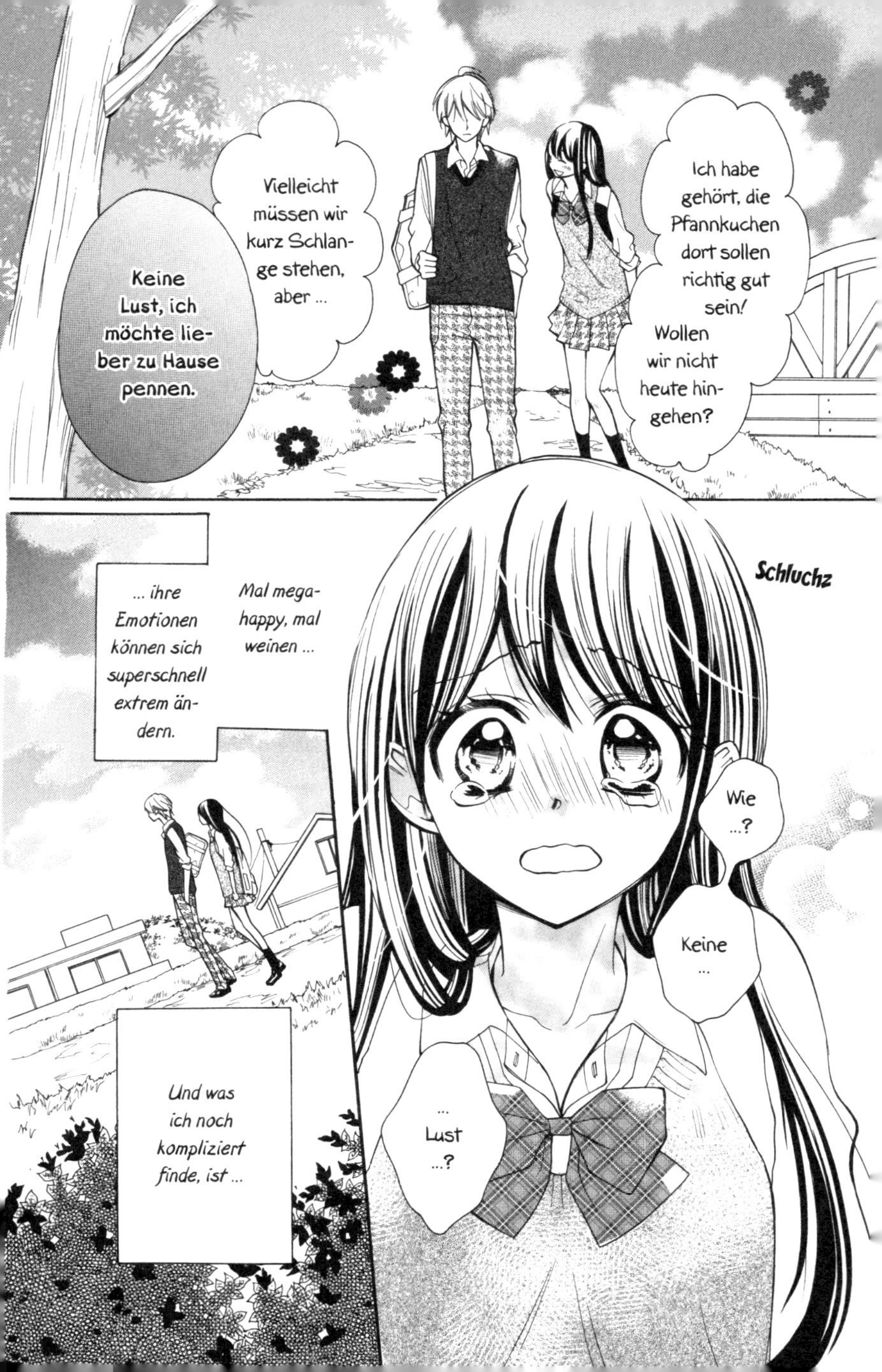
Ich habe gehört, die Pfannkuchen dort sollen richtig gut sein!
Wollen wir nicht heute hingehen?
Vielleicht müssen wir kurz Schlange stehen, aber ...
Keine Lust, ich möchte lieber zu Hause pennen.
Mal mega-happy, mal weinen ...
... ihre Emotionen können sich superschnell extrem ändern.
Schluchz
Wie ...?
Keine ...
... Lust ...?
Und was ich noch kompliziert finde, ist ...

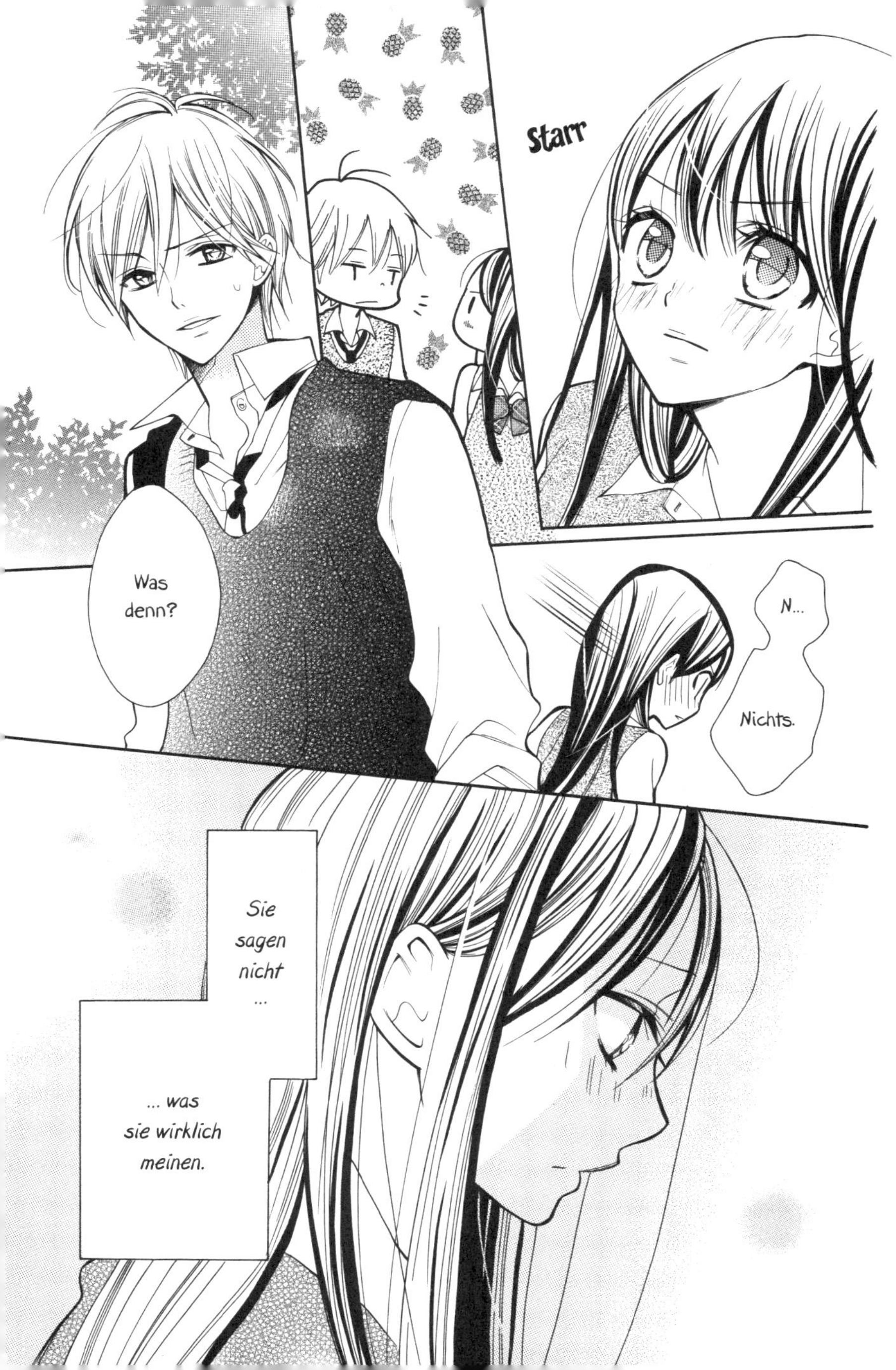

Starr
Was denn?
N...
Nichts.
Sie sagen nicht ...
... was sie wirklich meinen.

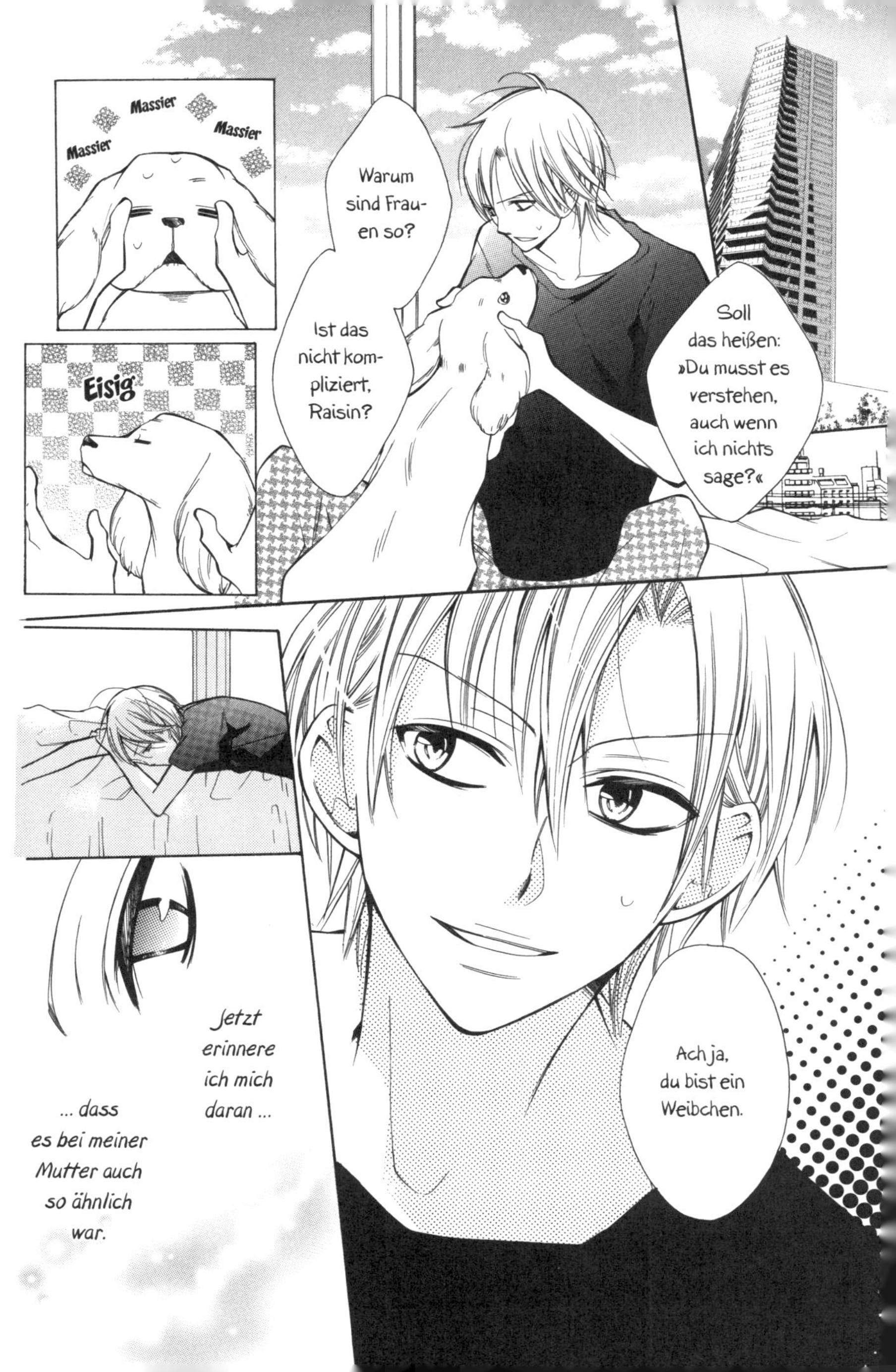
Soll das heißen: »Du musst es verstehen, auch wenn ich nichts sage?«
Warum sind Frauen so?
Ist das nicht kompliziert, Raisin?
Massier Massier Massier
Eisig
Ach ja, du bist ein Weibchen.
Jetzt erinnere ich mich daran ...
... dass es bei meiner Mutter auch so ähnlich war.

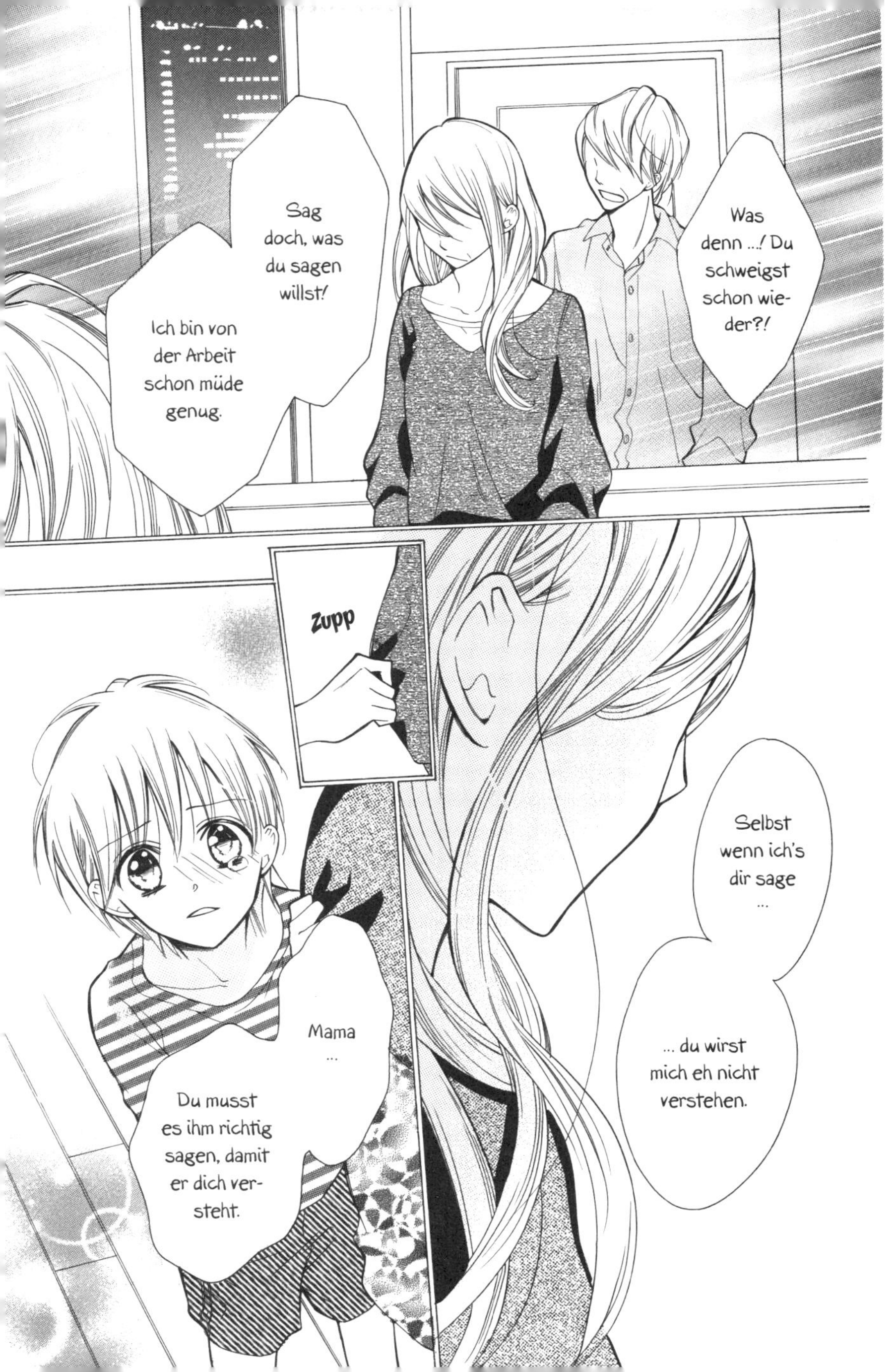
Was denn ...! Du schweigst schon wieder?!
Sag doch, was du sagen willst!
Ich bin von der Arbeit schon müde genug.
Zupp
Selbst wenn ich's dir sage ...
... du wirst mich eh nicht verstehen.
Mama ...
Du musst es ihm richtig sagen, damit er dich versteht.

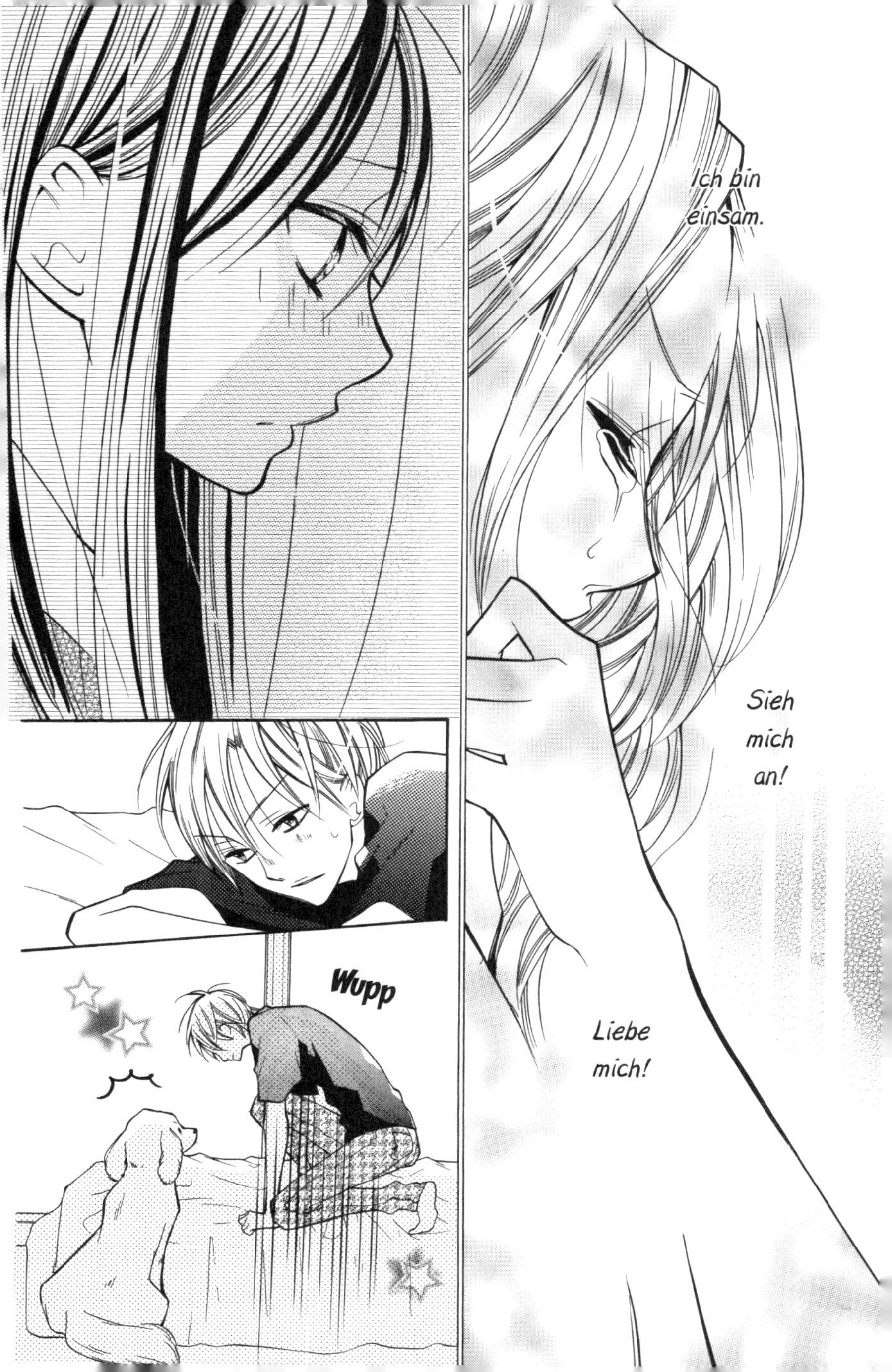
Ich bin einsam.
Sieh mich an!
Liebe mich!
Wupp

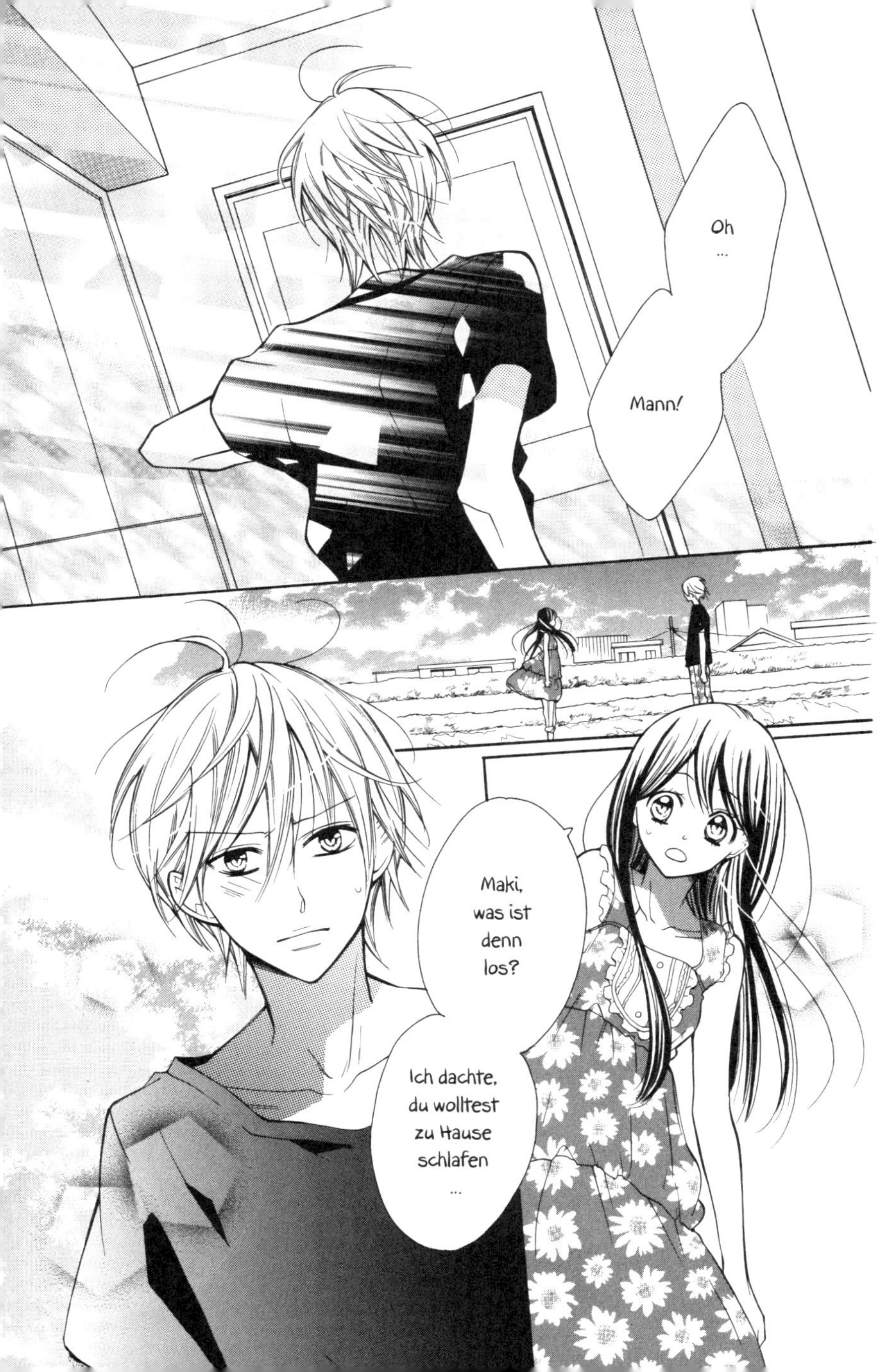
Oh …
Mann!
Maki, was ist denn los?
Ich dachte, du wolltest zu Hause schlafen …

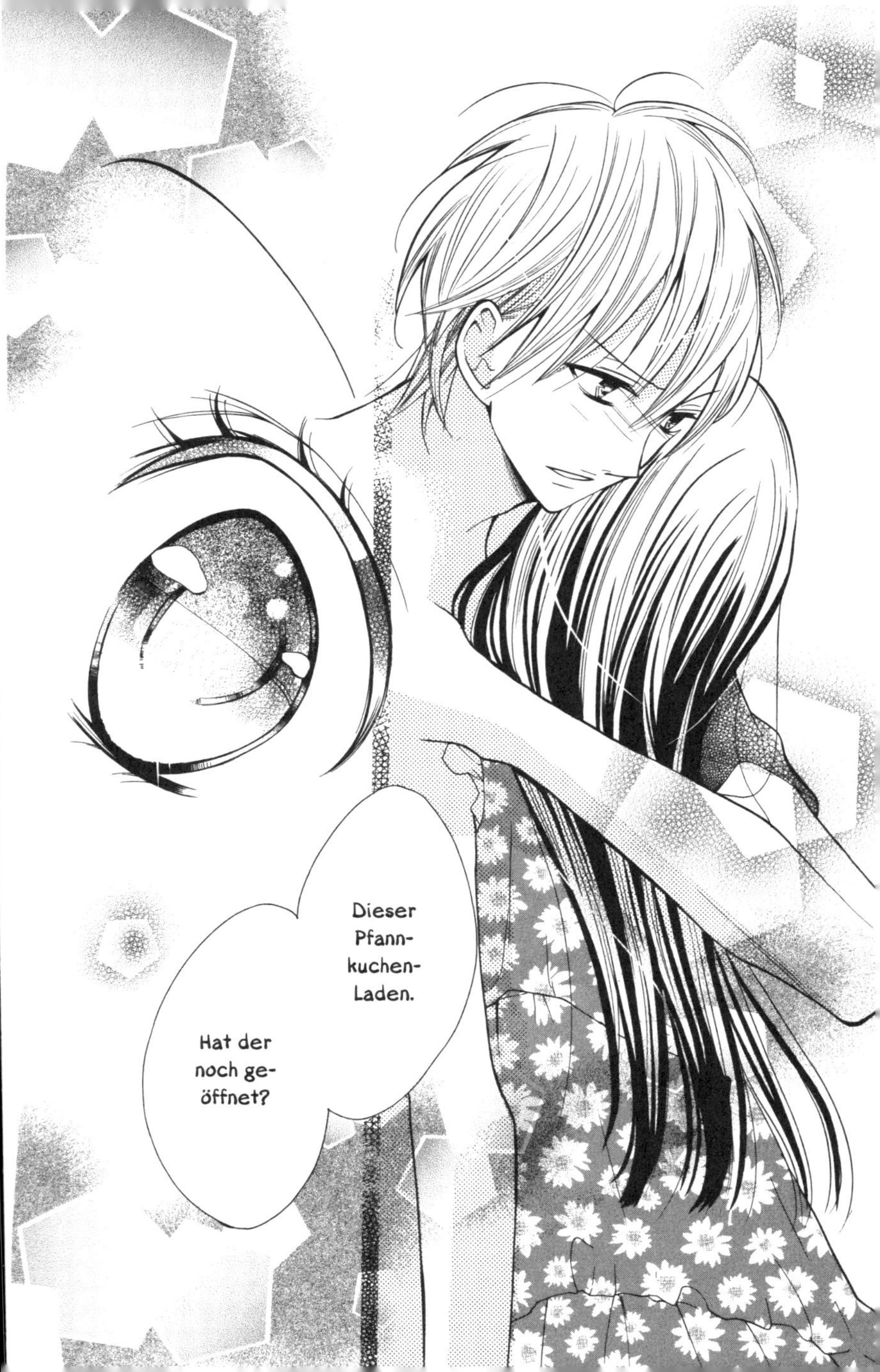
Dieser Pfann-kuchen-Laden.
Hat der noch ge-öffnet?

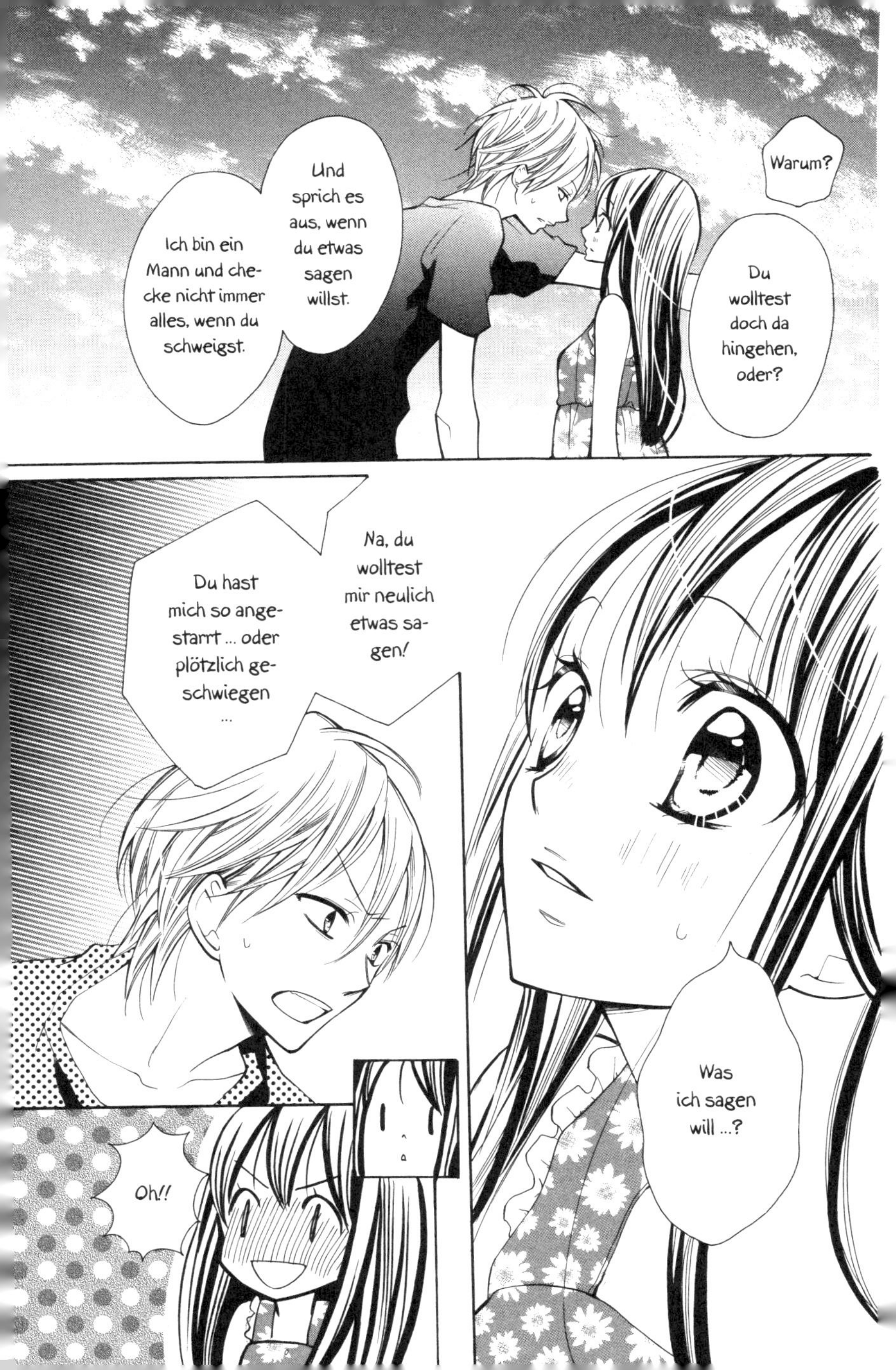
Warum?
Du wolltest doch da hingehen, oder?
Und sprich es aus, wenn du etwas sagen willst.
Ich bin ein Mann und checke nicht immer alles, wenn du schweigst.
Na, du wolltest mir neulich etwas sagen!
Du hast mich so angestarrt ... oder plötzlich geschwiegen ...
Was ich sagen will ...?
Oh!!

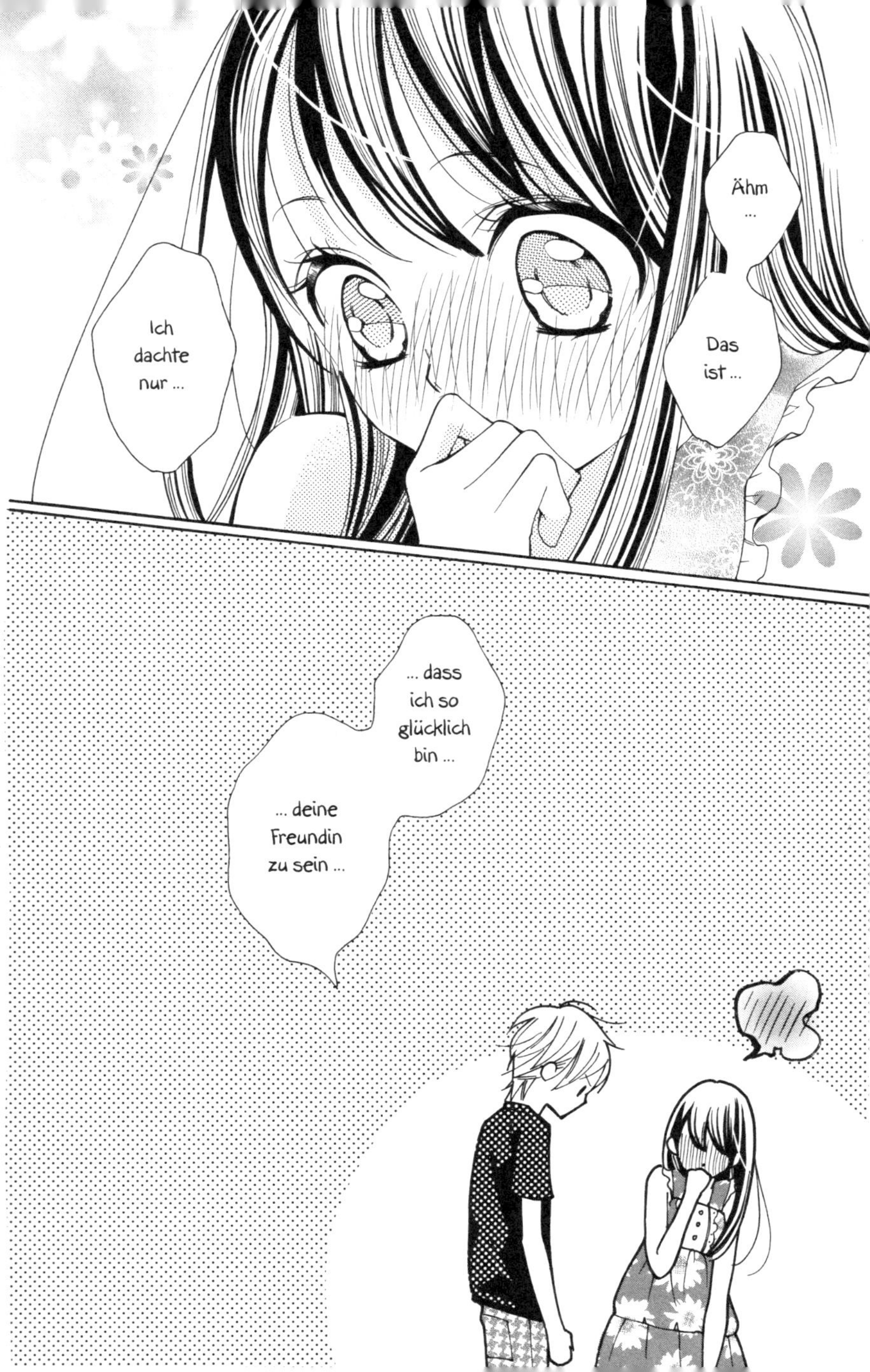
Ähm ...
Das ist ...
Ich dachte nur ...
... dass ich so glücklich bin ...
... deine Freundin zu sein ...

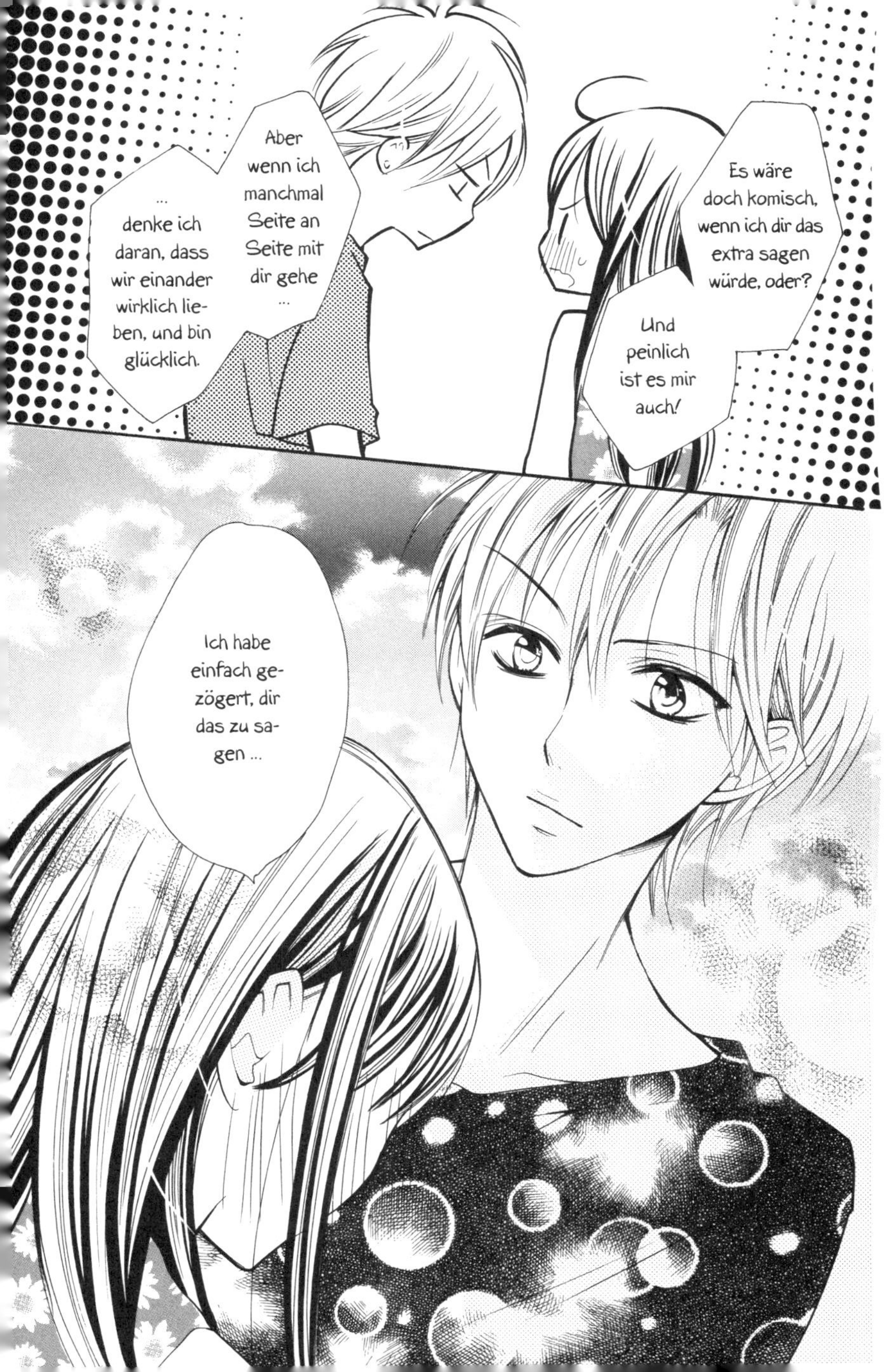
Es wäre doch komisch, wenn ich dir das extra sagen würde, oder?
Und peinlich ist es mir auch!
Aber wenn ich manchmal Seite an Seite mit dir gehe …
… denke ich daran, dass wir einander wirklich lieben, und bin glücklich.
Ich habe einfach gezögert, dir das zu sagen …

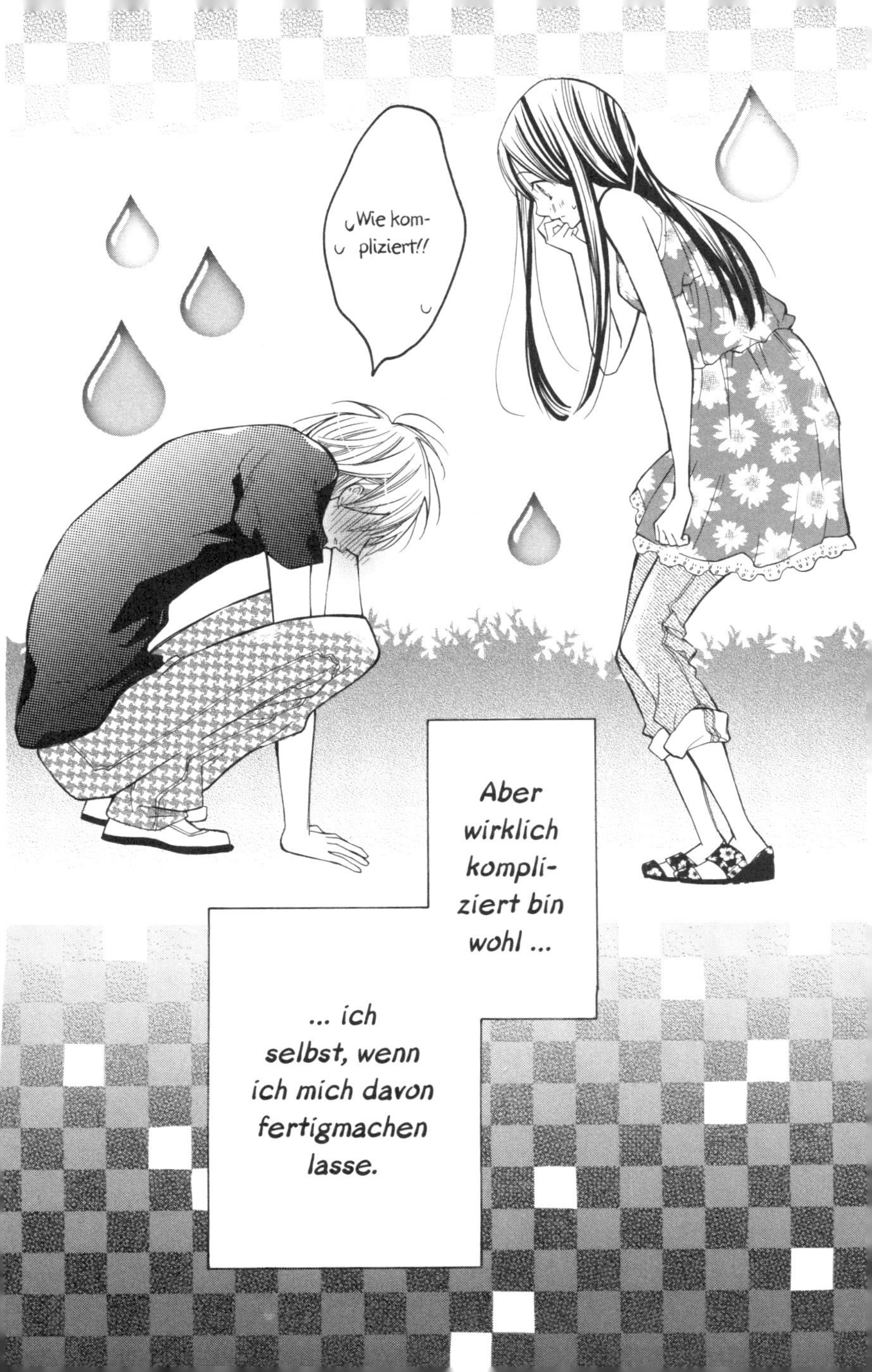
Wie kompliziert!!
Aber wirklich kompliziert bin wohl ...
... ich selbst, wenn ich mich davon fertigmachen lasse.

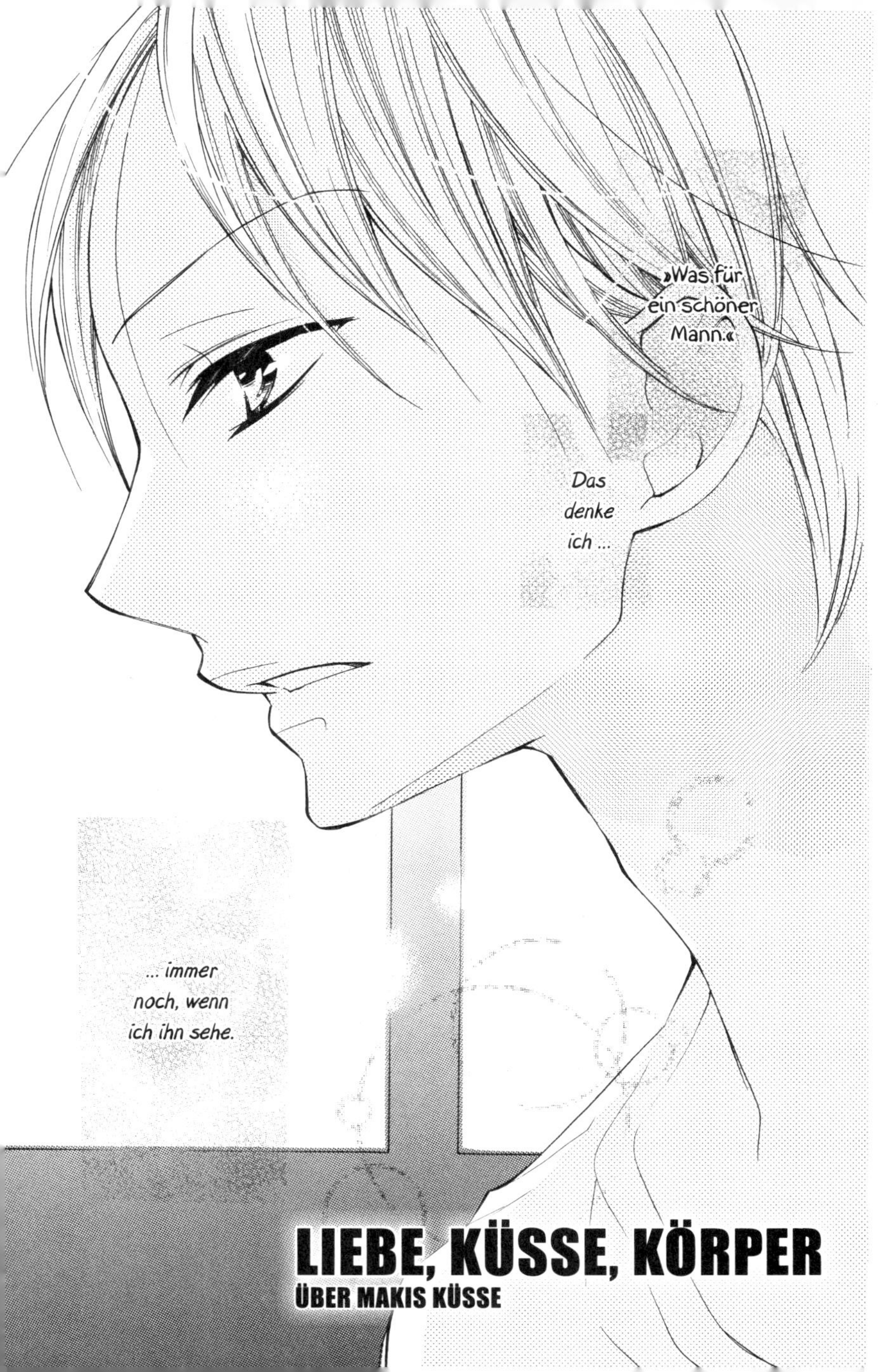

LIEBE, KÜSSE, KÖRPER

ÜBER MAKIS KÜSSE

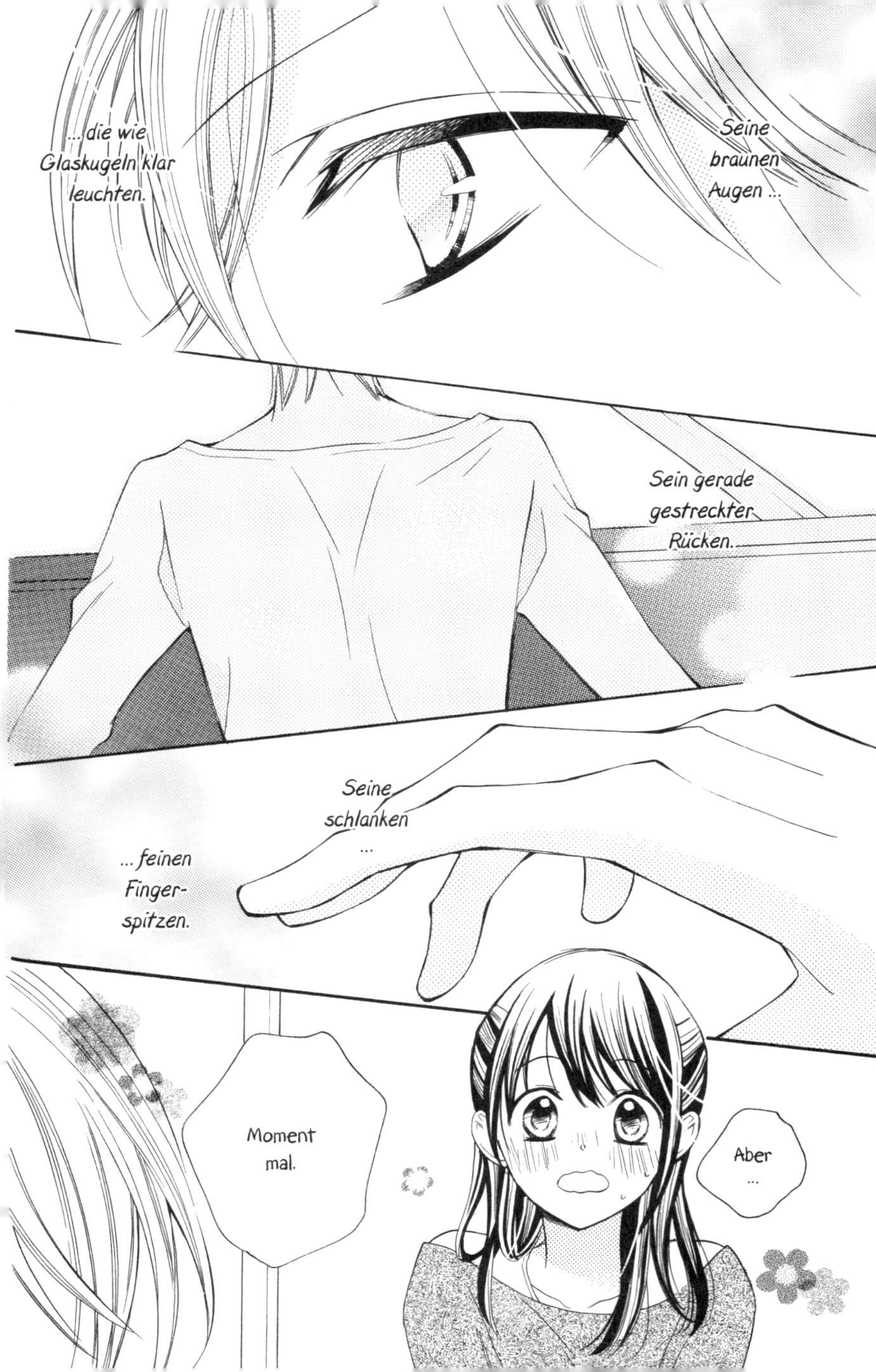
Seine braunen Augen ...
... die wie Glaskugeln klar leuchten.
Sein gerade gestreckter Rücken.
Seine schlanken ...
... feinen Finger-spitzen.
Aber ...
Moment mal.

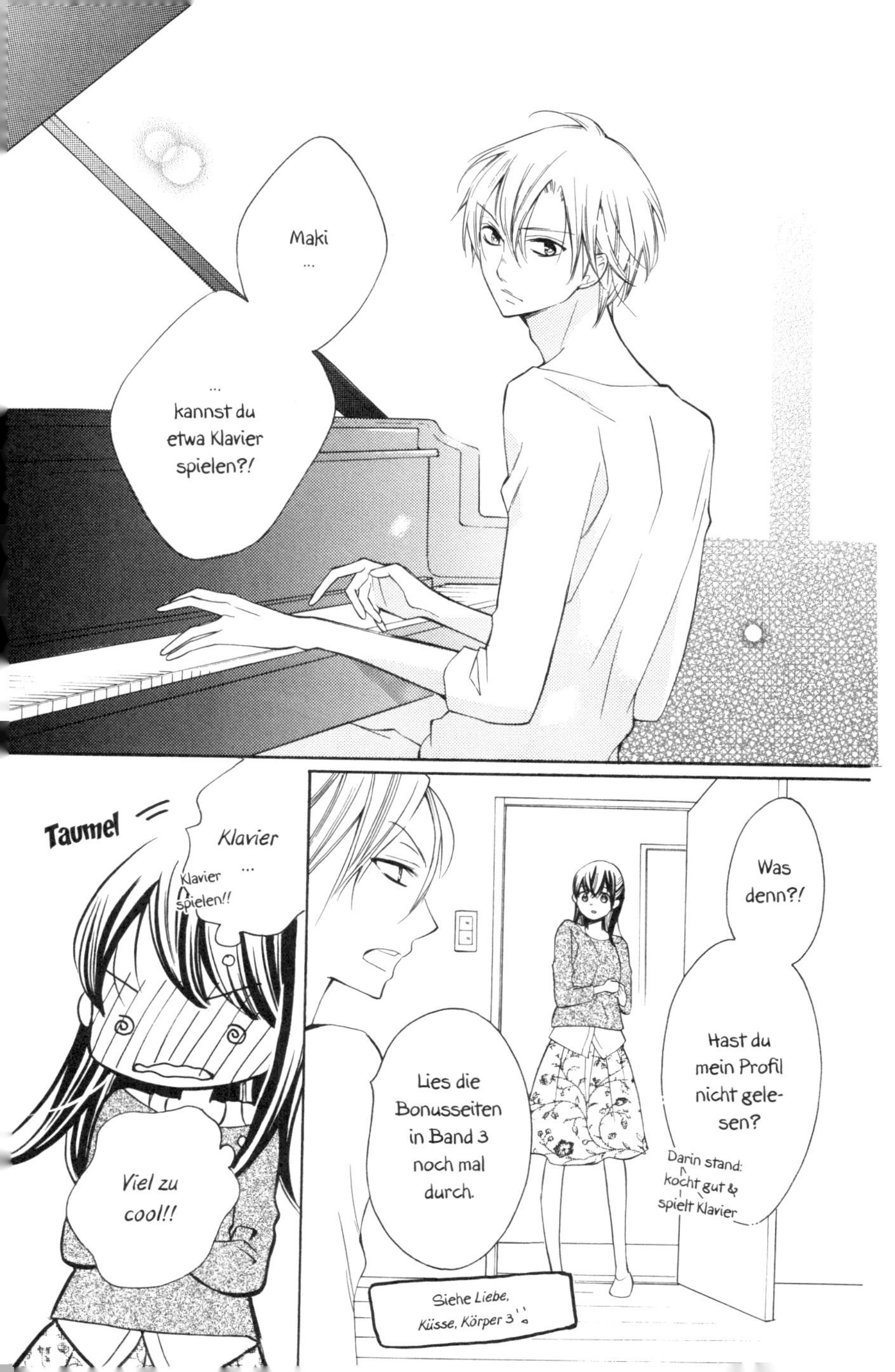
Maki ...
... kannst du etwa Klavier spielen?!
Was denn?!
Hast du mein Profil nicht gelesen?
Darin stand: kocht gut & spielt Klavier
Lies die Bonusseiten in Band 3 noch mal durch.
Siehe Liebe, Küsse, Körper 3
Taumel
Klavier ...
Klavier spielen!!
Viel zu cool!!

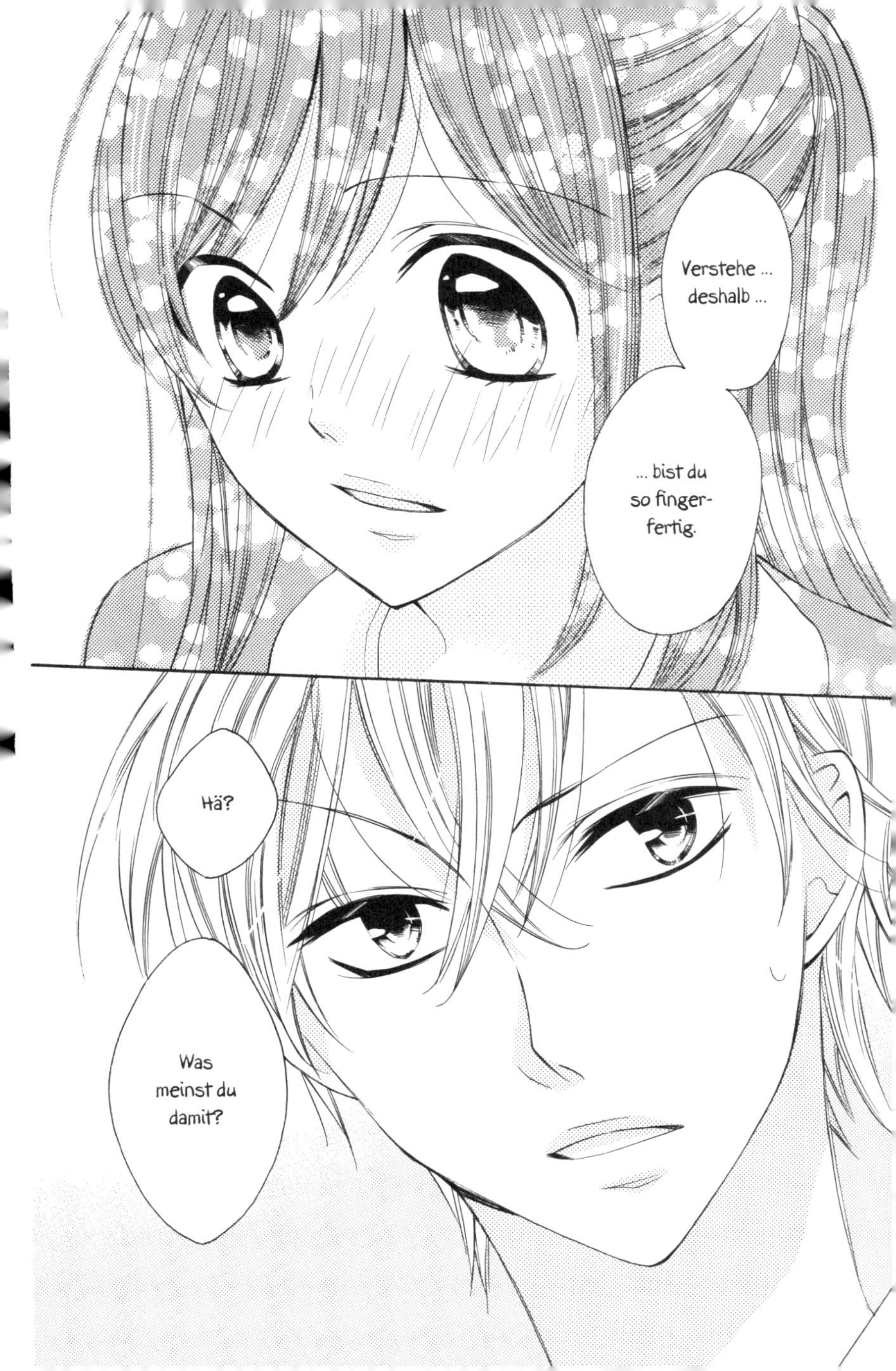
Verstehe ... deshalb ...
... bist du so finger-fertig.
Hä?
Was meinst du damit?

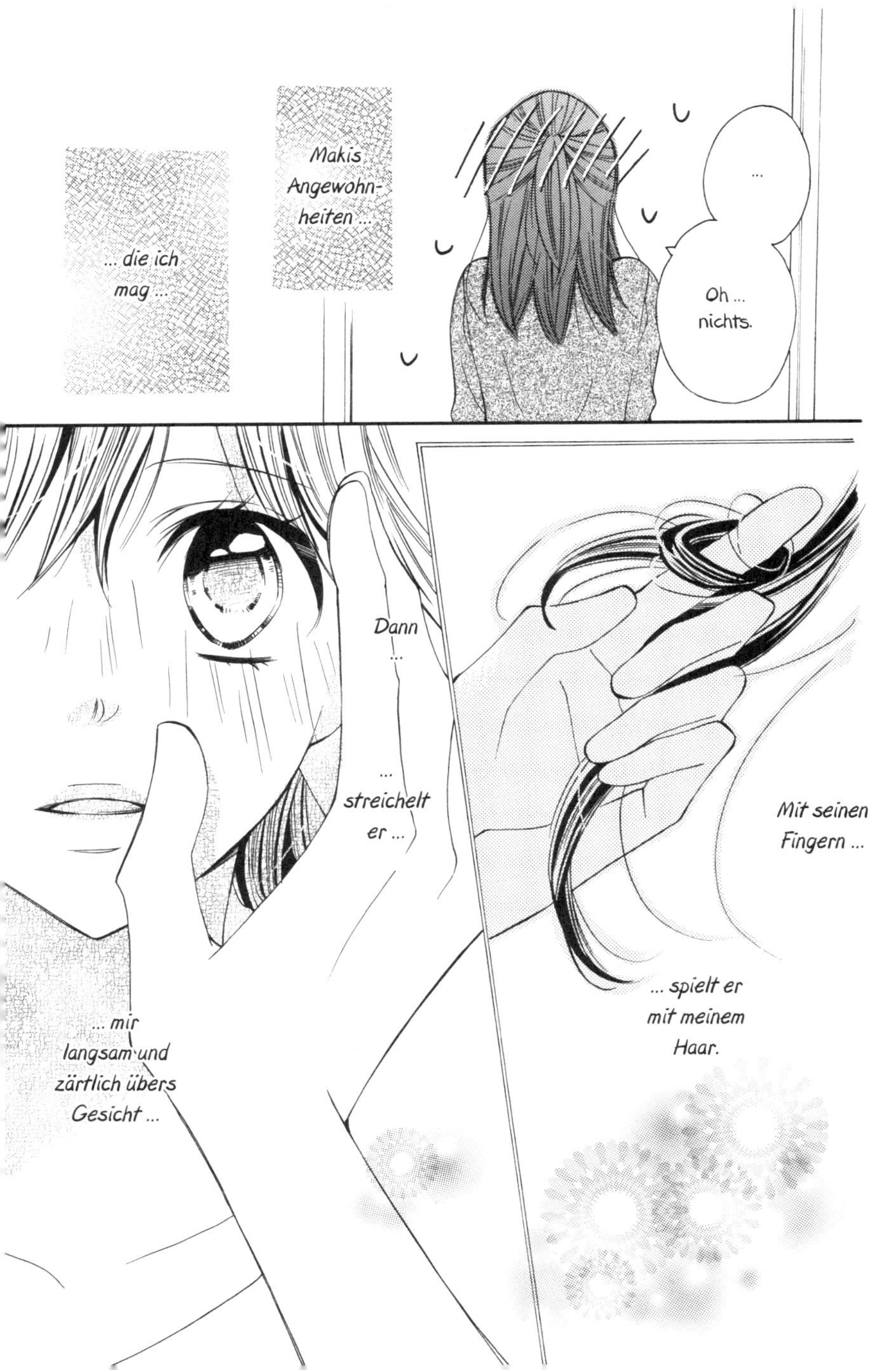
...
Oh ... nichts.
Makis Angewohnheiten ...
... die ich mag ...
Mit seinen Fingern ...
... spielt er mit meinem Haar.
Dann ...
... streichelt er ...
... mir langsam und zärtlich übers Gesicht ...

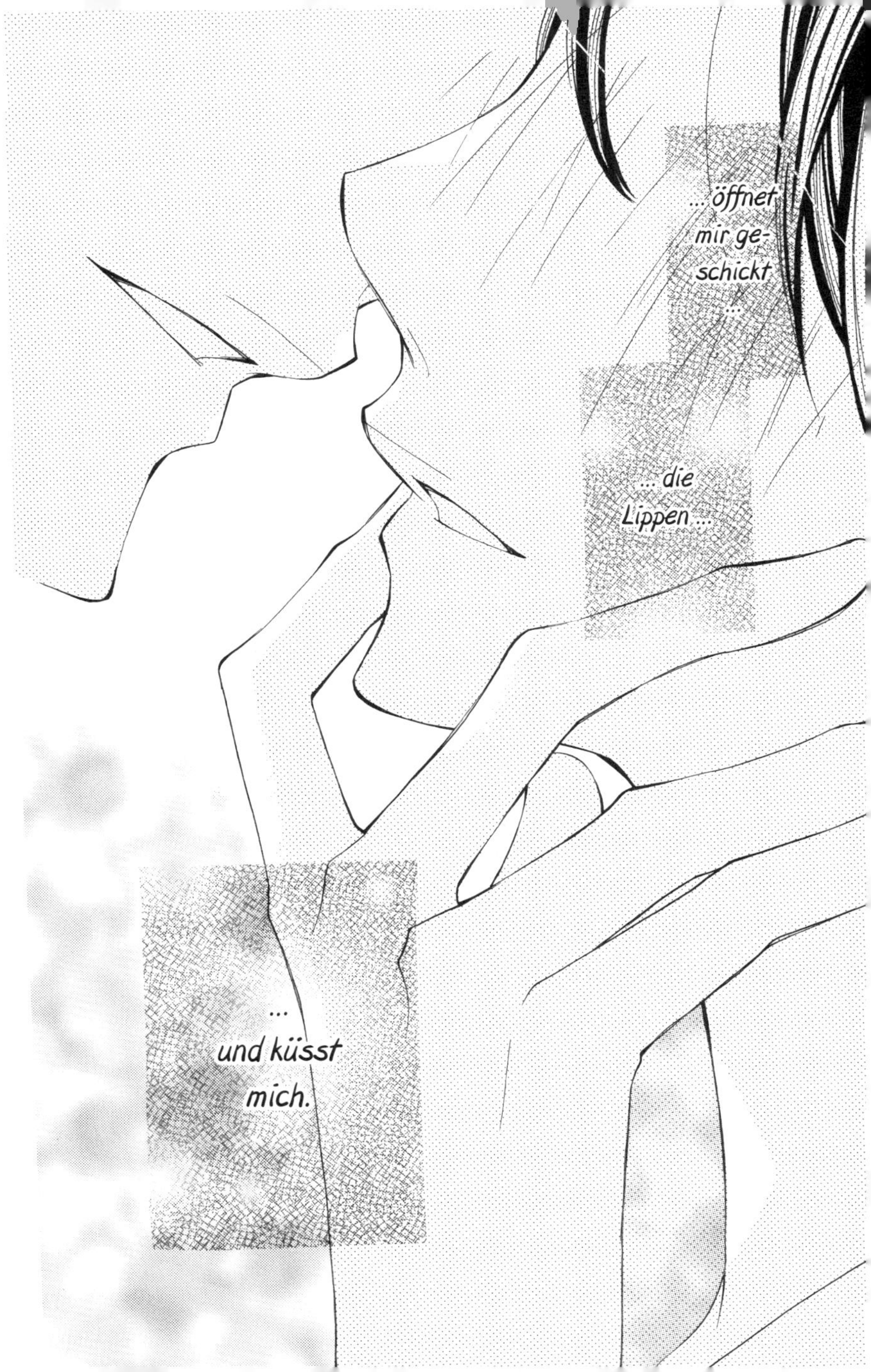
... öffnet mir geschickt ...
... die Lippen ...
... und küsst mich.

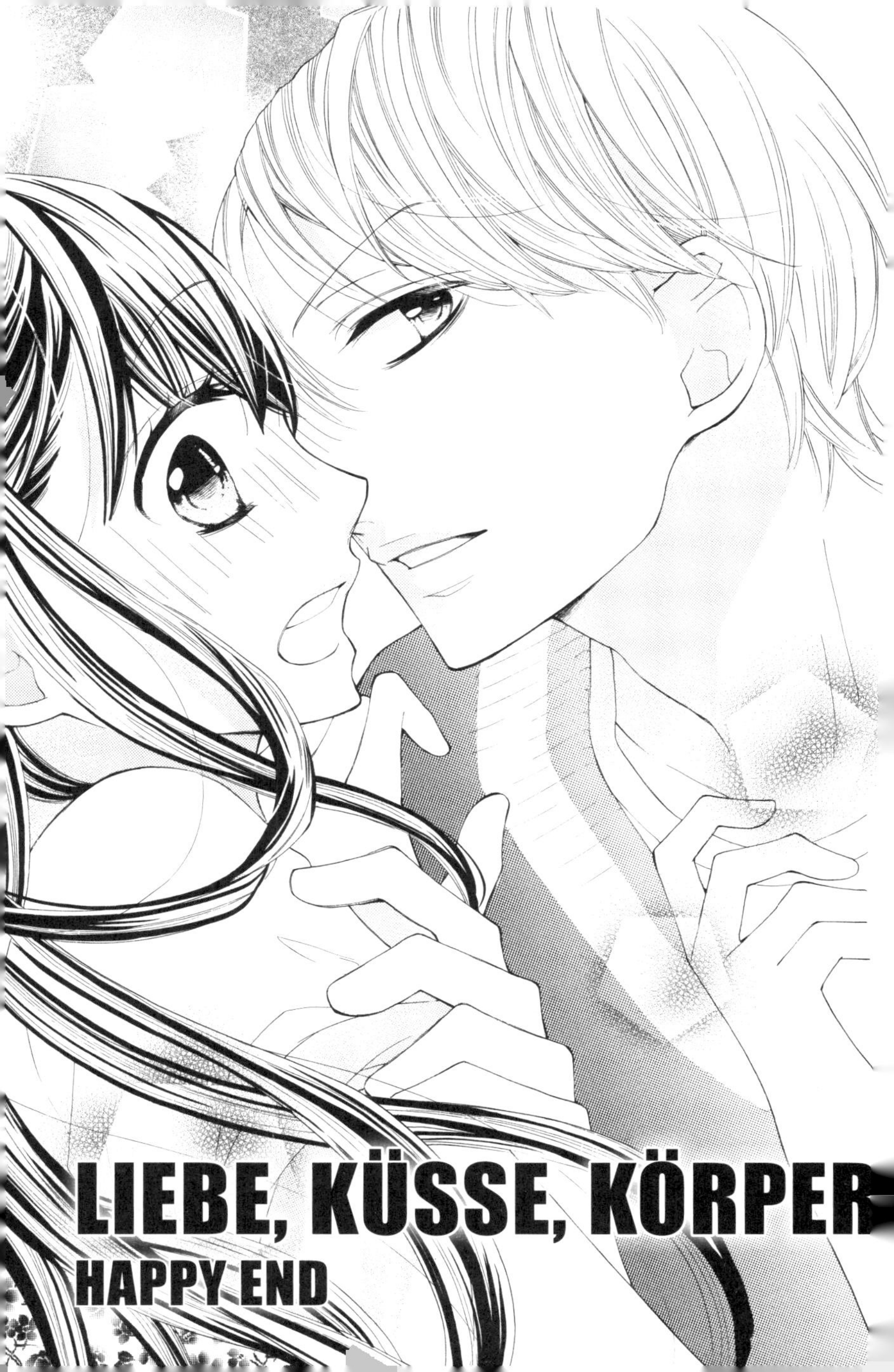
LIEBE, KÜSSE, KÖRPER
HAPPY END

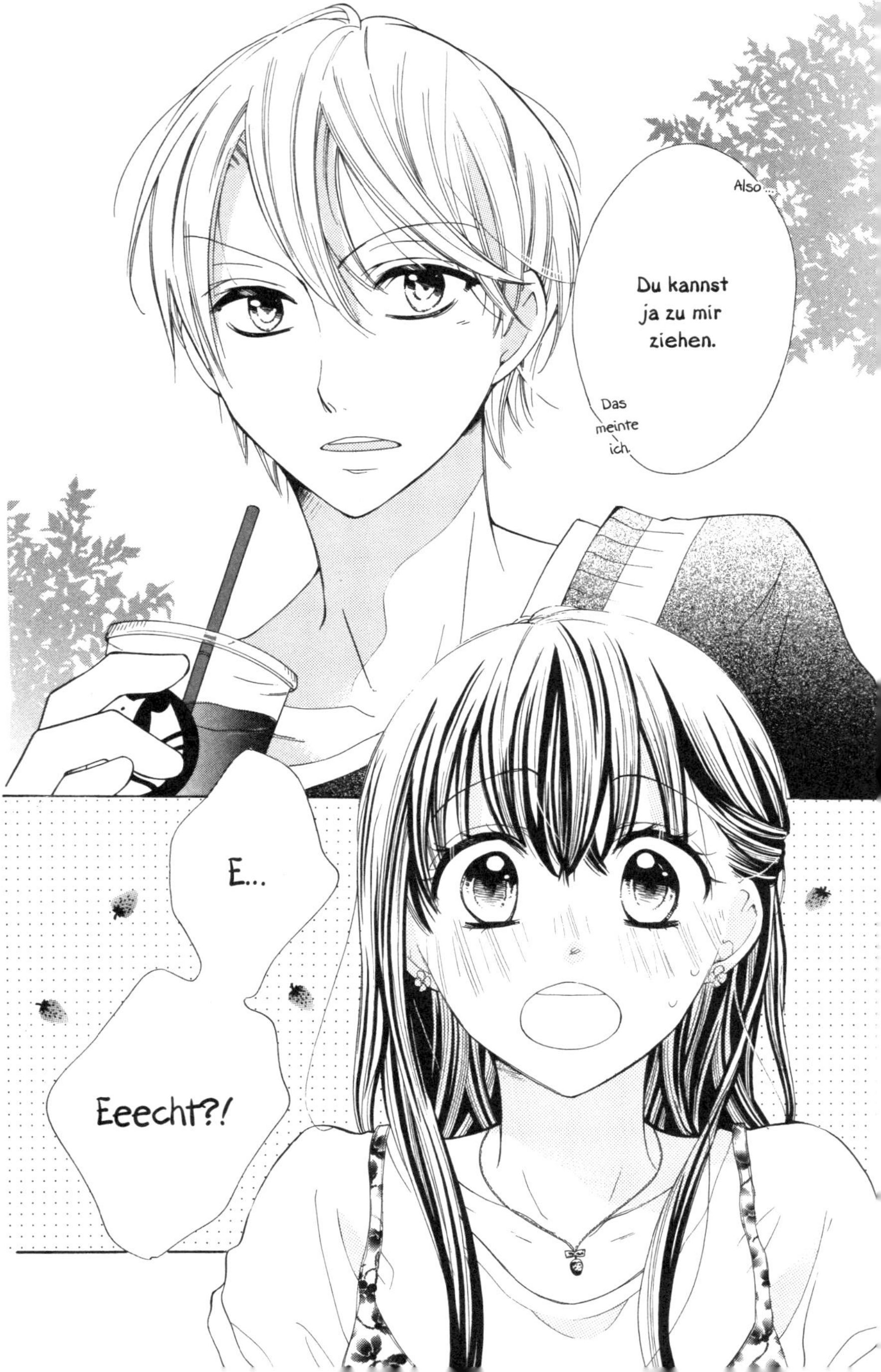
Also …
Du kannst ja zu mir ziehen.
Das meinte ich.
E…
Eeecht?!

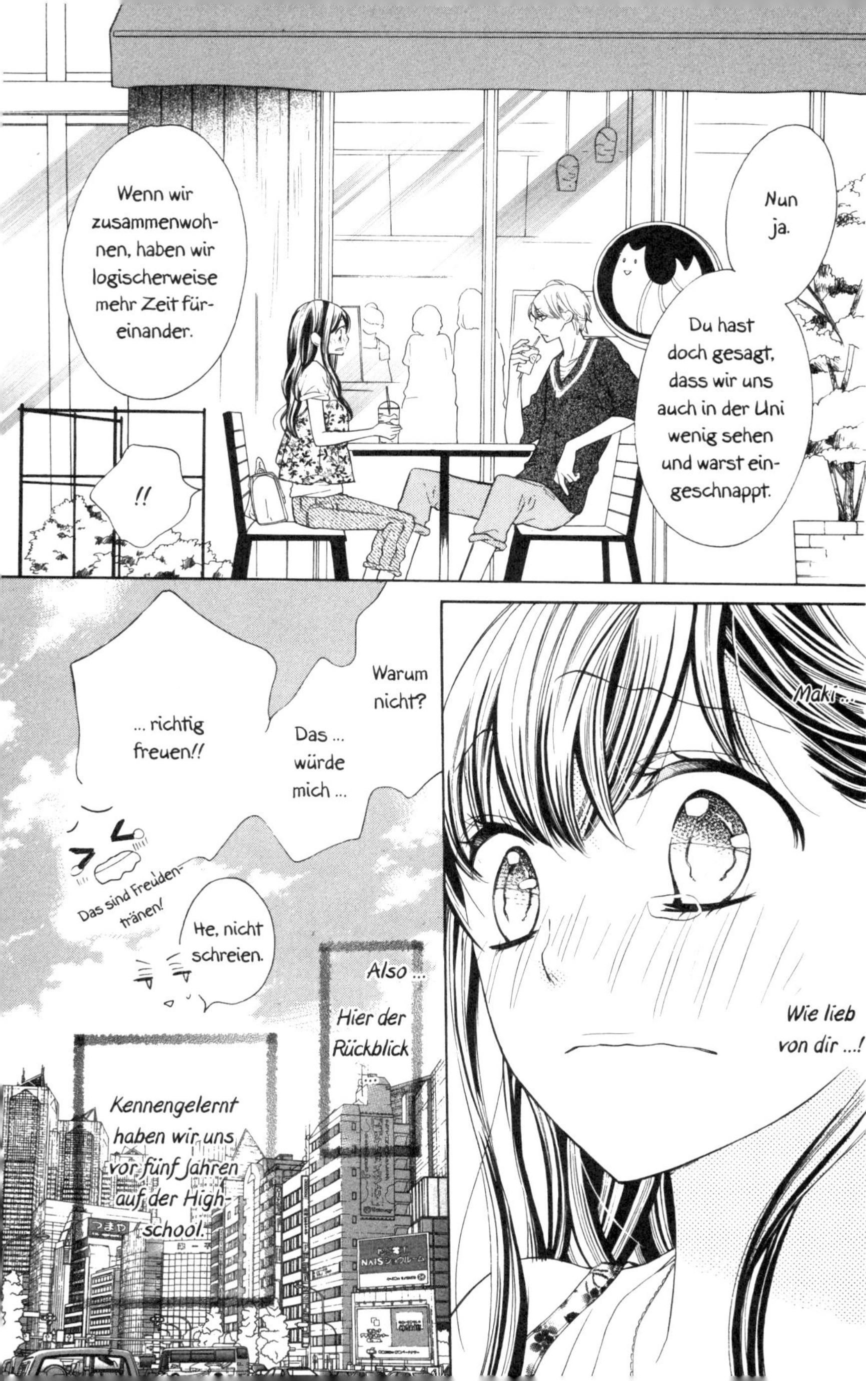
Nun ja.
Du hast doch gesagt, dass wir uns auch in der Uni wenig sehen und warst eingeschnappt.
Wenn wir zusammenwohnen, haben wir logischerweise mehr Zeit füreinander.
!!
Maki ...
Wie lieb von dir ...!
Warum nicht?
Das ... würde mich ...
... richtig freuen!!
Das sind Freudentränen!
He, nicht schreien.
Also ...
Hier der Rückblick
Kennengelernt haben wir uns vor fünf Jahren auf der Highschool.

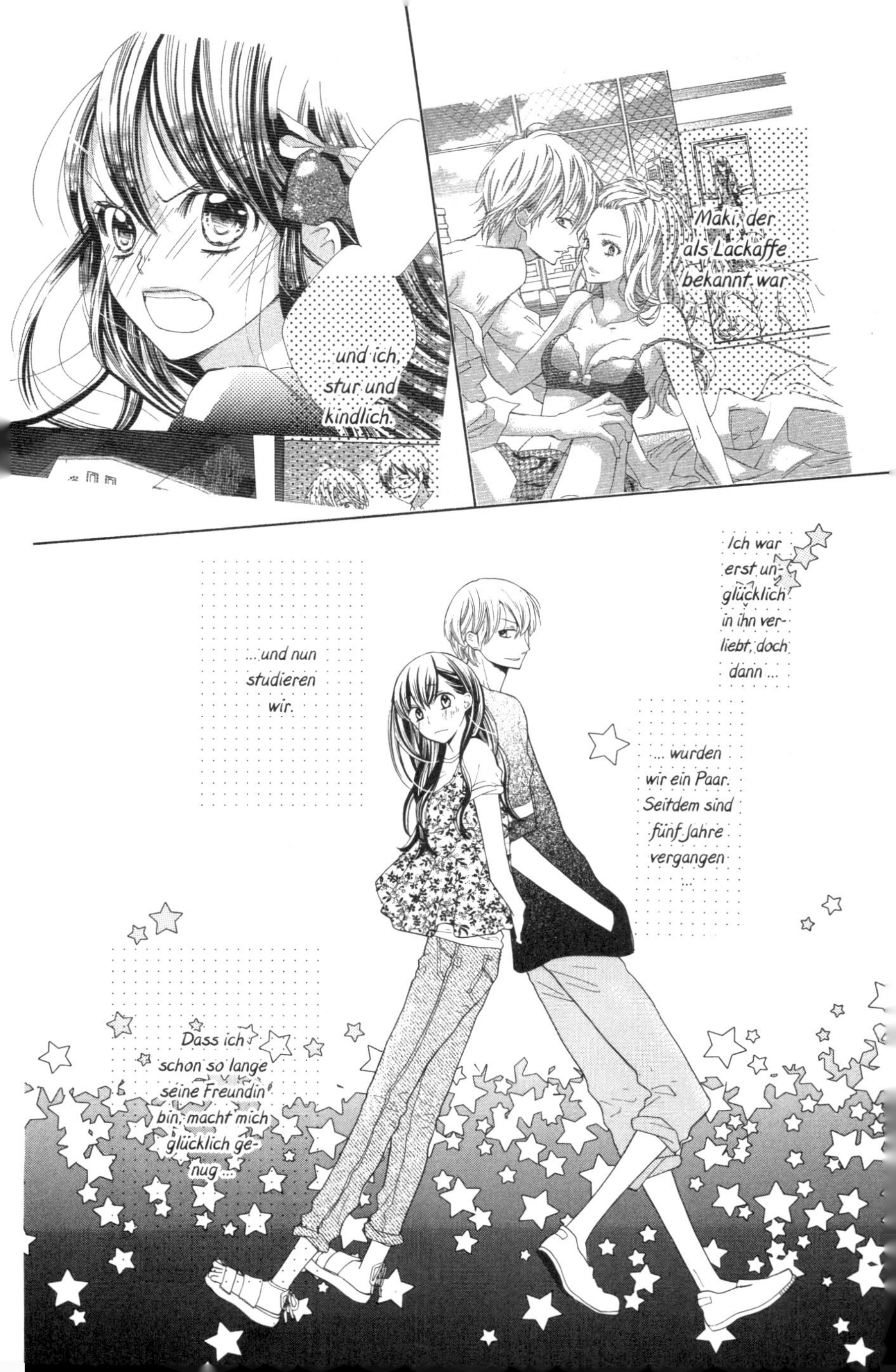
Maki, der als Lackaffe bekannt war
... und ich, stur und kindlich.
Ich war erst unglücklich in ihn verliebt, doch dann ...
... wurden wir ein Paar. Seitdem sind fünf Jahre vergangen ...
... und nun studieren wir.
Dass ich schon so lange seine Freundin bin, macht mich glücklich genug ...

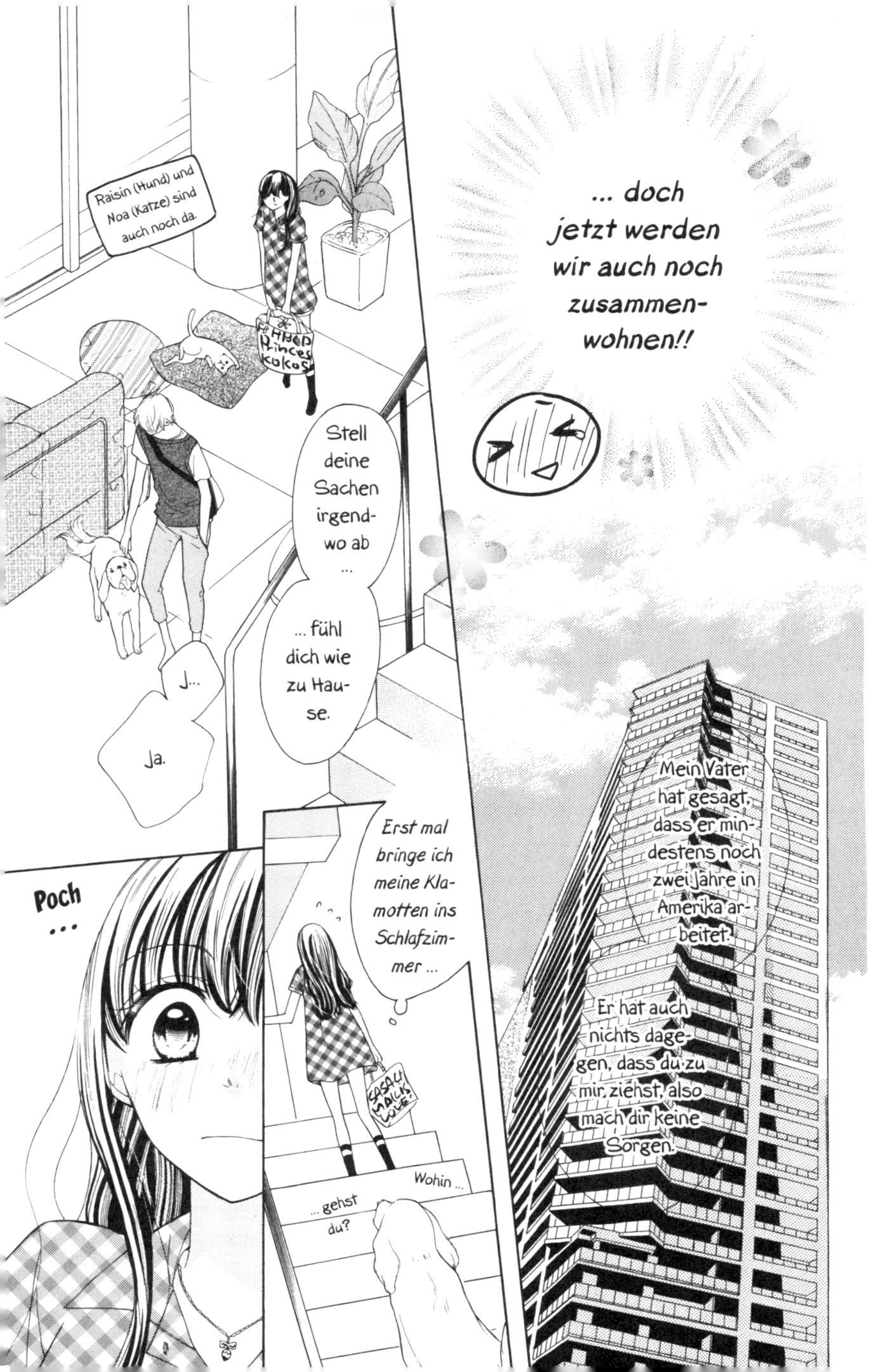

... doch jetzt werden wir auch noch zusammen-wohnen!!
Mein Vater hat gesagt, dass er mindestens noch zwei Jahre in Amerika arbeitet.
Er hat auch nichts dagegen, dass du zu mir ziehst, also mach dir keine Sorgen.
Raisin (Hund) und Noa (Katze) sind auch noch da.
Stell deine Sachen irgendwo ab ...
... fühl dich wie zu Hause.
J...
Ja.
Erst mal bringe ich meine Klamotten ins Schlafzimmer ...
Wohin ...
... gehst du?
Poch ...

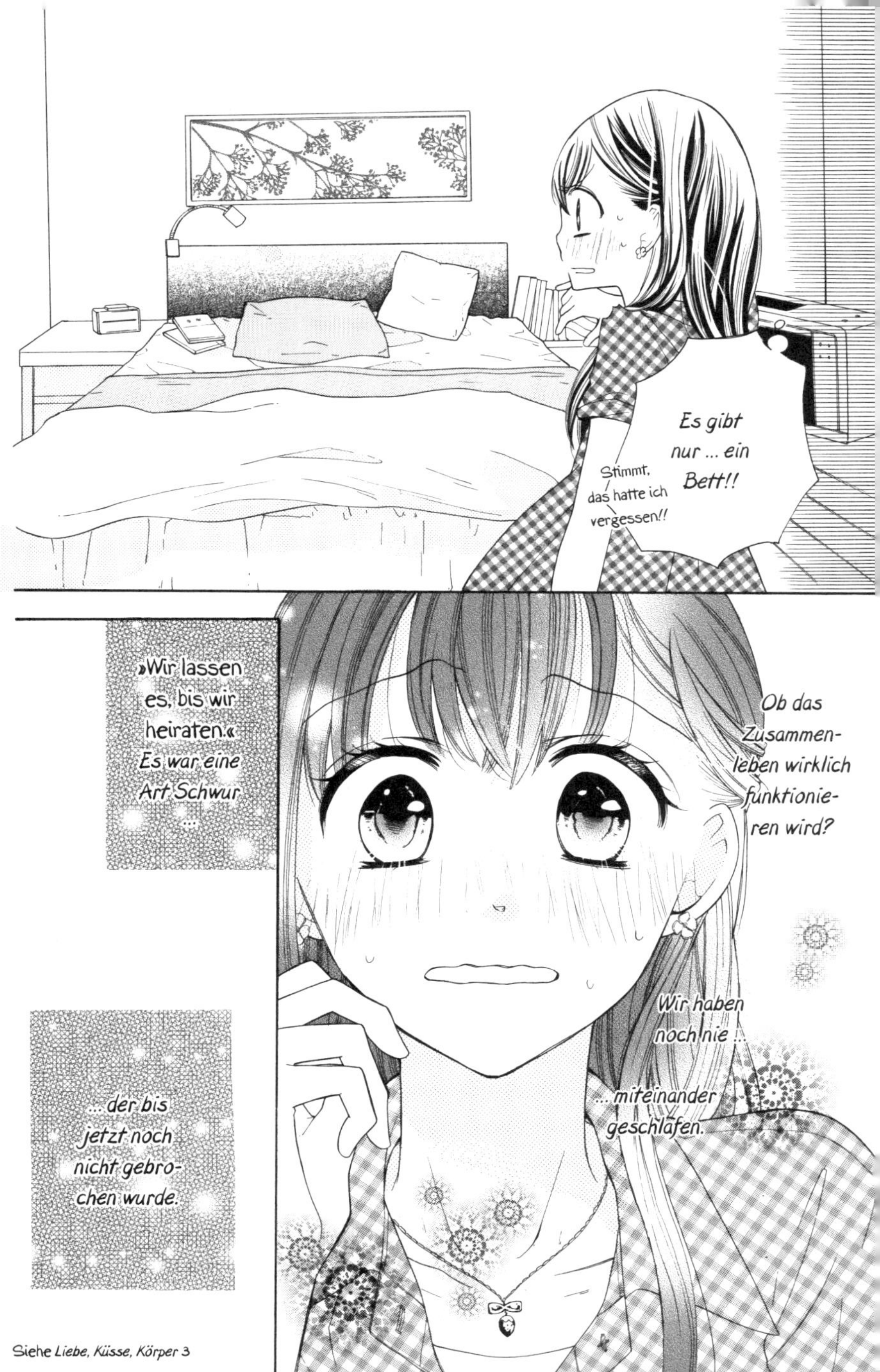

Siehe *Liebe, Küsse, Körper 3*

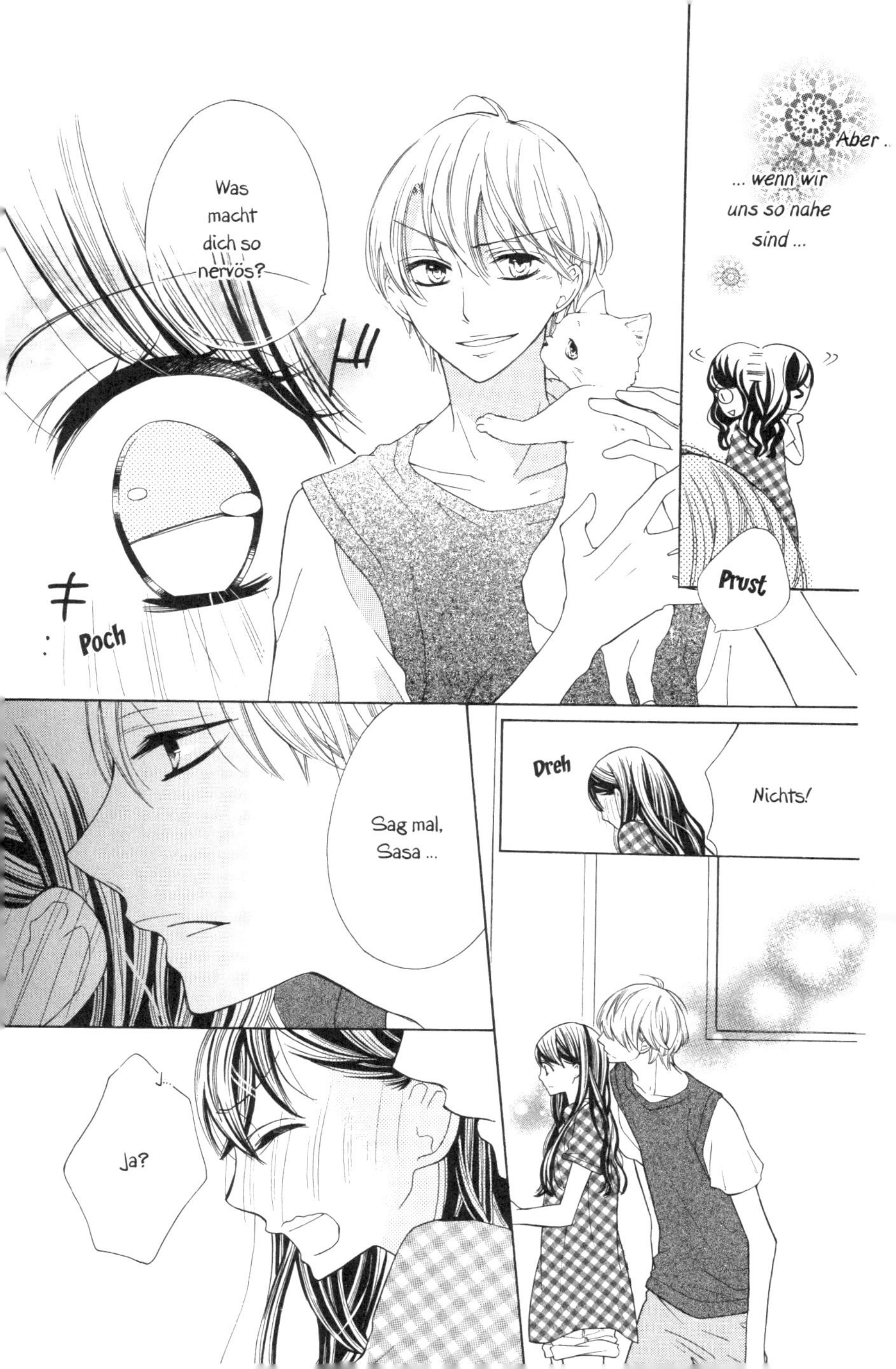
Aber ...
... wenn wir uns so nahe sind ...
Prust
Was macht dich so nervös?
Poch
Dreh
Nichts!
Sag mal, Sasa ...
J...
Ja?

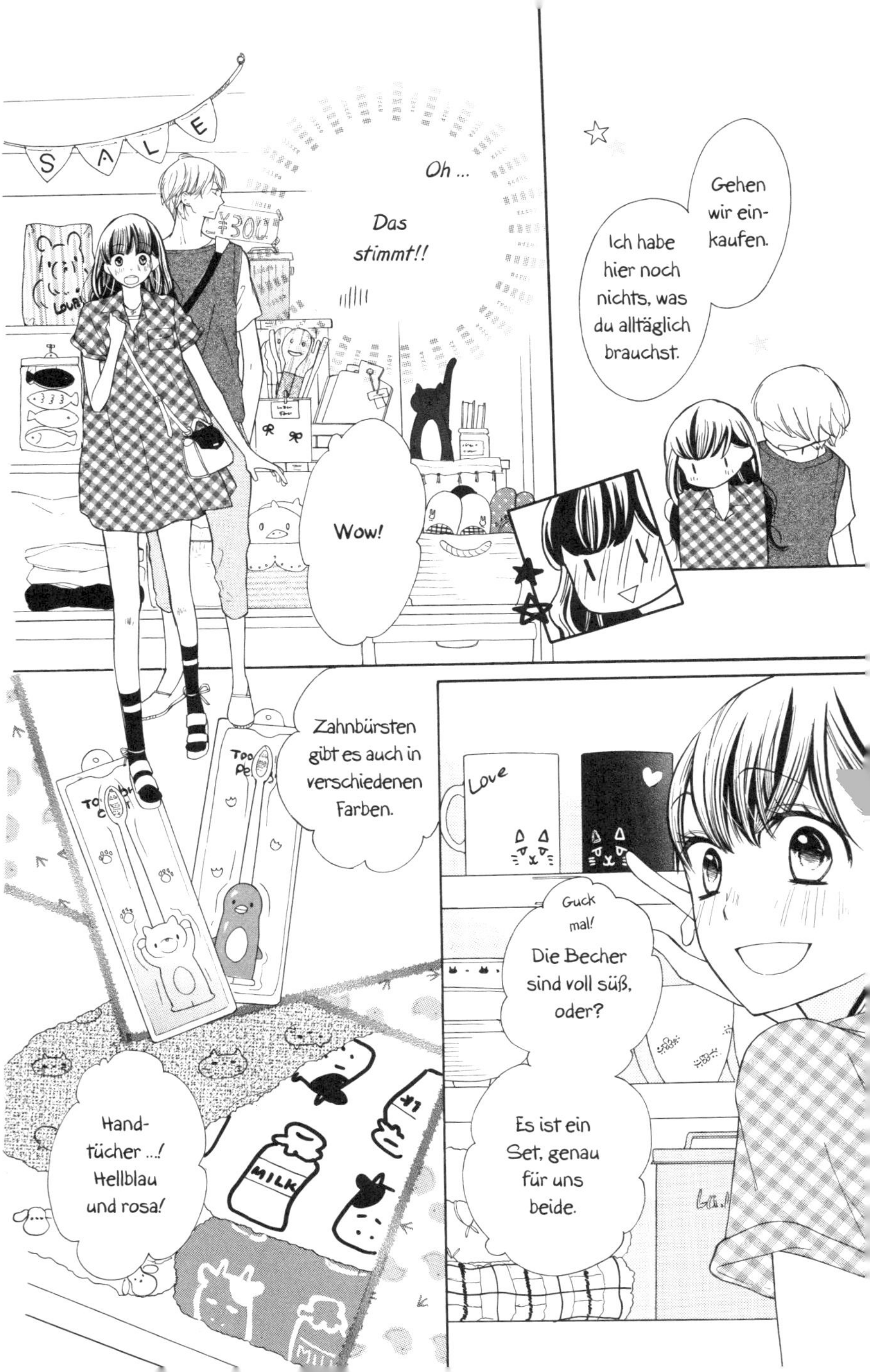

Gehen wir einkaufen.
Ich habe hier noch nichts, was du alltäglich brauchst.
SALE
¥300
Oh ...
Das stimmt!!
Wow!
Guck mal!
Die Becher sind voll süß, oder?
Es ist ein Set, genau für uns beide.
Zahnbürsten gibt es auch in verschiedenen Farben.
Hand-tücher ...! Hellblau und rosa!
MILK

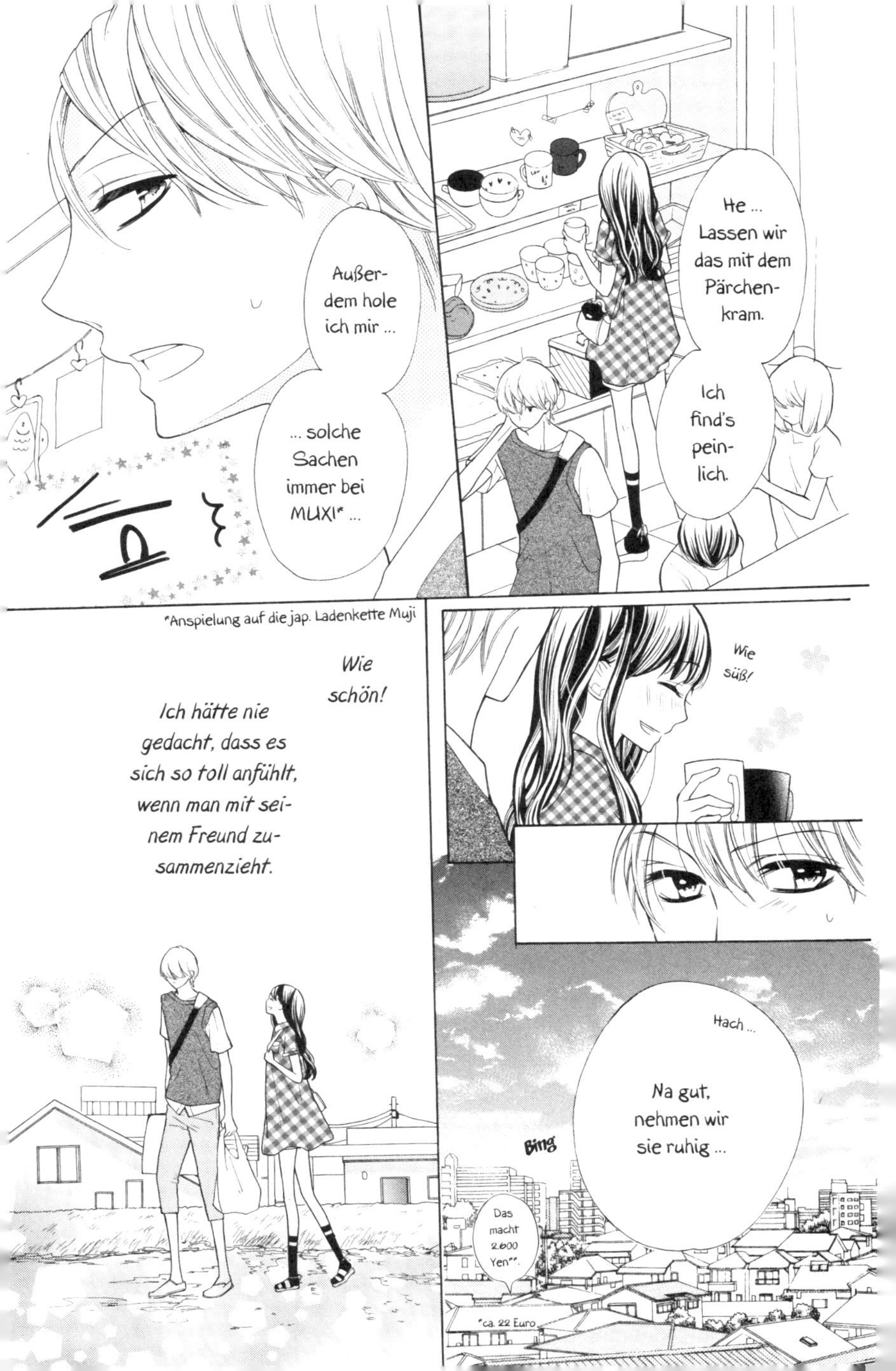
He ... Lassen wir das mit dem Pärchen-kram.
Ich find's pein-lich.
Außer-dem hole ich mir ...
... solche Sachen immer bei MUXI* ...
*Anspielung auf die jap. Ladenkette Muji
Wie süß!
Hach ...
Na gut, nehmen wir sie ruhig ...
Bing
Das macht 2.600 Yen**.
**ca. 22 Euro
Wie schön!
Ich hätte nie gedacht, dass es sich so toll anfühlt, wenn man mit sei-nem Freund zu-sammenzieht.

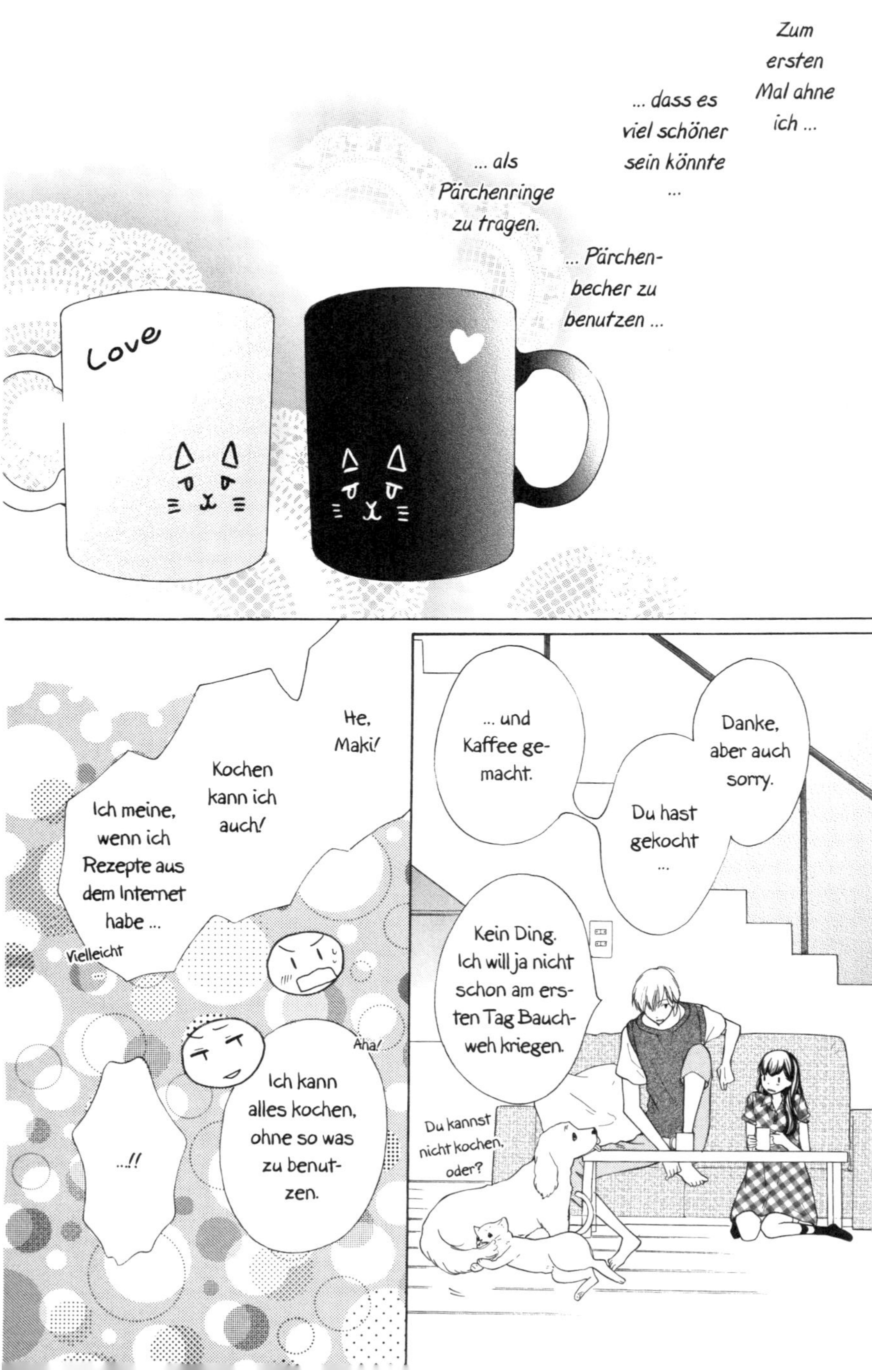
Zum ersten Mal ahne ich ...
... dass es viel schöner sein könnte ...
... Pärchenbecher zu benutzen ...
... als Pärchenringe zu tragen.
Love
Danke, aber auch sorry.
Du hast gekocht ...
... und Kaffee gemacht.
Kein Ding. Ich will ja nicht schon am ersten Tag Bauchweh kriegen.
Du kannst nicht kochen, oder?
He, Maki!
Kochen kann ich auch!
Ich meine, wenn ich Rezepte aus dem Internet habe ...
Vielleicht ...
Aha!
Ich kann alles kochen, ohne so was zu benutzen.
...!!

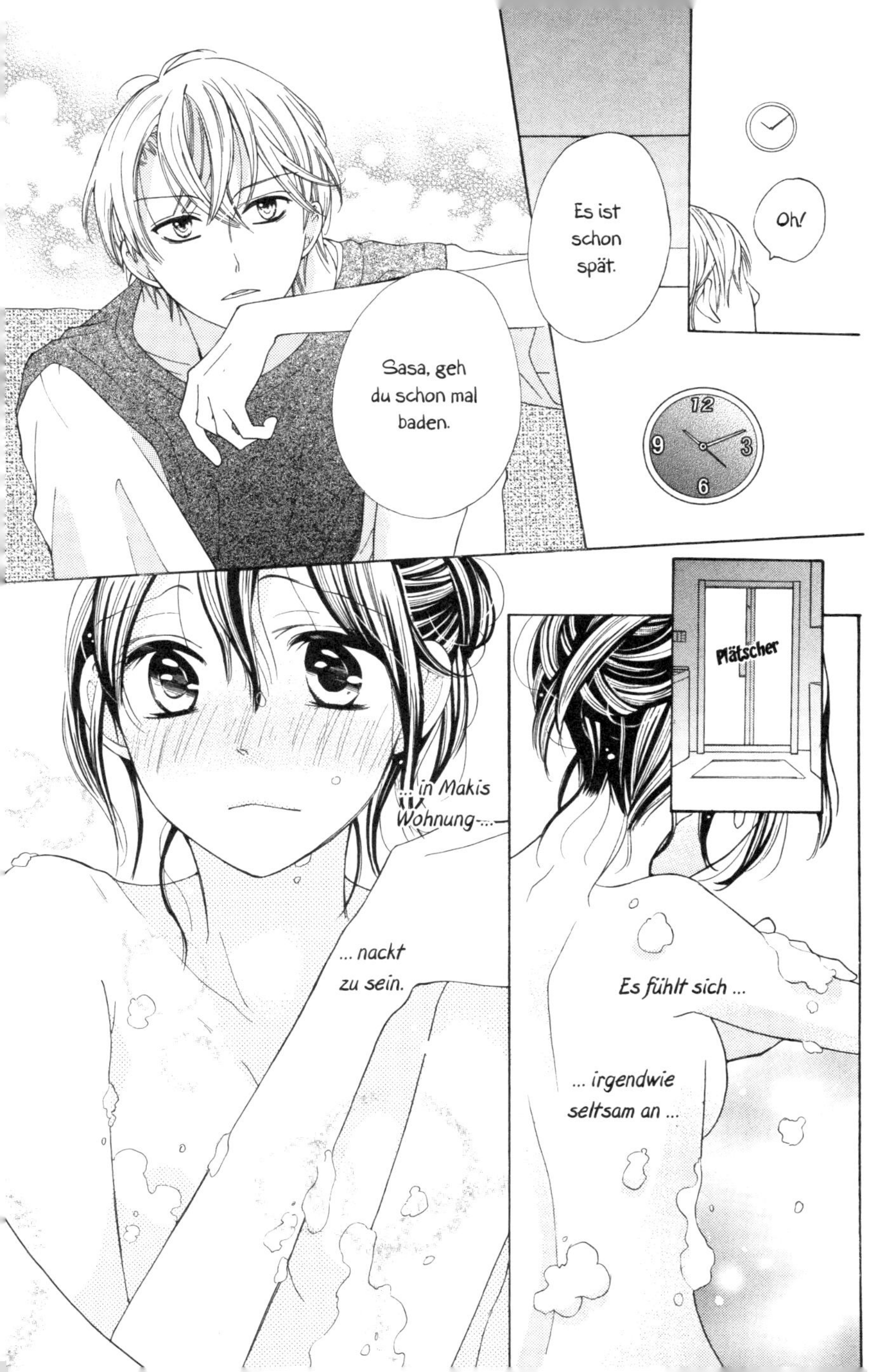
Oh!
Es ist schon spät.
Sasa, geh du schon mal baden.
Plätscher
Es fühlt sich ...
... irgendwie seltsam an ...
... in Makis Wohnung-...
... nackt zu sein.

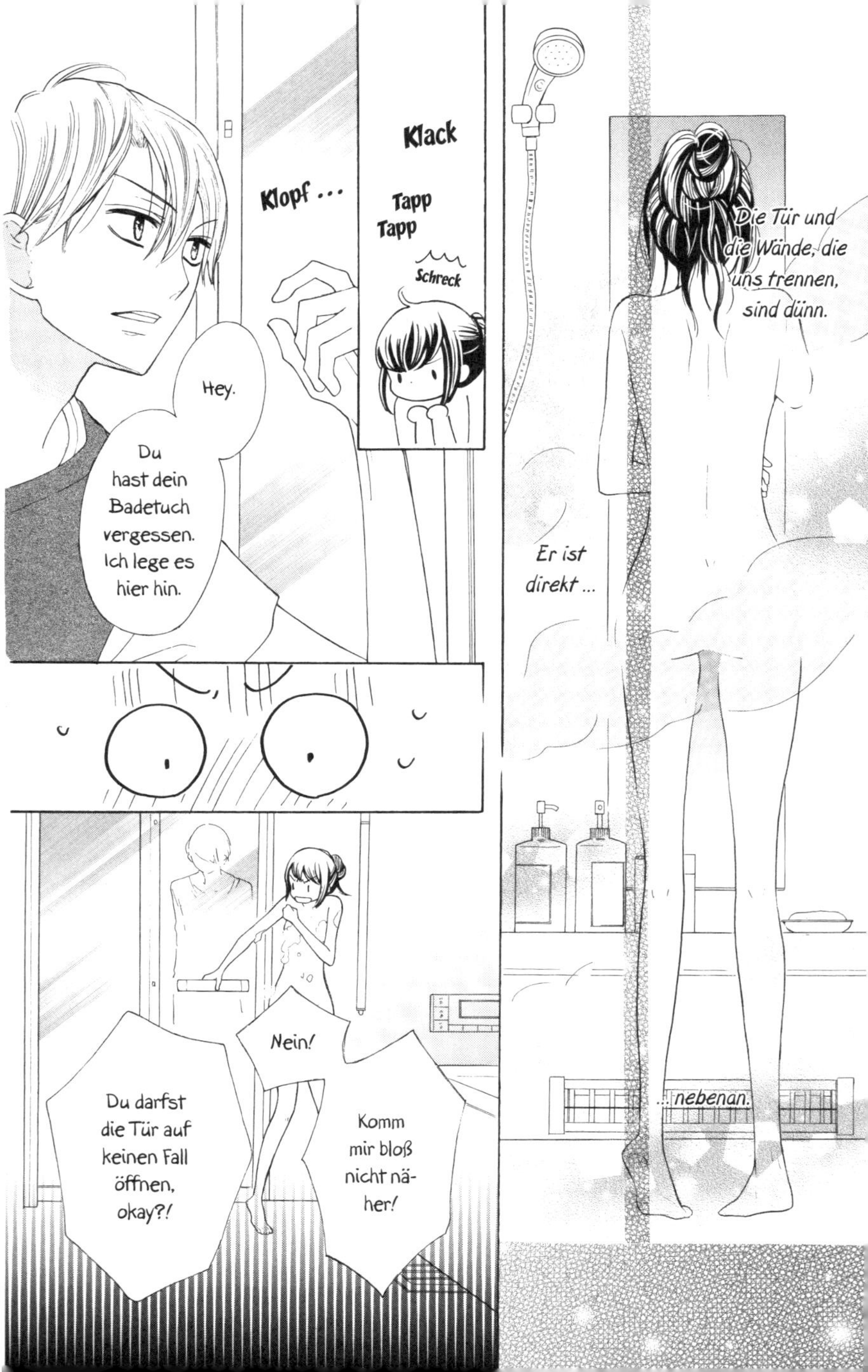

Die Tür und die Wände, die uns trennen, sind dünn.
Er ist direkt ...
... nebenan.
Klack
Tapp Tapp
Schreck
Klopf ...
Hey.
Du hast dein Badetuch vergessen. Ich lege es hier hin.
Nein!
Komm mir bloß nicht nä-her!
Du darfst die Tür auf keinen Fall öffnen, okay?!

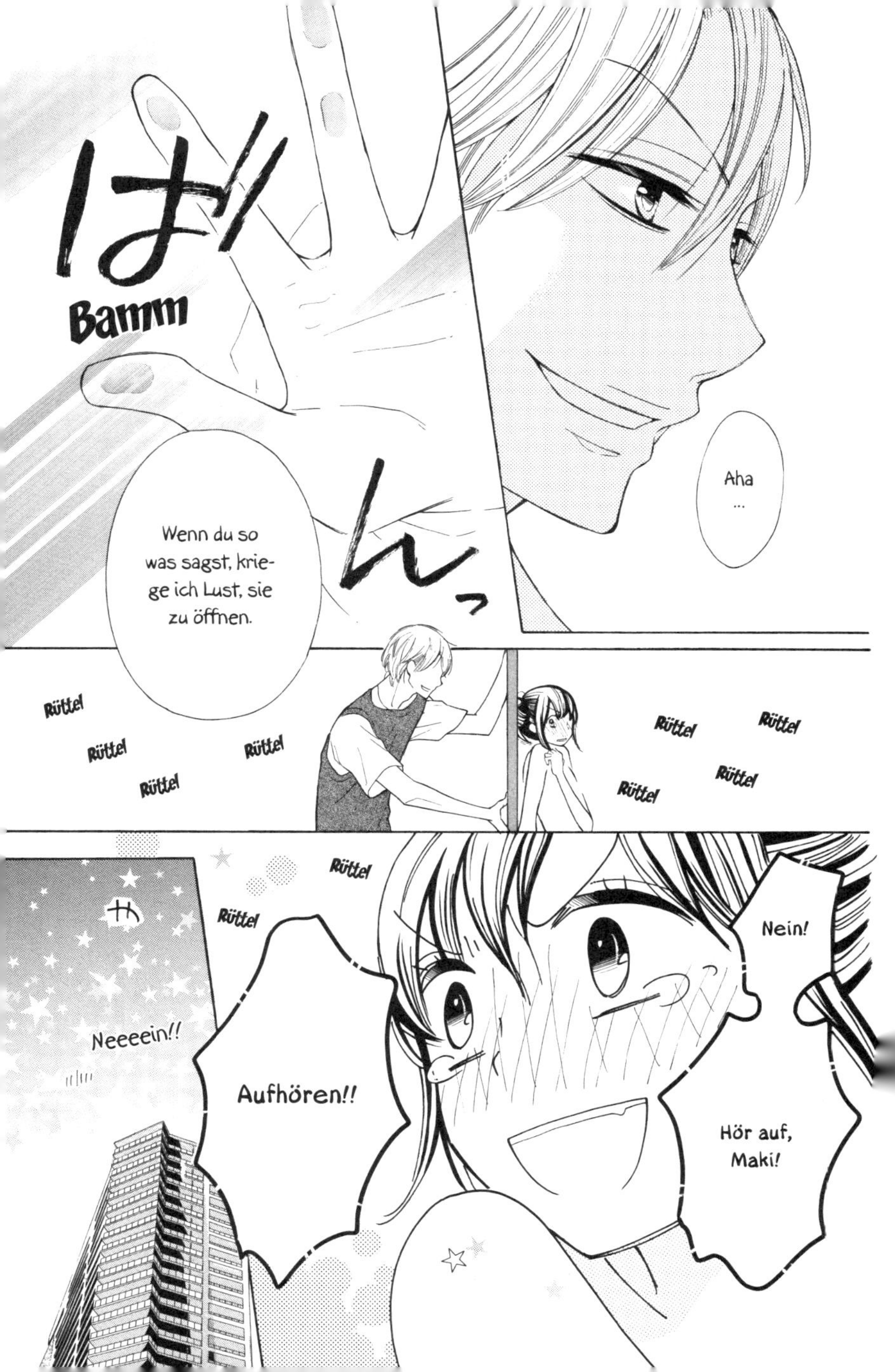
Aha ...
Bamm
Wenn du so was sagst, kriege ich Lust, sie zu öffnen.
Rüttel
Rüttel
Rüttel
Rüttel
Rüttel
Rüttel
Rüttel
Rüttel
Nein!
Hör auf, Maki!
Rüttel
Rüttel
Aufhören!!
Neeeein!!

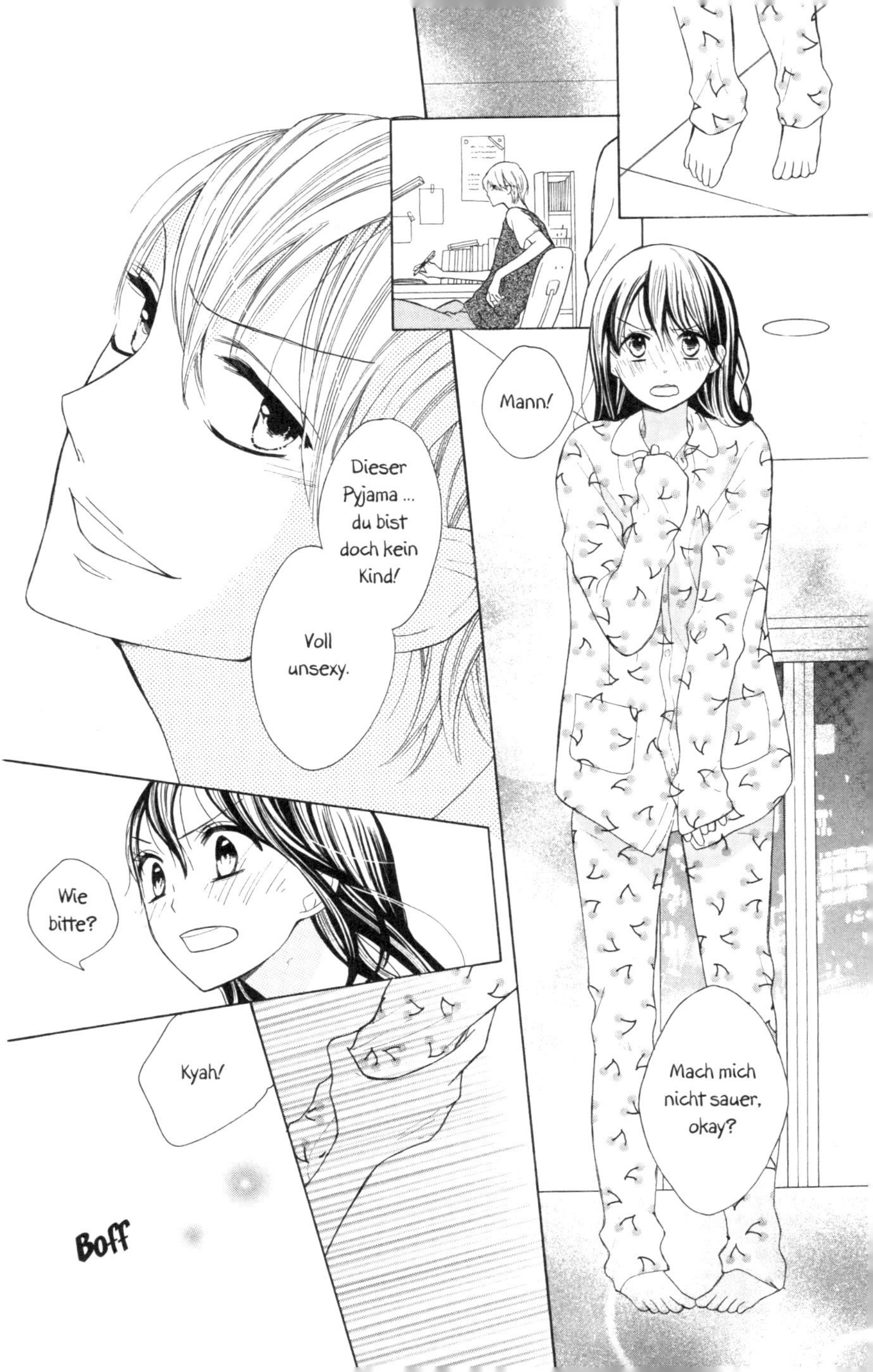
Mann!
Dieser Pyjama ... du bist doch kein Kind!
Voll unsexy.
Wie bitte?
Mach mich nicht sauer, okay?
Kyah!
Boff

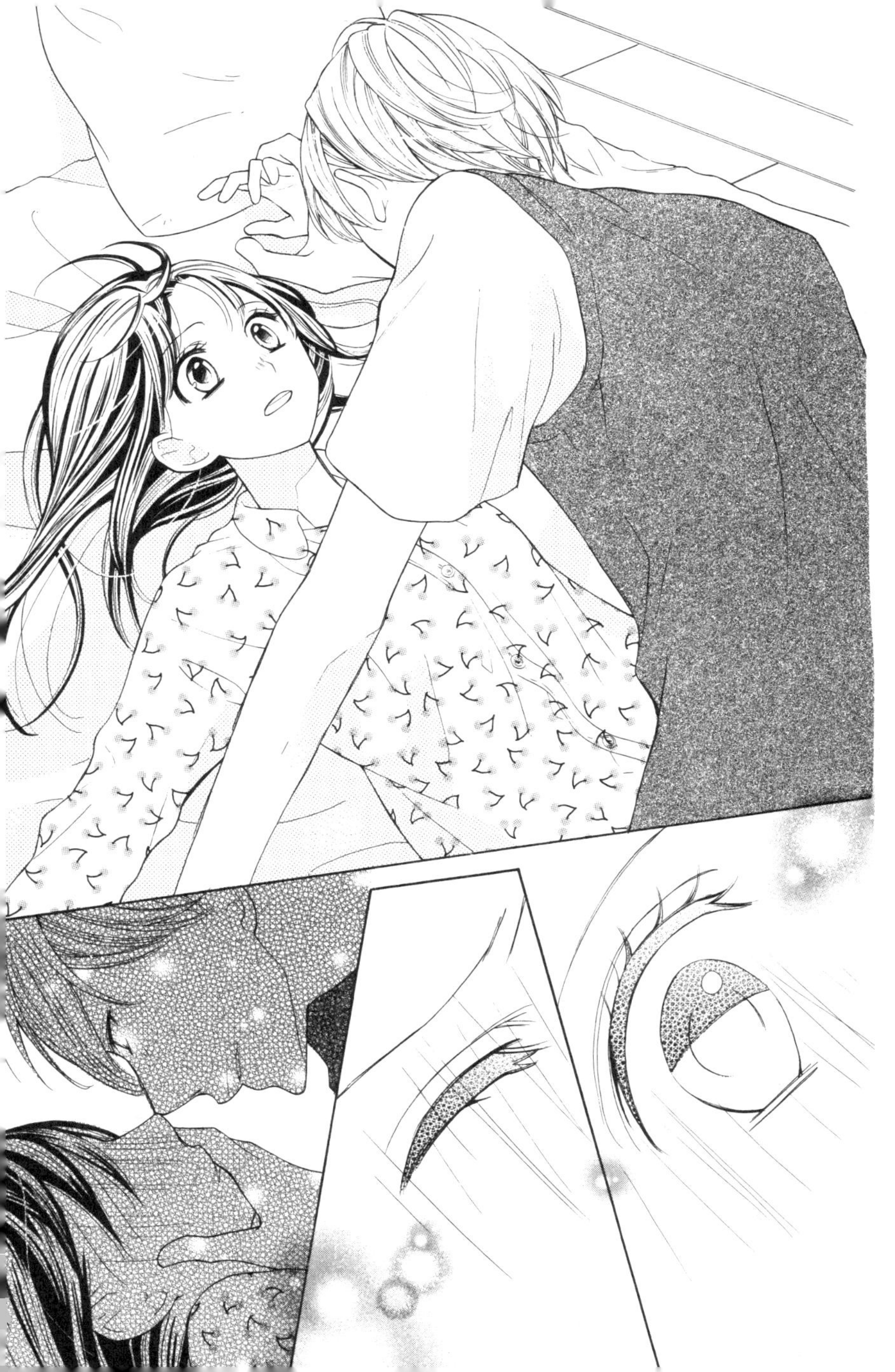

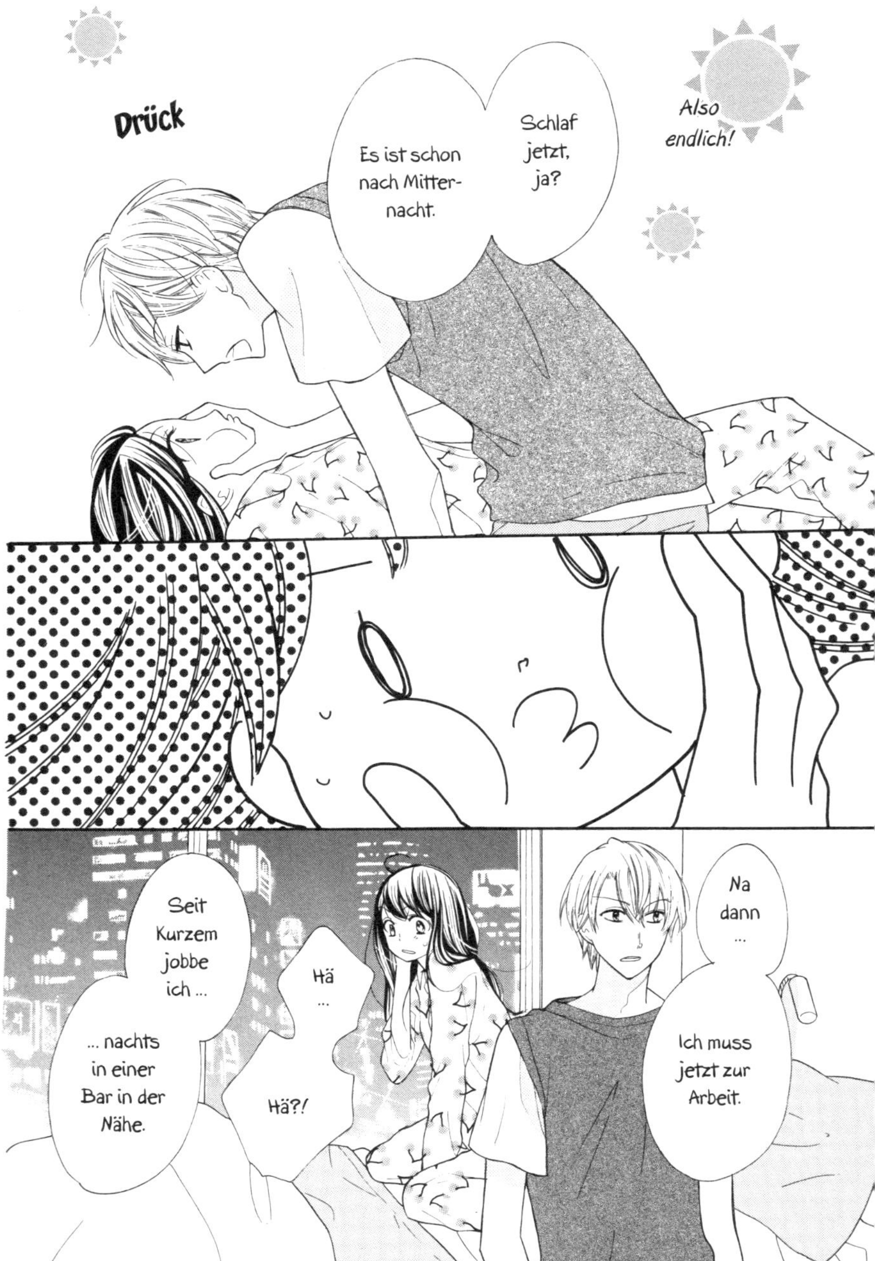
Also endlich!
Schlaf jetzt, ja?
Es ist schon nach Mitter-nacht.
Drück
Na dann …
Ich muss jetzt zur Arbeit.
Hä …
Hä?!
Seit Kurzem jobbe ich …
… nachts in einer Bar in der Nähe.

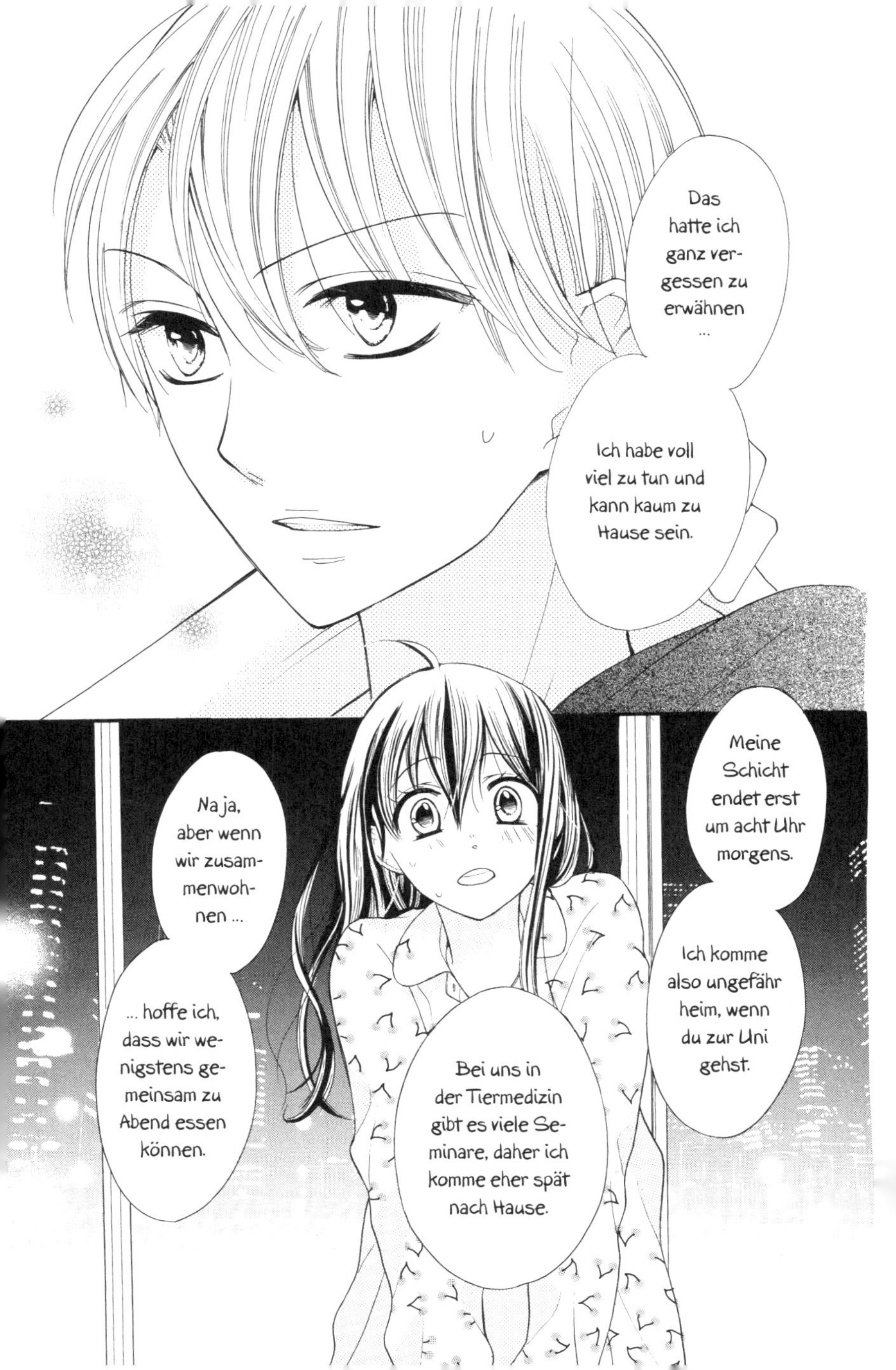

Das hatte ich ganz vergessen zu erwähnen ...
Ich habe voll viel zu tun und kann kaum zu Hause sein.
Meine Schicht endet erst um acht Uhr morgens.
Ich komme also ungefähr heim, wenn du zur Uni gehst.
Bei uns in der Tiermedizin gibt es viele Seminare, daher ich komme eher spät nach Hause.
Na ja, aber wenn wir zusammenwohnen ...
... hoffe ich, dass wir wenigstens gemeinsam zu Abend essen können.

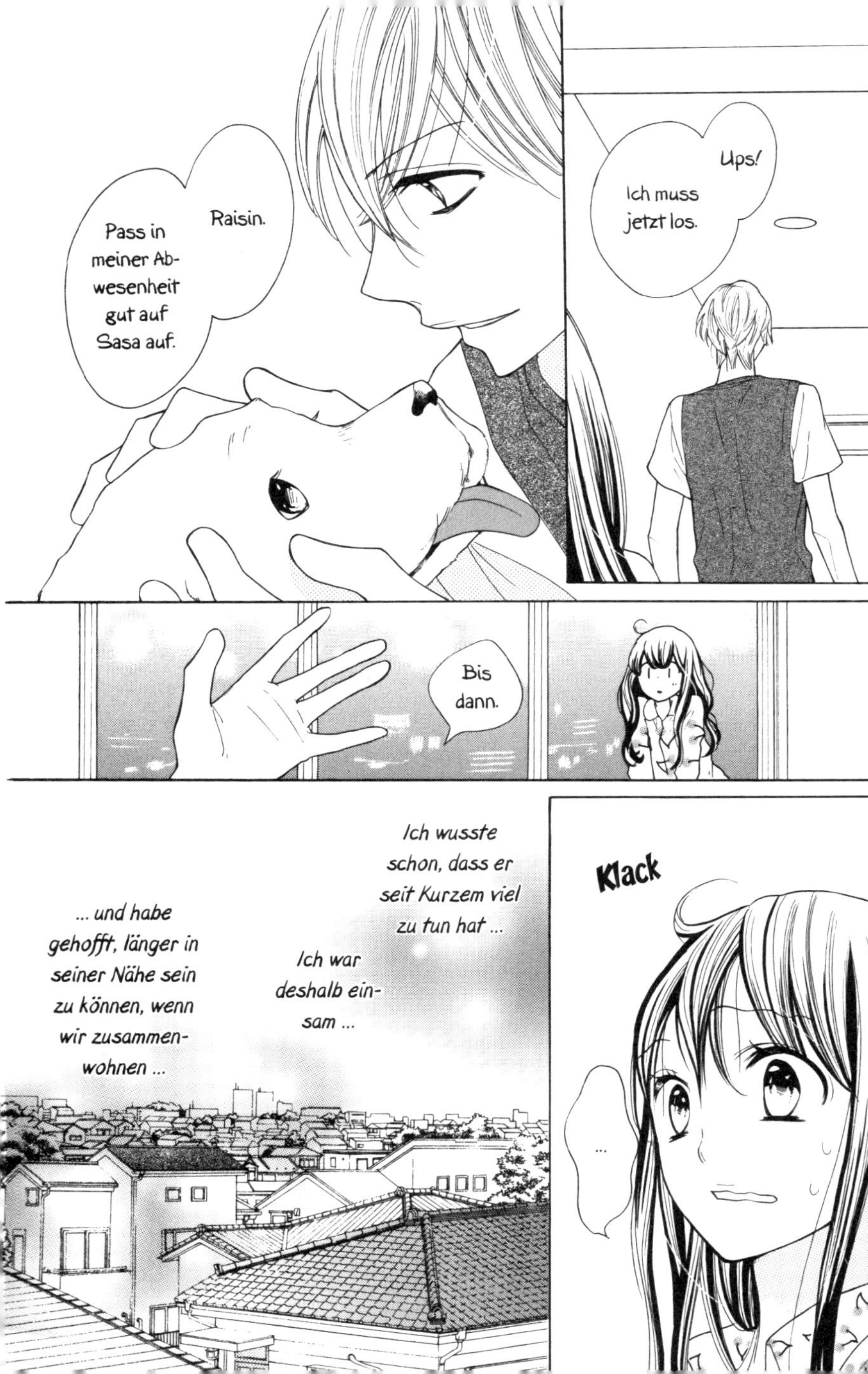
Ups!
Ich muss jetzt los.
Raisin.
Pass in meiner Abwesenheit gut auf Sasa auf.
Bis dann.
Klack
...
Ich wusste schon, dass er seit Kurzem viel zu tun hat ...
Ich war deshalb einsam ...
... und habe gehofft, länger in seiner Nähe sein zu können, wenn wir zusammenwohnen ...

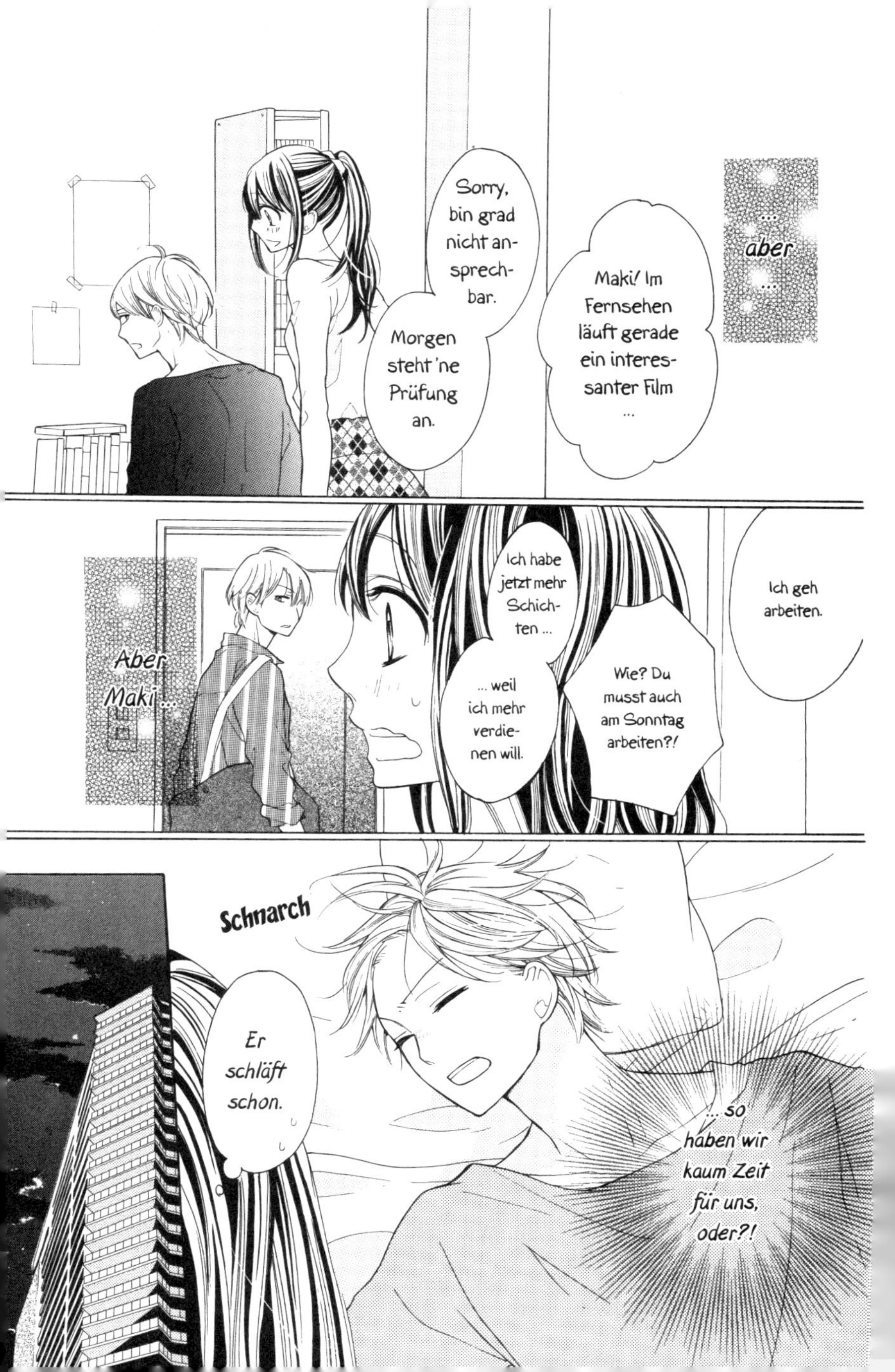

... aber ...
Maki! Im Fernsehen läuft gerade ein interessanter Film ...
Sorry, bin grad nicht ansprechbar.
Morgen steht 'ne Prüfung an.
Ich geh arbeiten.
Wie? Du musst auch am Sonntag arbeiten?!
Ich habe jetzt mehr Schichten ...
... weil ich mehr verdienen will.
Aber Maki ...
... so haben wir kaum Zeit für uns, oder?!
Schnarch
Er schläft schon.

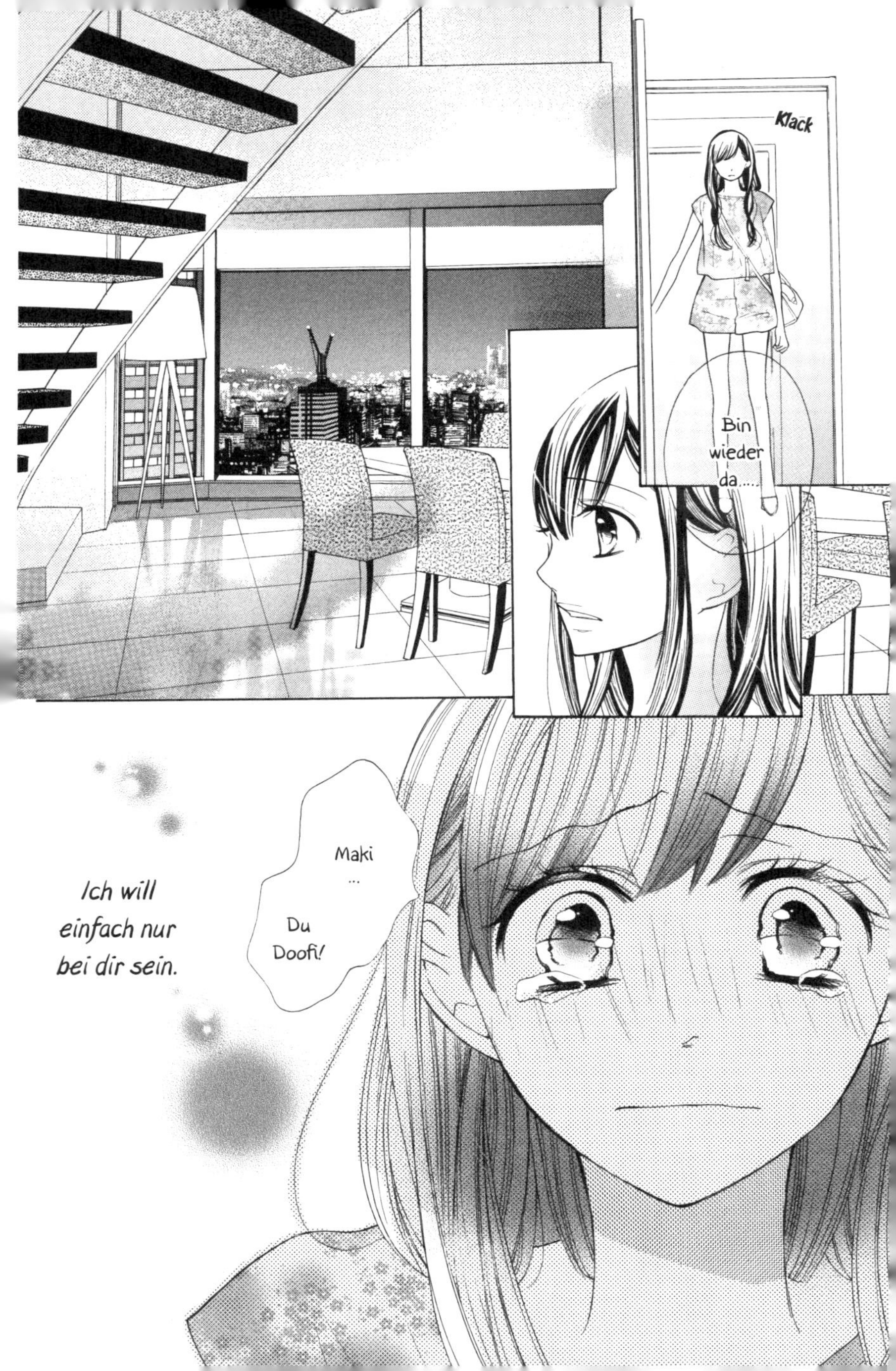

Klack
Bin wieder da.....
Maki ... Du Doofi!
Ich will einfach nur bei dir sein.

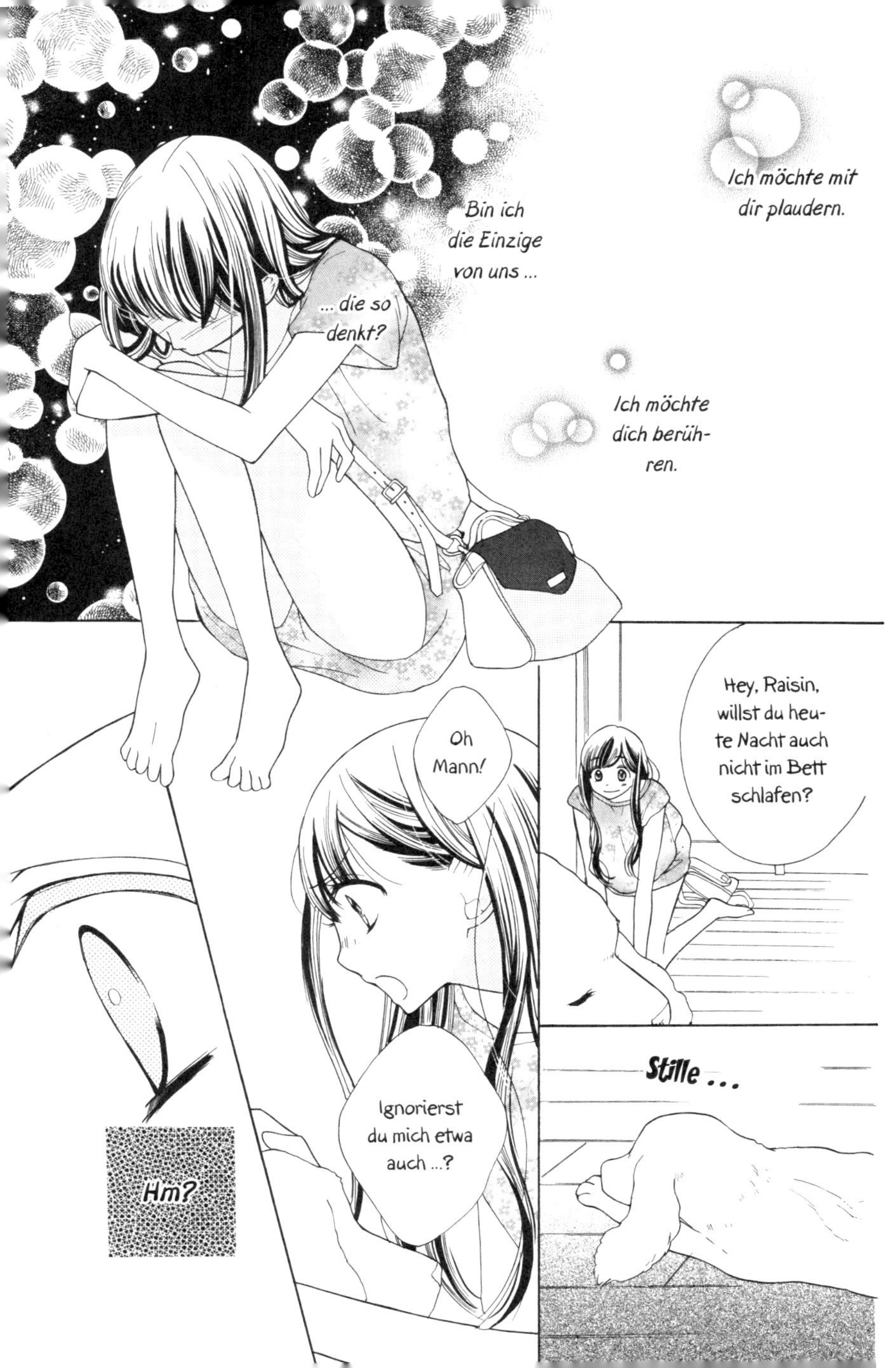
Ich möchte mit dir plaudern.
Ich möchte dich berühren.
Bin ich die Einzige von uns ...
... die so denkt?
Hey, Raisin, willst du heute Nacht auch nicht im Bett schlafen?
Stille ...
Oh Mann!
Ignorierst du mich etwa auch ...?
Hm?

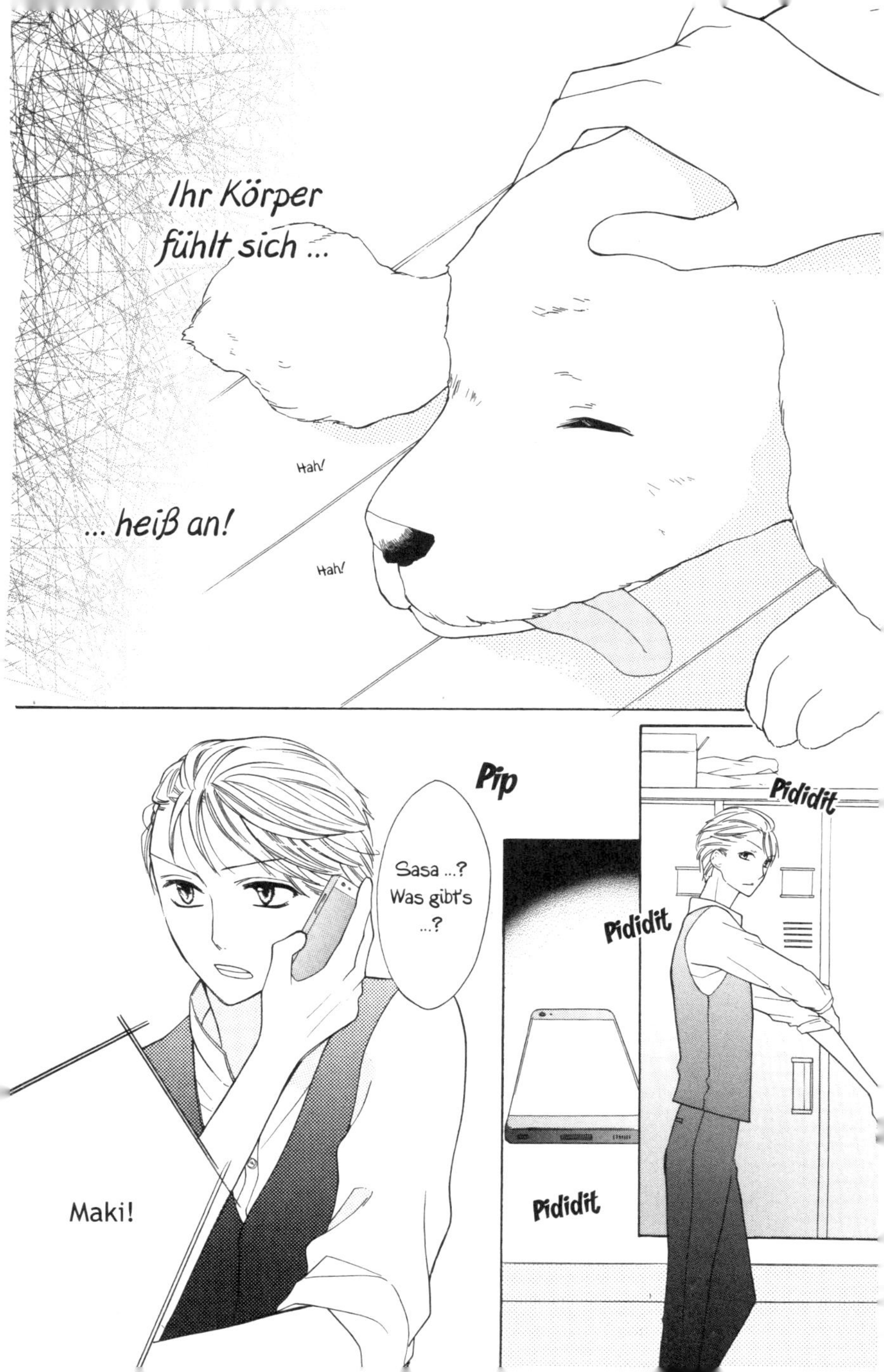
Ihr Körper fühlt sich ...
Hah!
... heiß an!
Hah!
Pididit
Pip
Pididit
Sasa ...? Was gibt's ...?
Pididit
Maki!

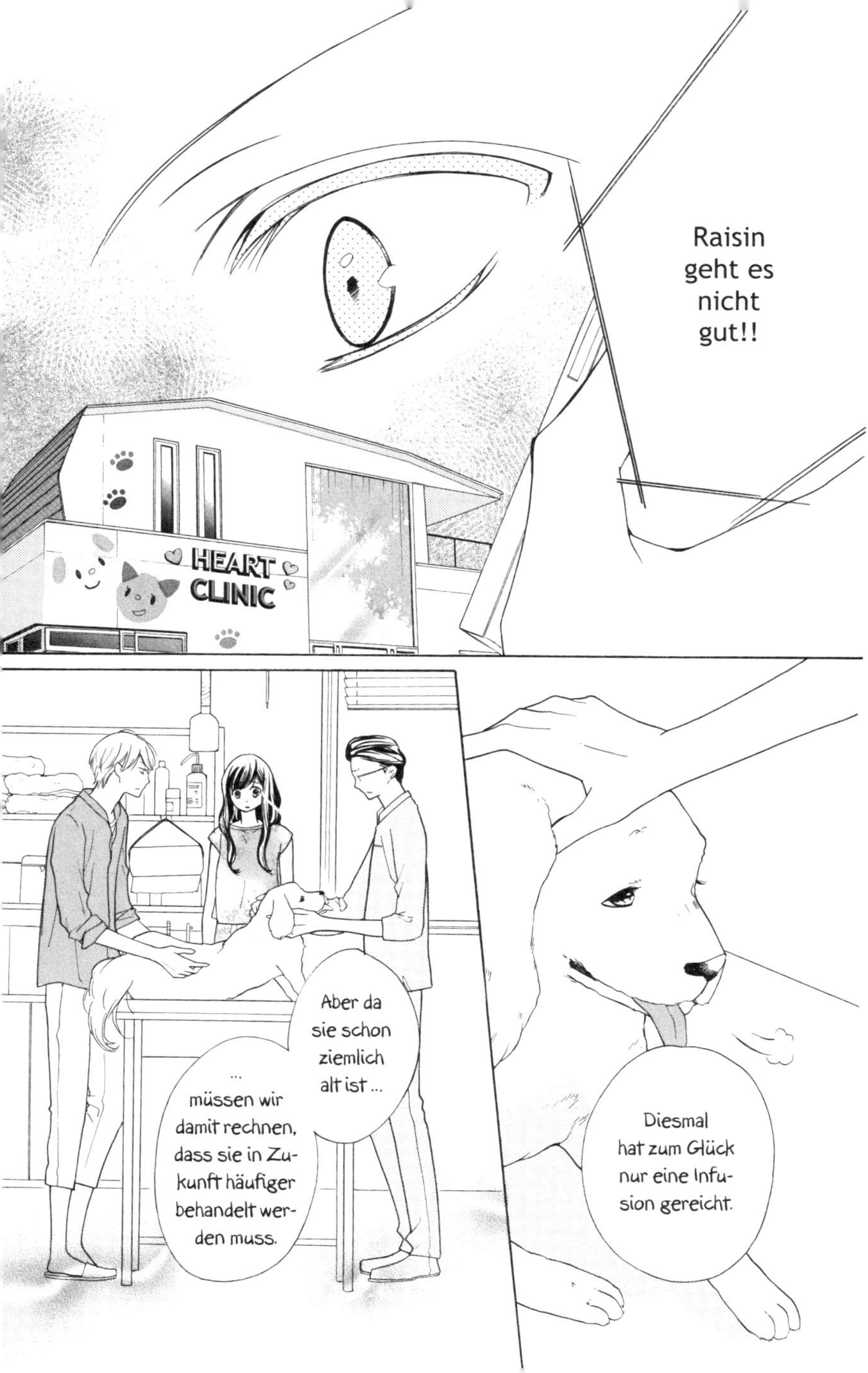
Raisin geht es nicht gut!!
HEART CLINIC
Diesmal hat zum Glück nur eine Infusion gereicht.
Aber da sie schon ziemlich alt ist ...
... müssen wir damit rechnen, dass sie in Zukunft häufiger behandelt werden muss.

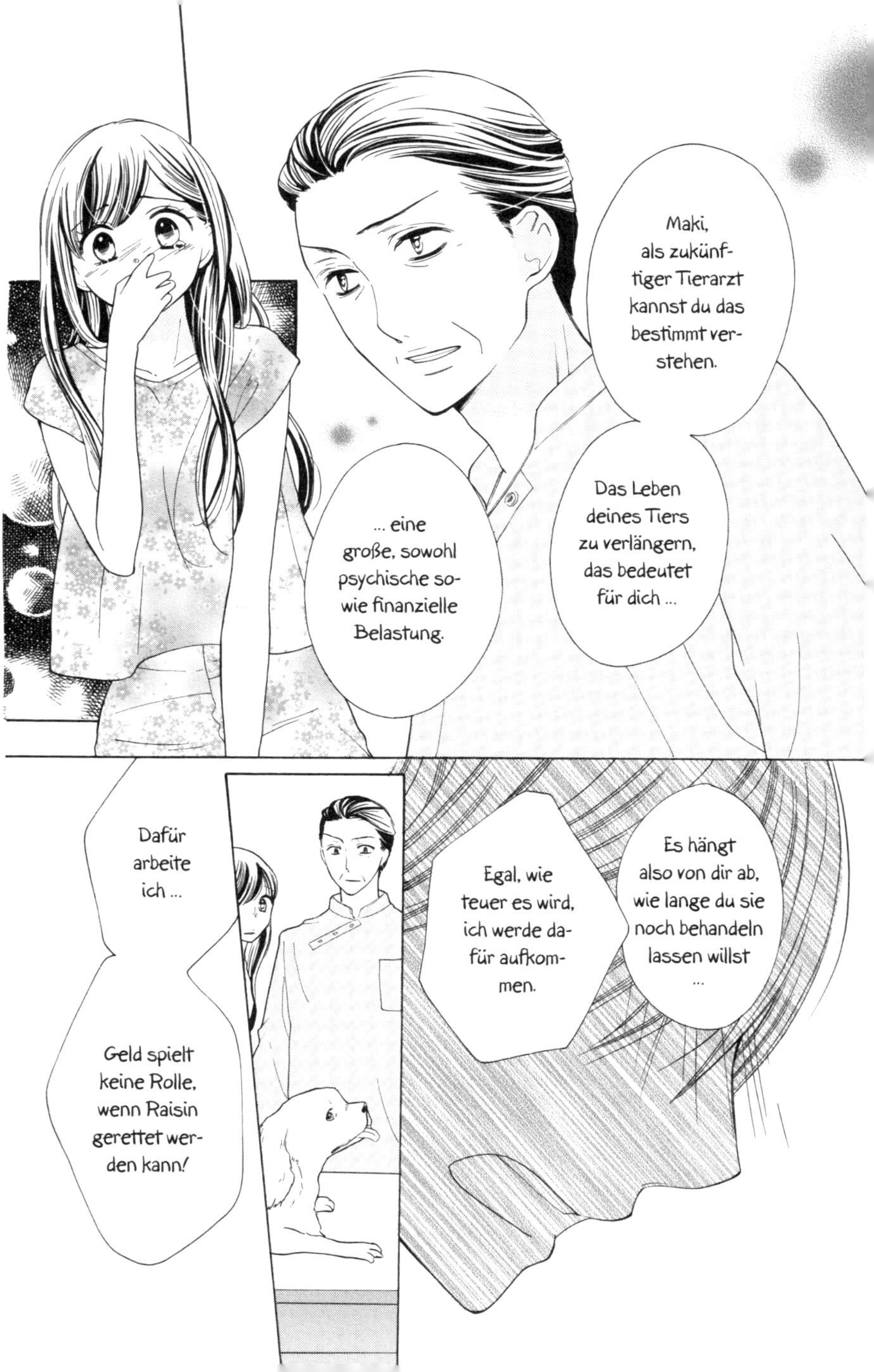

Maki, als zukünftiger Tierarzt kannst du das bestimmt verstehen.
Das Leben deines Tiers zu verlängern, das bedeutet für dich ...
... eine große, sowohl psychische sowie finanzielle Belastung.
Es hängt also von dir ab, wie lange du sie noch behandeln lassen willst ...
Egal, wie teuer es wird, ich werde dafür aufkommen.
Dafür arbeite ich ...
Geld spielt keine Rolle, wenn Raisin gerettet werden kann!

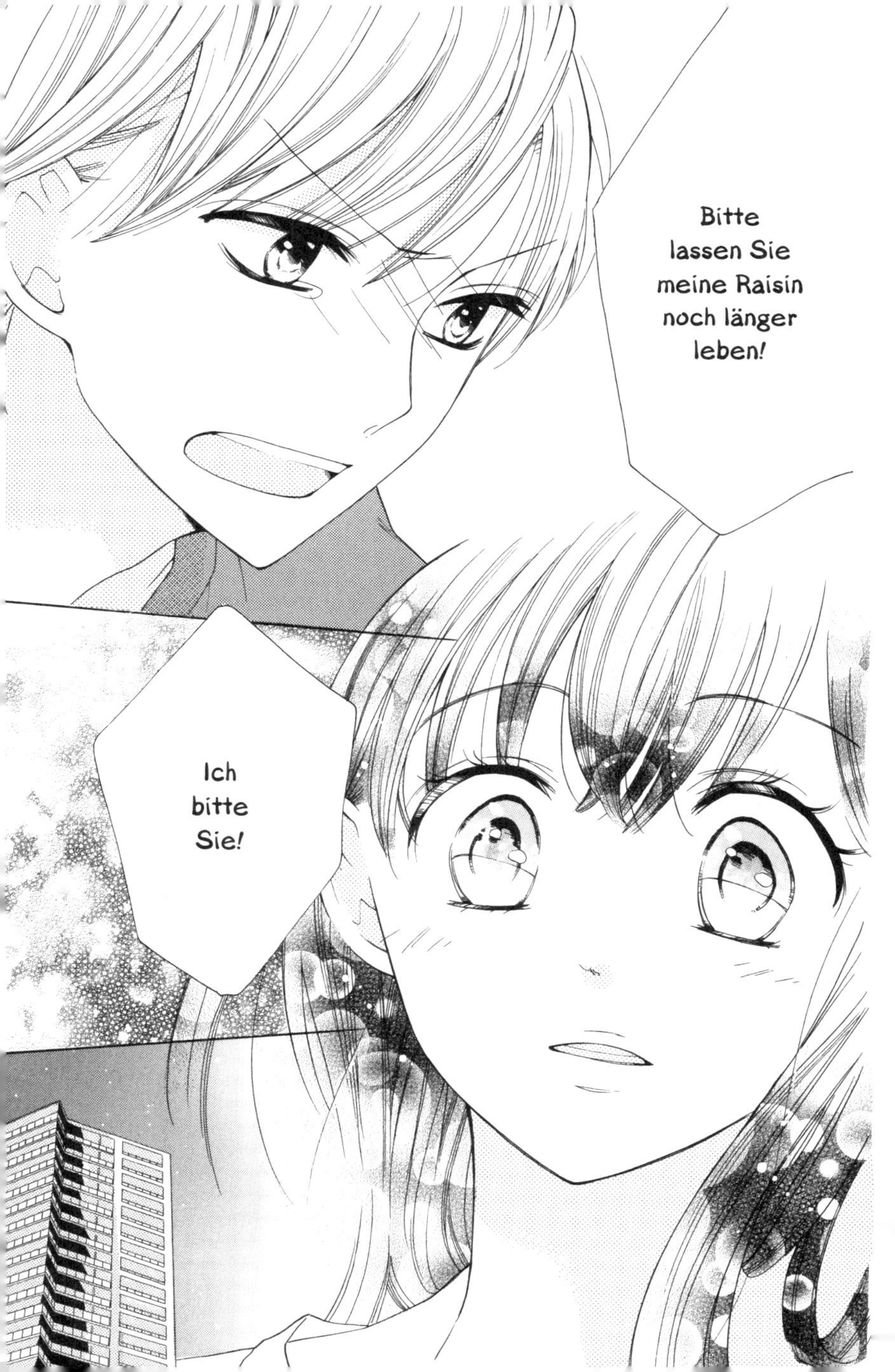
Bitte lassen Sie meine Raisin noch länger leben!
Ich bitte Sie!

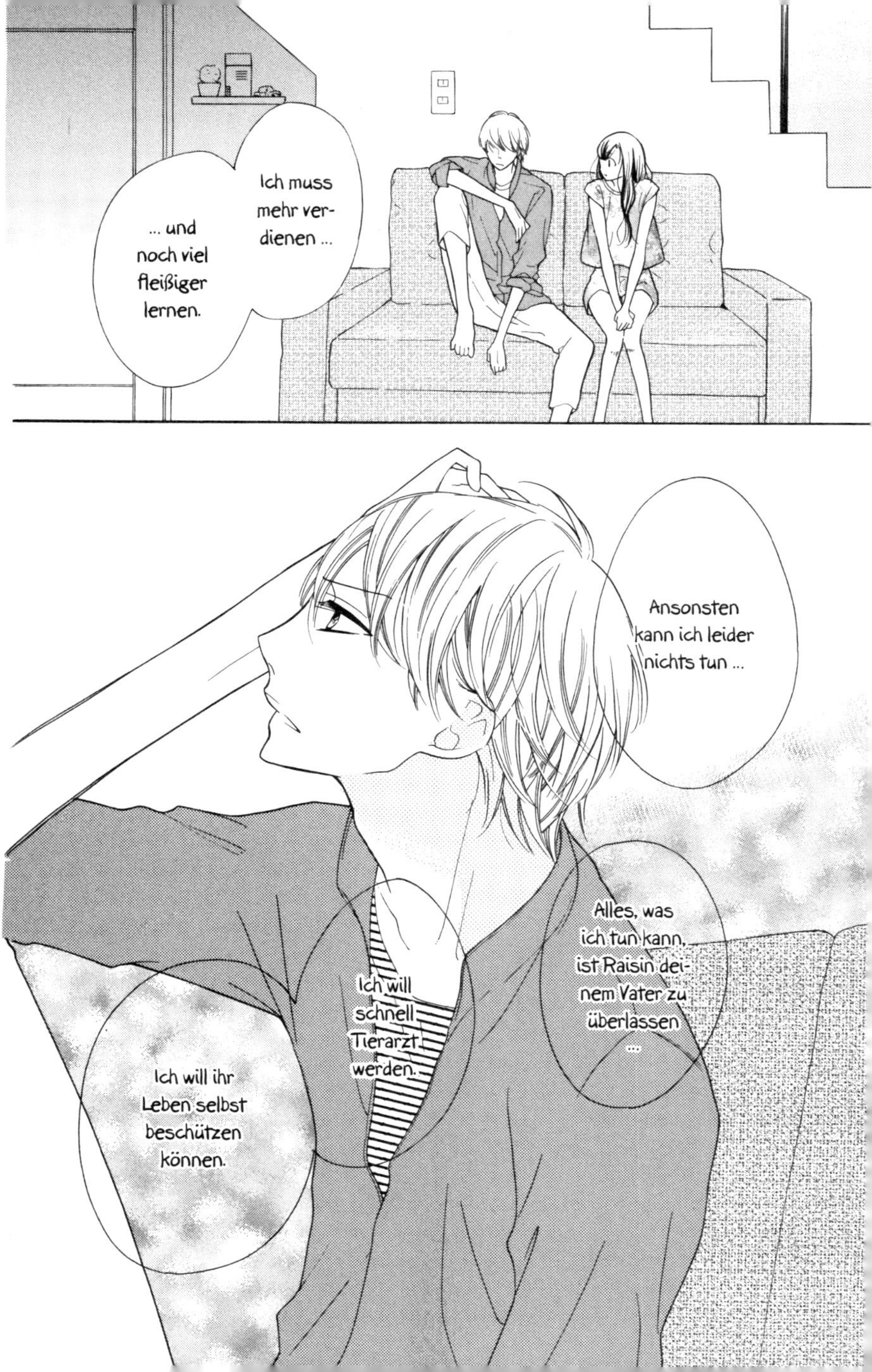
Ich muss mehr verdienen ...
... und noch viel fleißiger lernen.
Ansonsten kann ich leider nichts tun ...
Alles, was ich tun kann, ist Raisin deinem Vater zu überlassen ...
Ich will schnell Tierarzt werden.
Ich will ihr Leben selbst beschützen können.

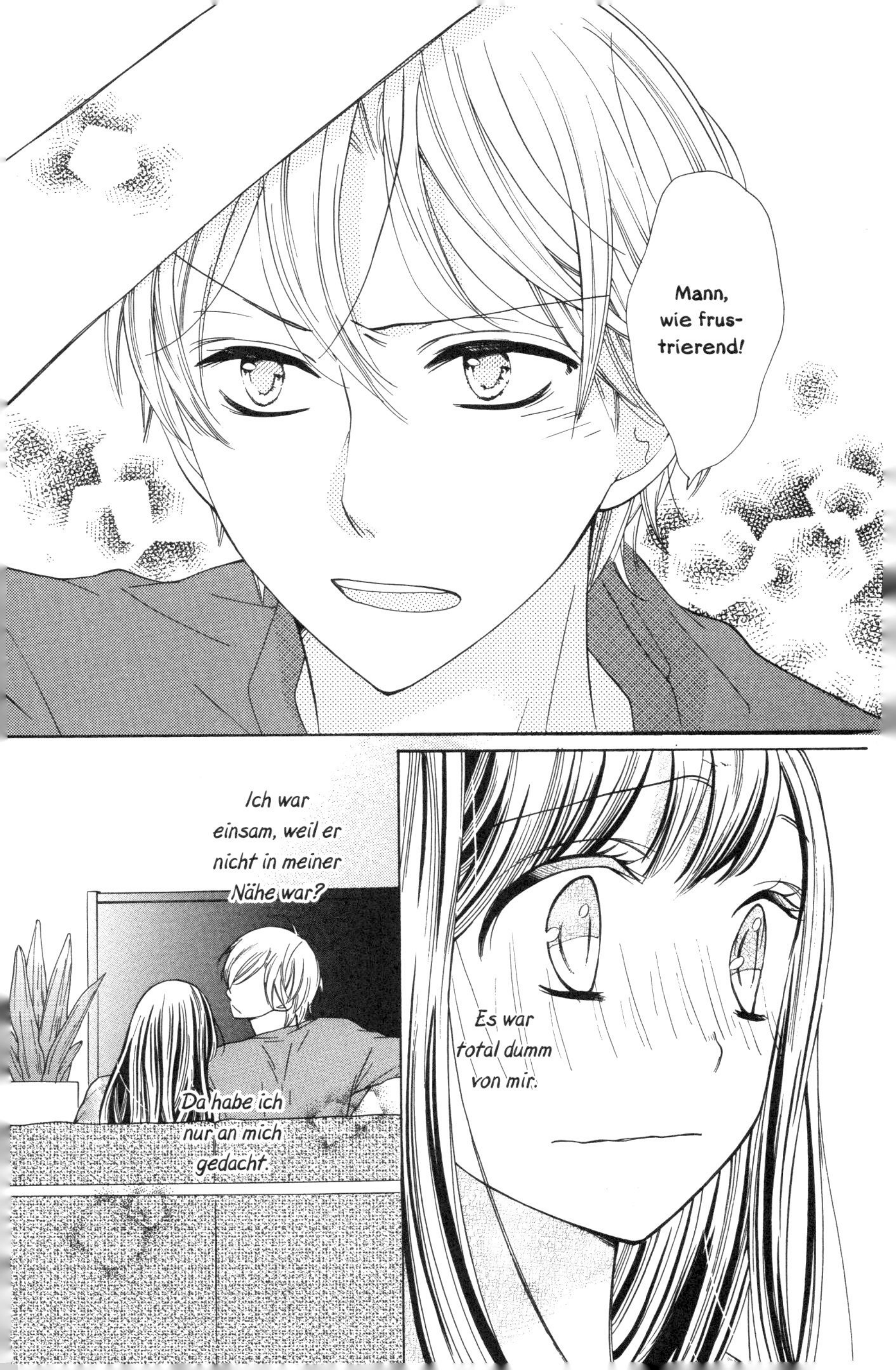
Mann, wie frus-trierend!
Ich war einsam, weil er nicht in meiner Nähe war?
Es war total dumm von mir.
Da habe ich nur an mich gedacht.

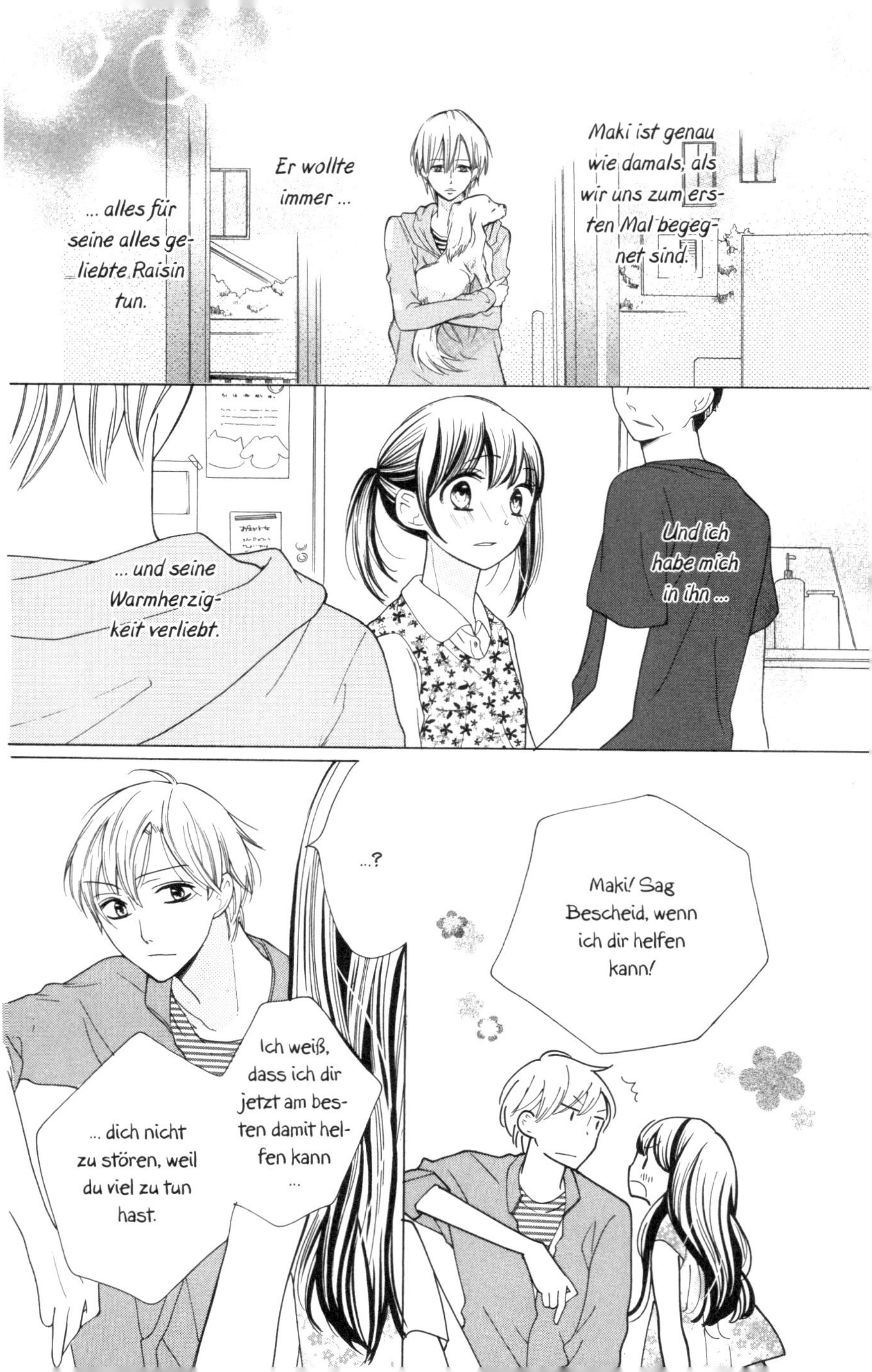
Maki ist genau wie damals, als wir uns zum ersten Mal begegnet sind.
Er wollte immer ...
... alles für seine alles geliebte Raisin tun.
Und ich habe mich in ihn ...
... und seine Warmherzigkeit verliebt.
Maki! Sag Bescheid, wenn ich dir helfen kann!
...?
Ich weiß, dass ich dir jetzt am besten damit helfen kann ...
... dich nicht zu stören, weil du viel zu tun hast.

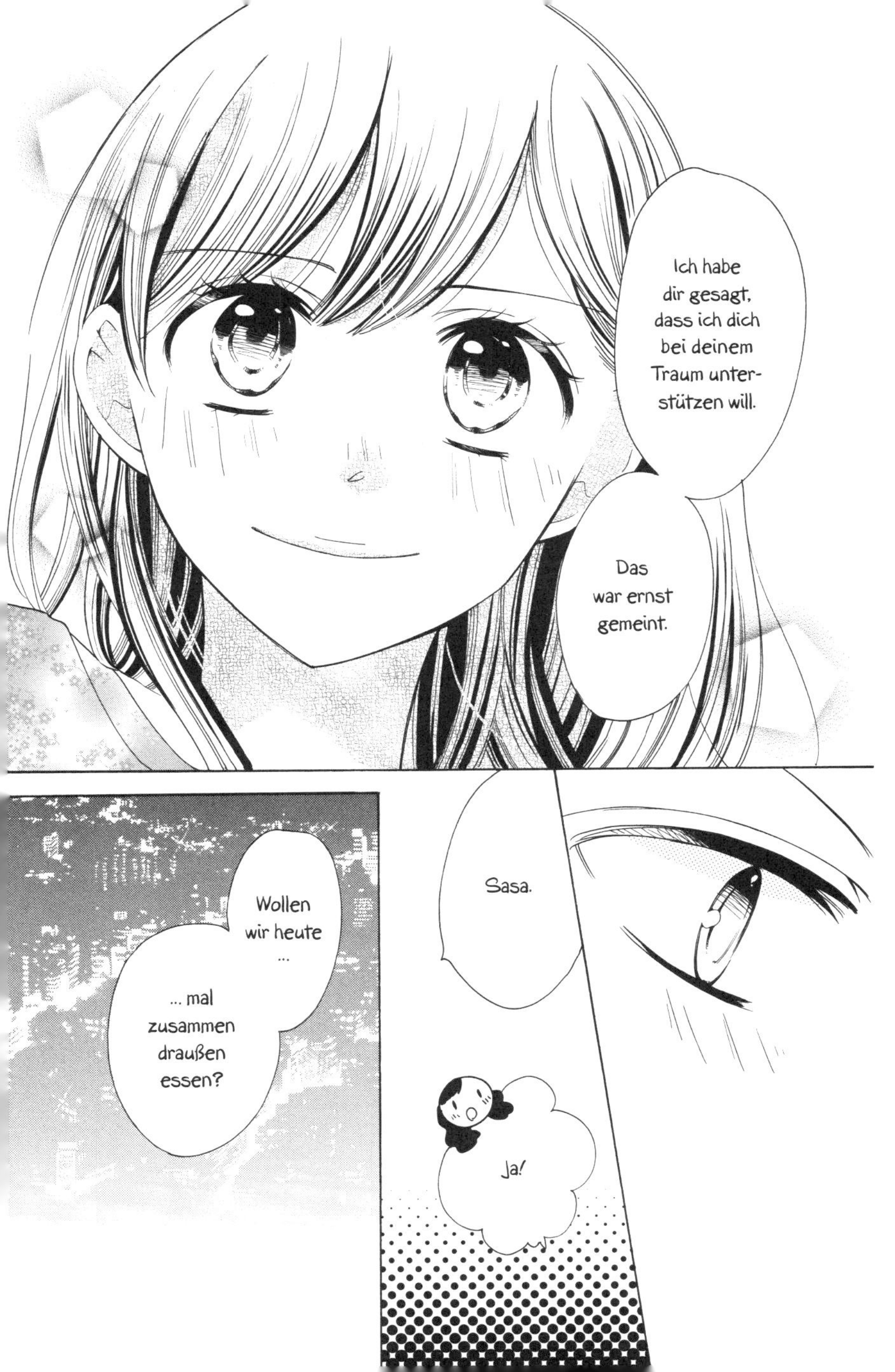
Ich habe dir gesagt, dass ich dich bei deinem Traum unterstützen will.
Das war ernst gemeint.
Sasa.
Ja!
Wollen wir heute ...
... mal zusammen draußen essen?

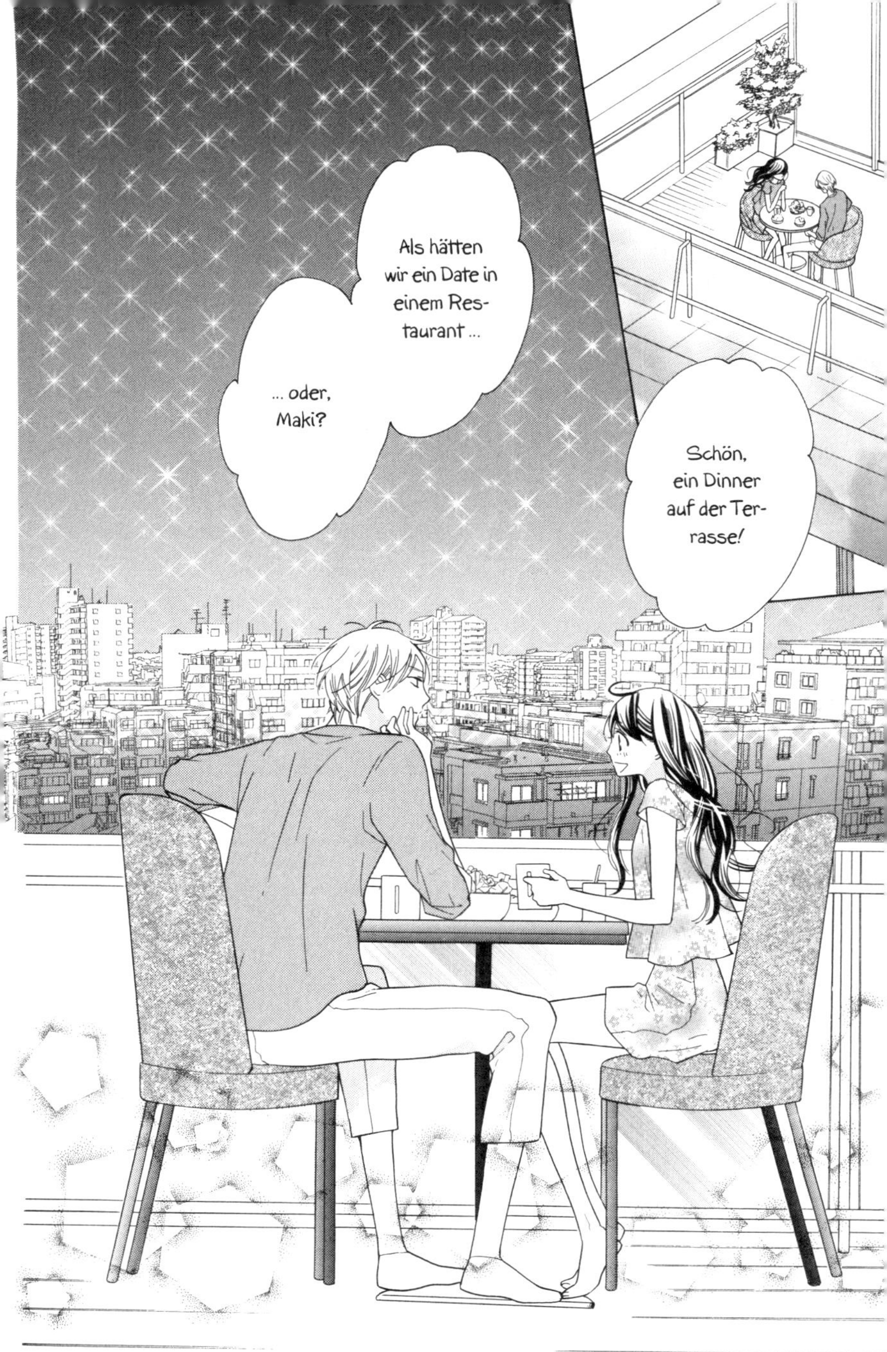
Schön, ein Dinner auf der Terrasse!
Als hätten wir ein Date in einem Restaurant …
… oder, Maki?

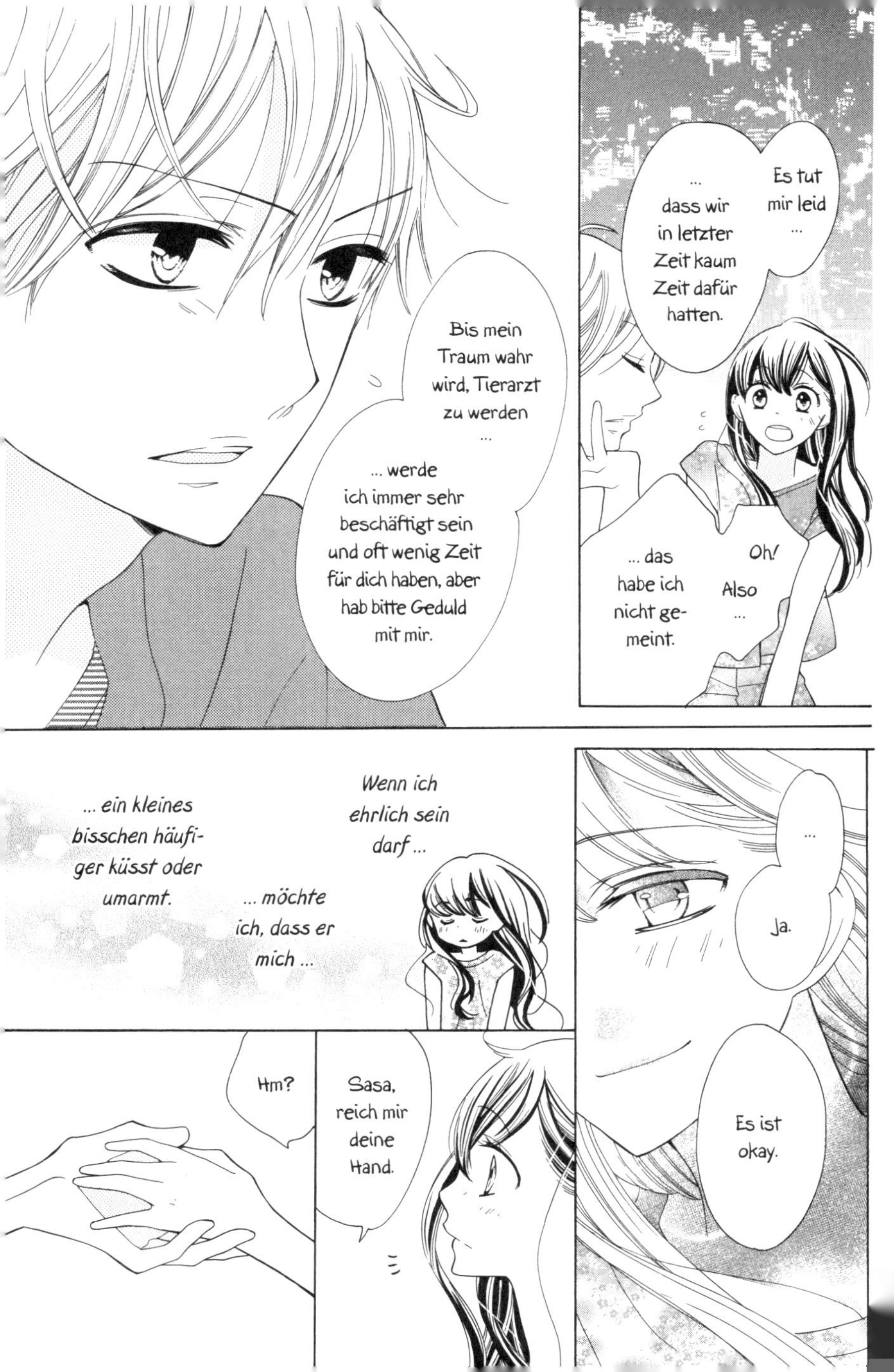
Es tut mir leid ...
... dass wir in letzter Zeit kaum Zeit dafür hatten.
Oh! Also ...
... das habe ich nicht gemeint.
Bis mein Traum wahr wird, Tierarzt zu werden ...
... werde ich immer sehr beschäftigt sein und oft wenig Zeit für dich haben, aber hab bitte Geduld mit mir.
...
Ja.
Es ist okay.
Wenn ich ehrlich sein darf ...
... möchte ich, dass er mich ...
... ein kleines bisschen häufiger küsst oder umarmt.
Sasa, reich mir deine Hand.
Hm?

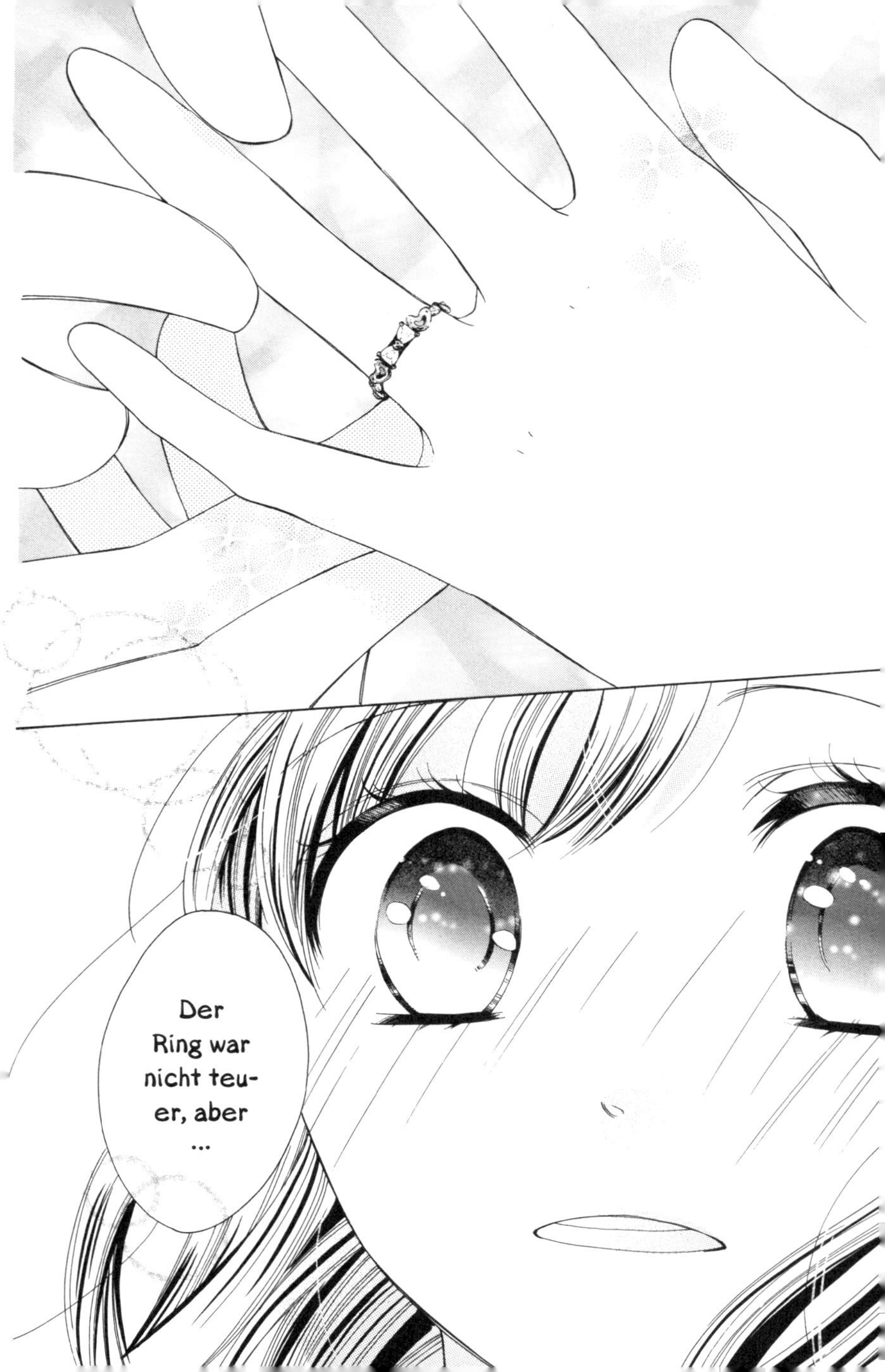
Der Ring war nicht teuer, aber ...

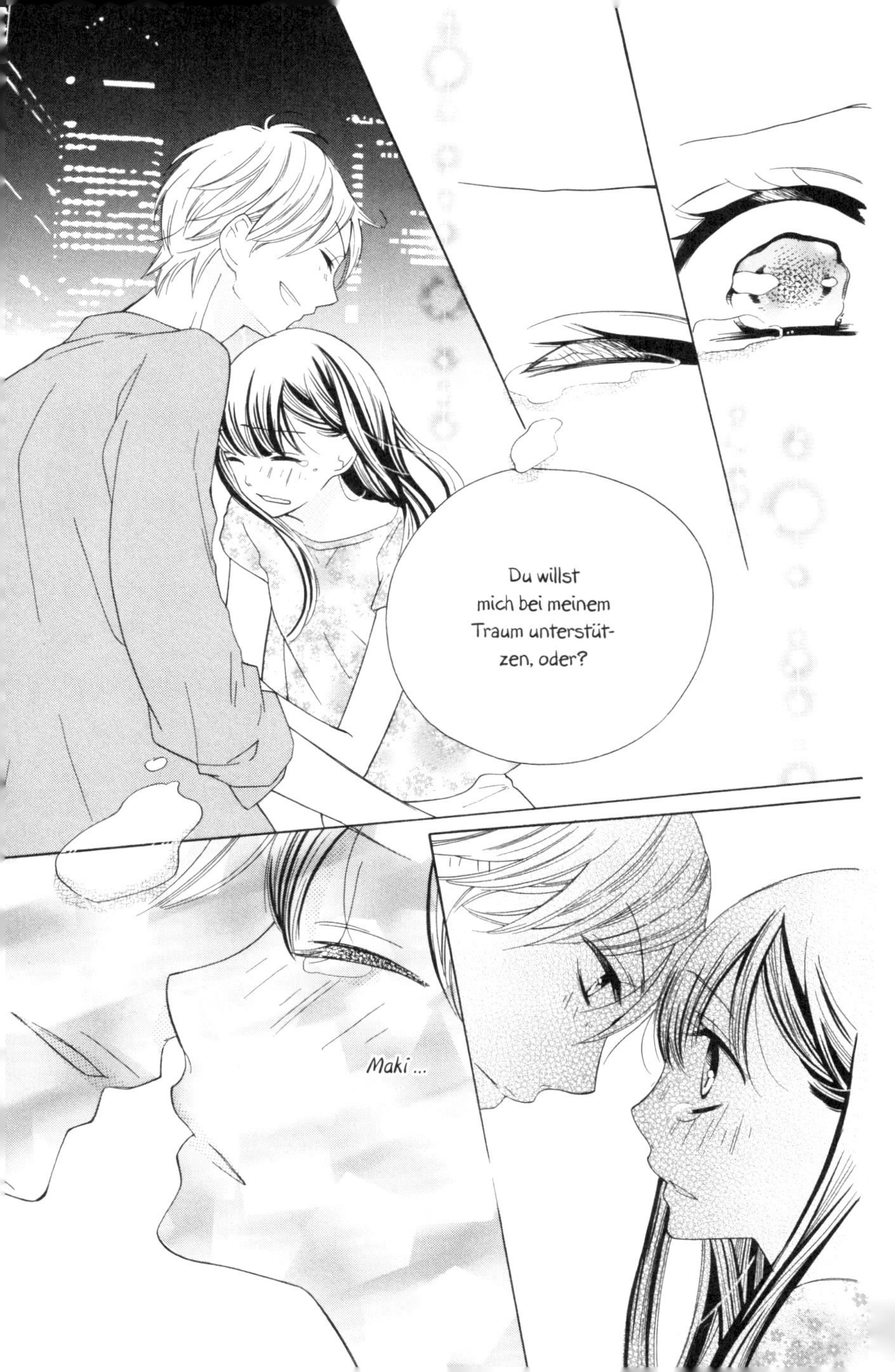
Du willst
mich bei meinem
Traum unterstüt-
zen, oder?
Maki ...

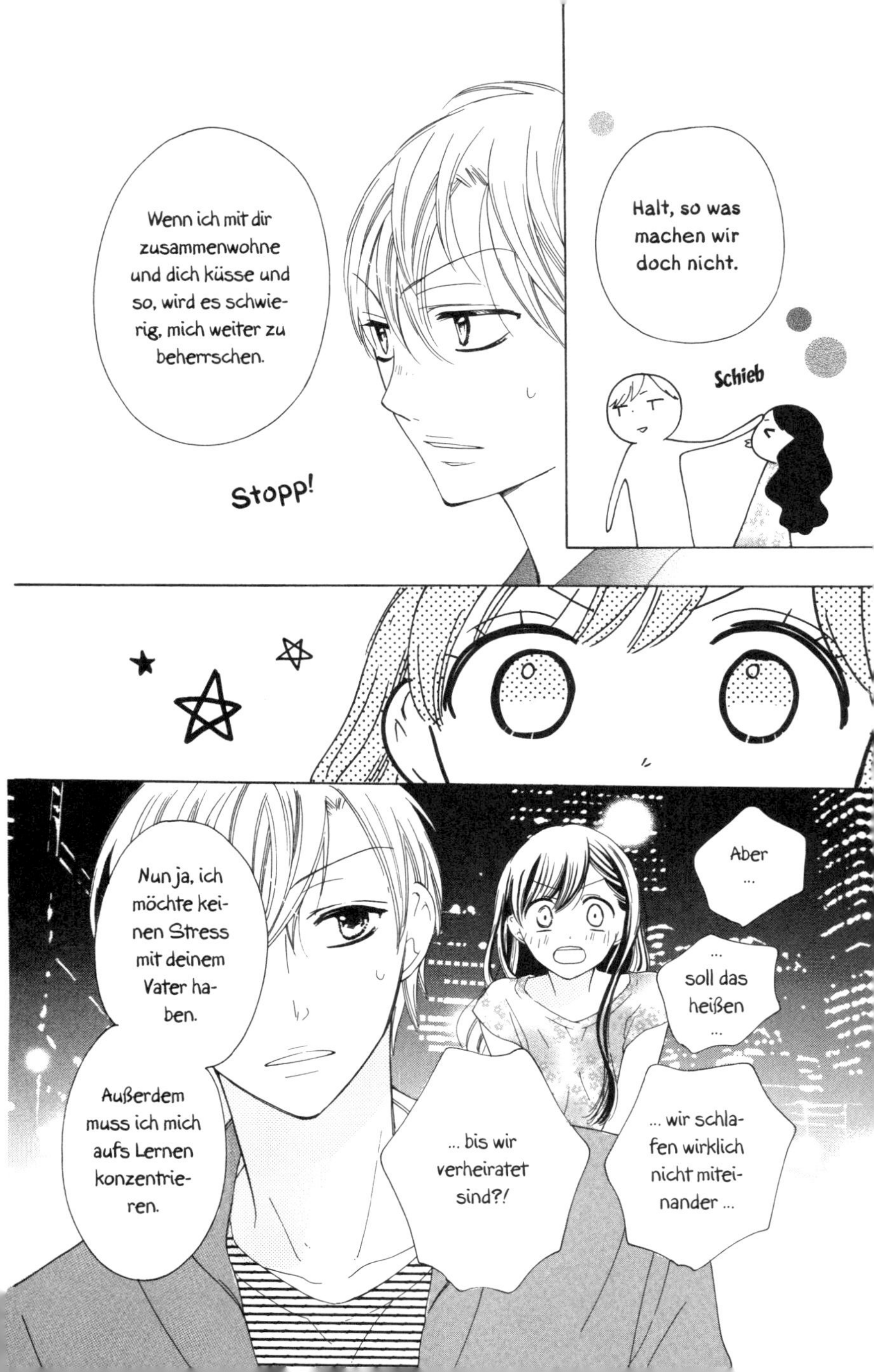
Halt, so was
machen wir
doch nicht.
Schieb
Wenn ich mit dir
zusammenwohne
und dich küsse und
so, wird es schwie-
rig, mich weiter zu
beherrschen.
Stopp!
Aber
...
...
soll das
heißen
...
... wir schla-
fen wirklich
nicht mitei-
nander ...
... bis wir
verheiratet
sind?!
Nun ja, ich
möchte kei-
nen Stress
mit deinem
Vater ha-
ben.
Außerdem
muss ich mich
aufs Lernen
konzentrie-
ren.

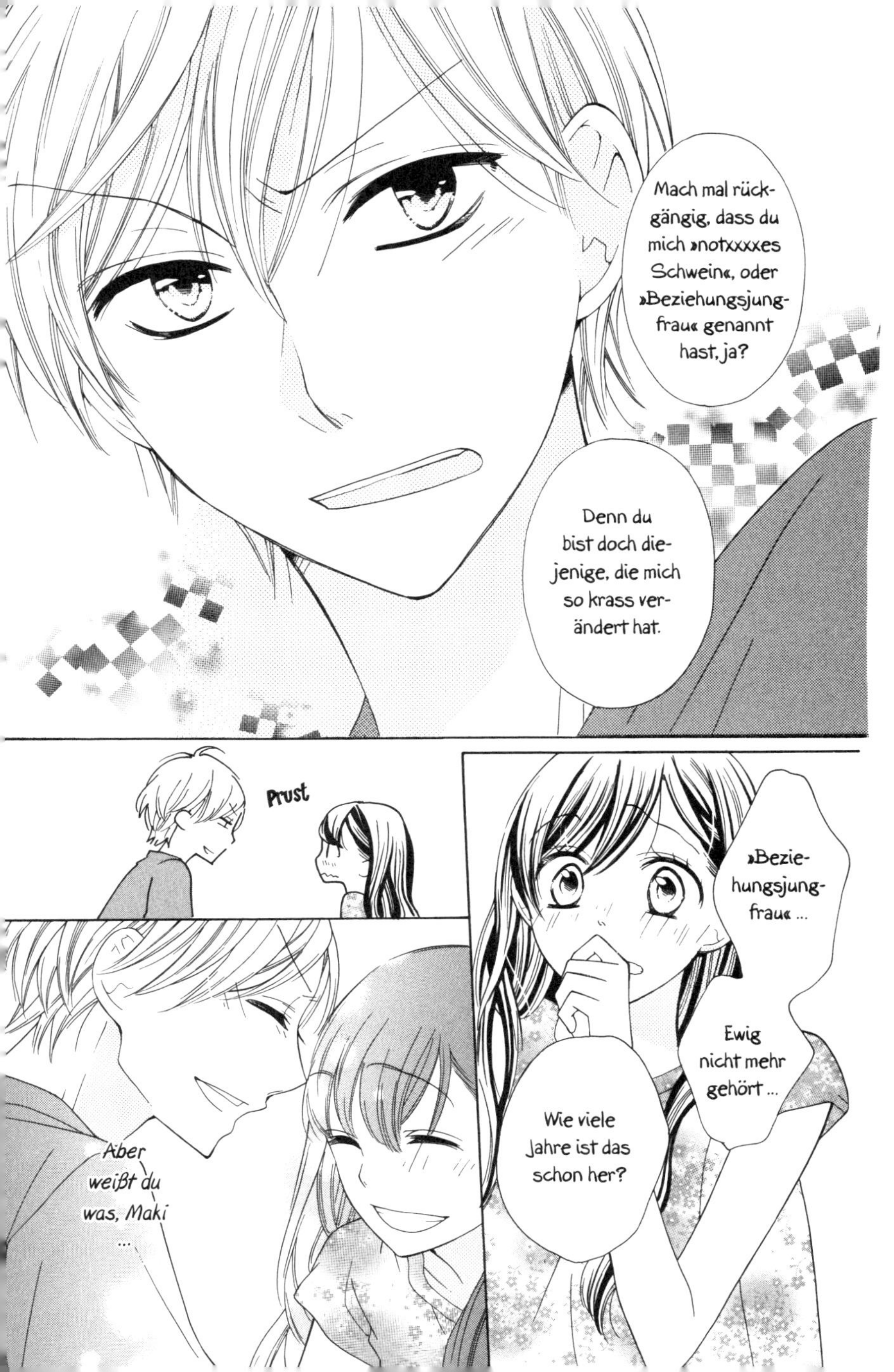
Mach mal rückgängig, dass du mich »notxxxxes Schwein«, oder »Beziehungsjungfrau« genannt hast, ja?
Denn du bist doch diejenige, die mich so krass verändert hat.
»Beziehungsjungfrau« …
Ewig nicht mehr gehört …
Wie viele Jahre ist das schon her?
Prust
Aber weißt du was, Maki …

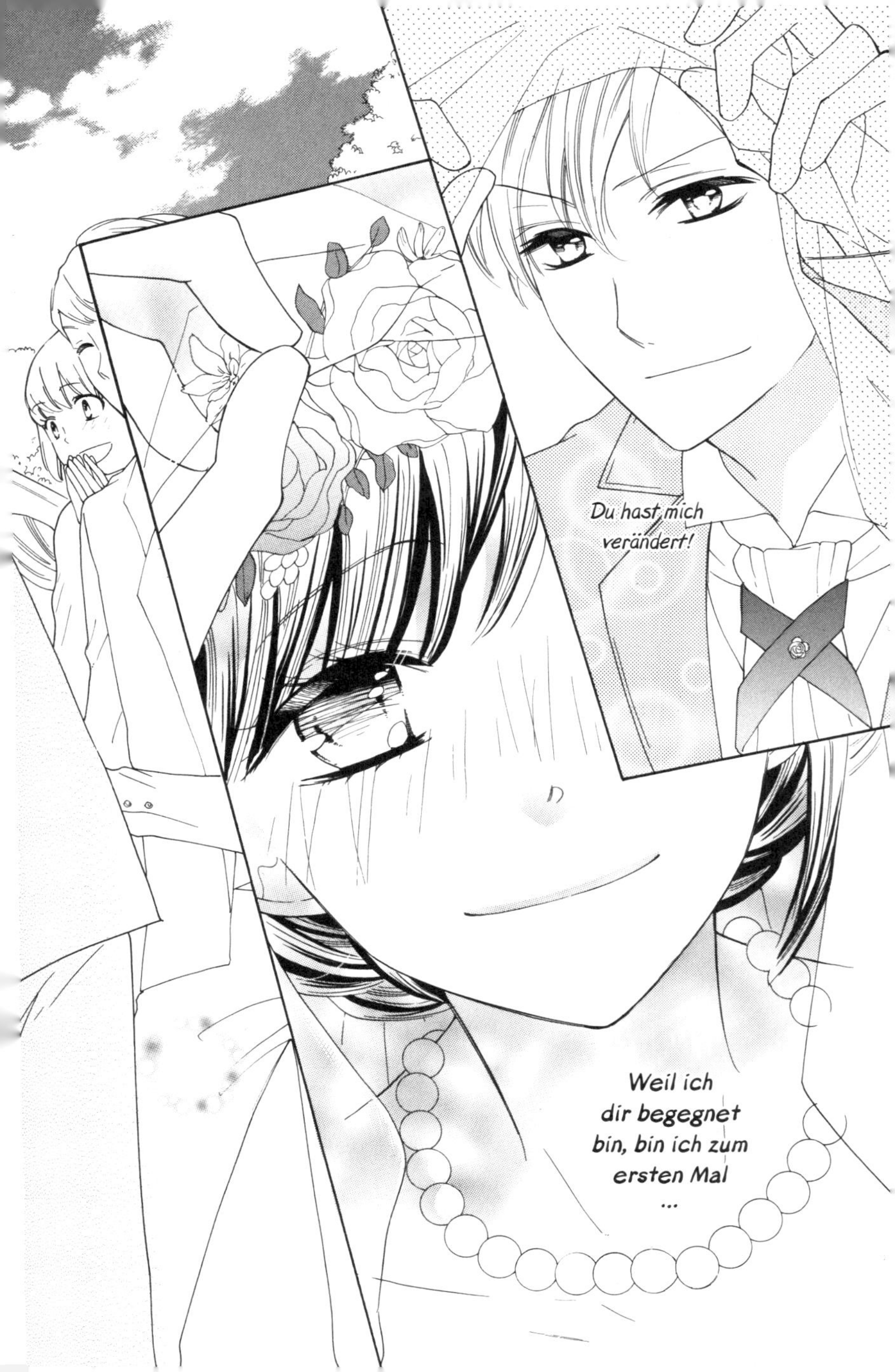
Du hast mich verändert!
Weil ich dir begegnet bin, bin ich zum ersten Mal ...

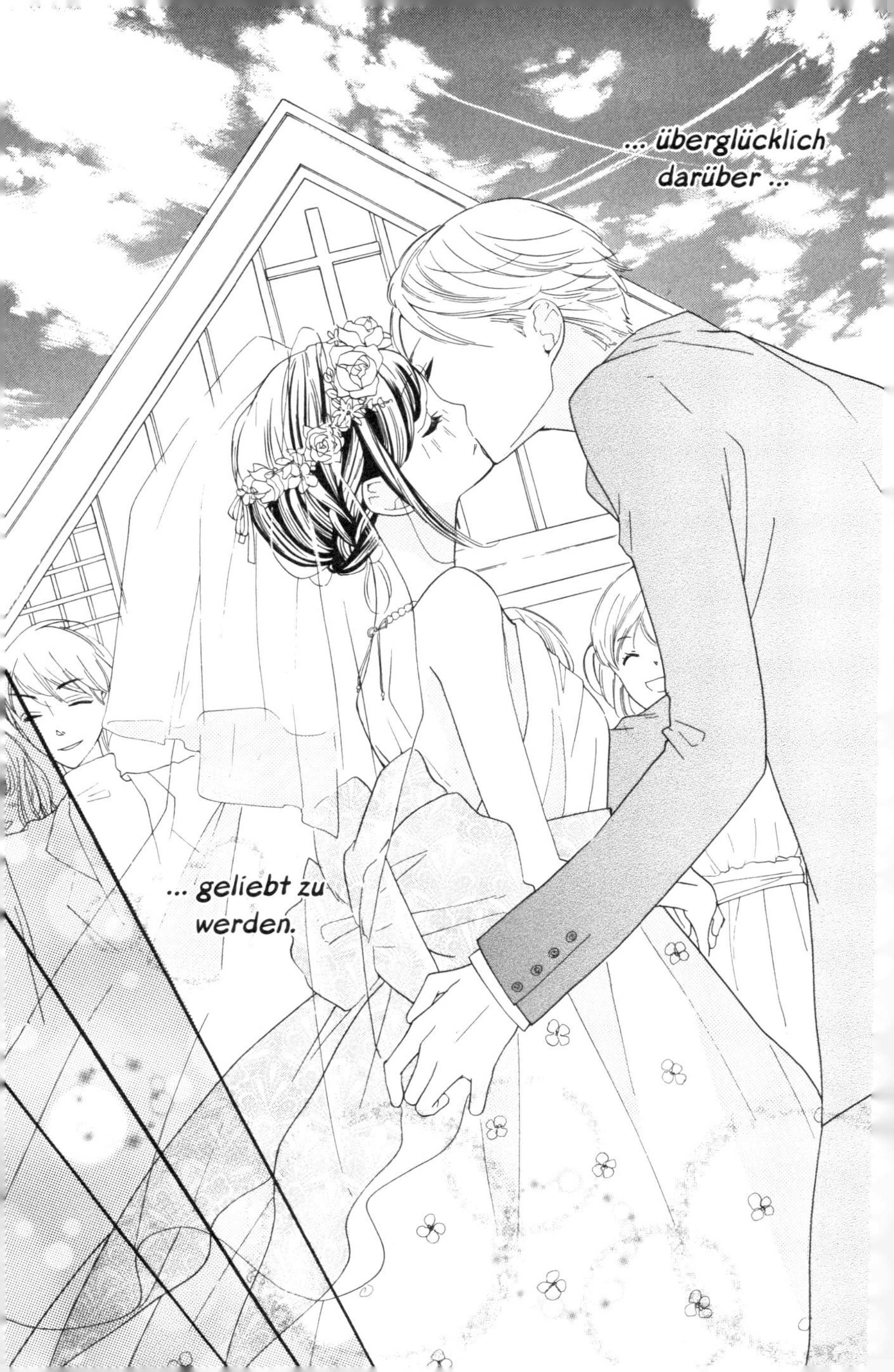
... überglücklich darüber ...
... geliebt zu werden.

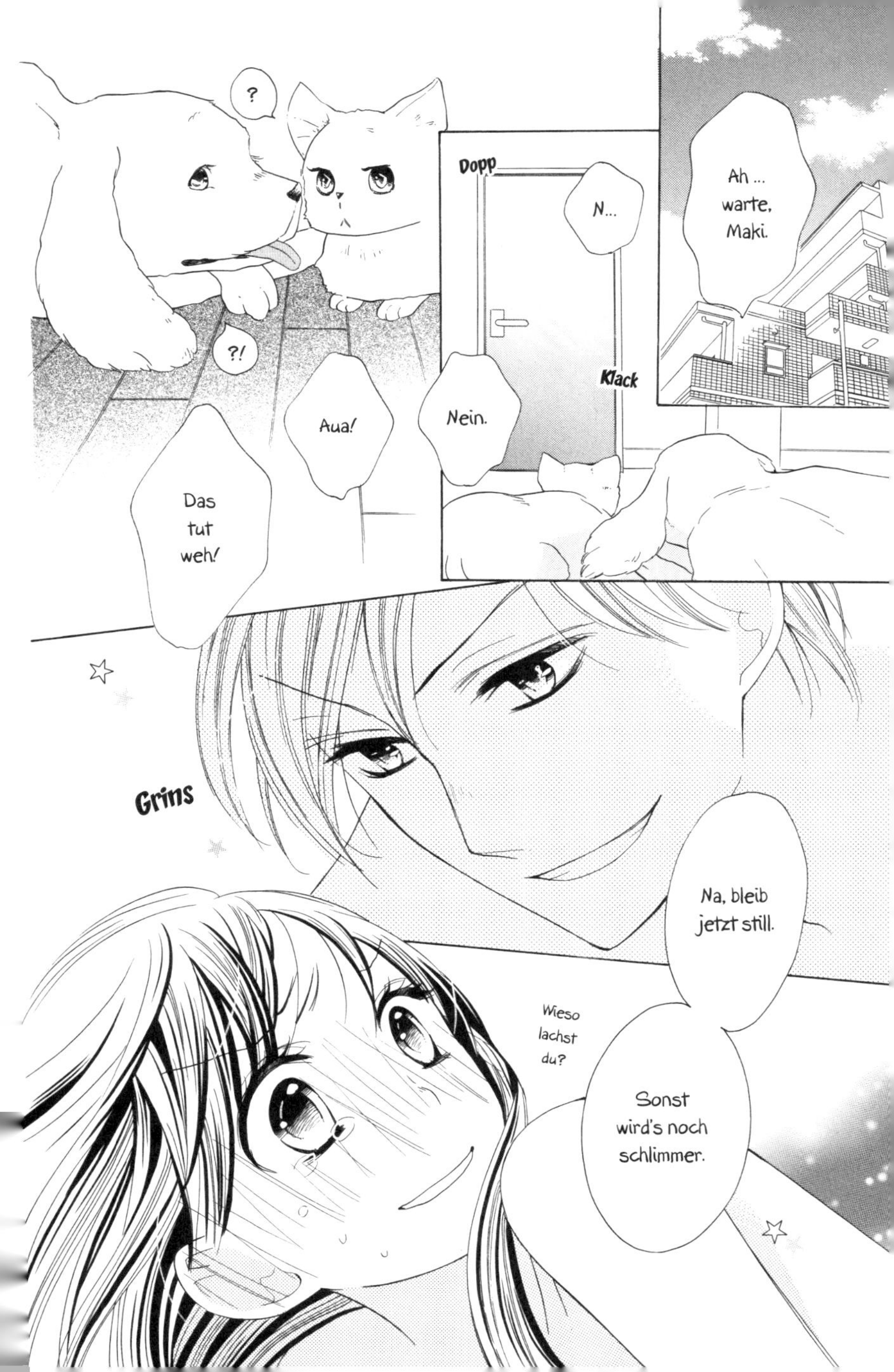
Ah ... warte, Maki.
Dopp
N...
Klack
Nein.
?
?!
Aua!
Das tut weh!
Grins
Na, bleib jetzt still.
Sonst wird's noch schlimmer.
Wieso lachst du?

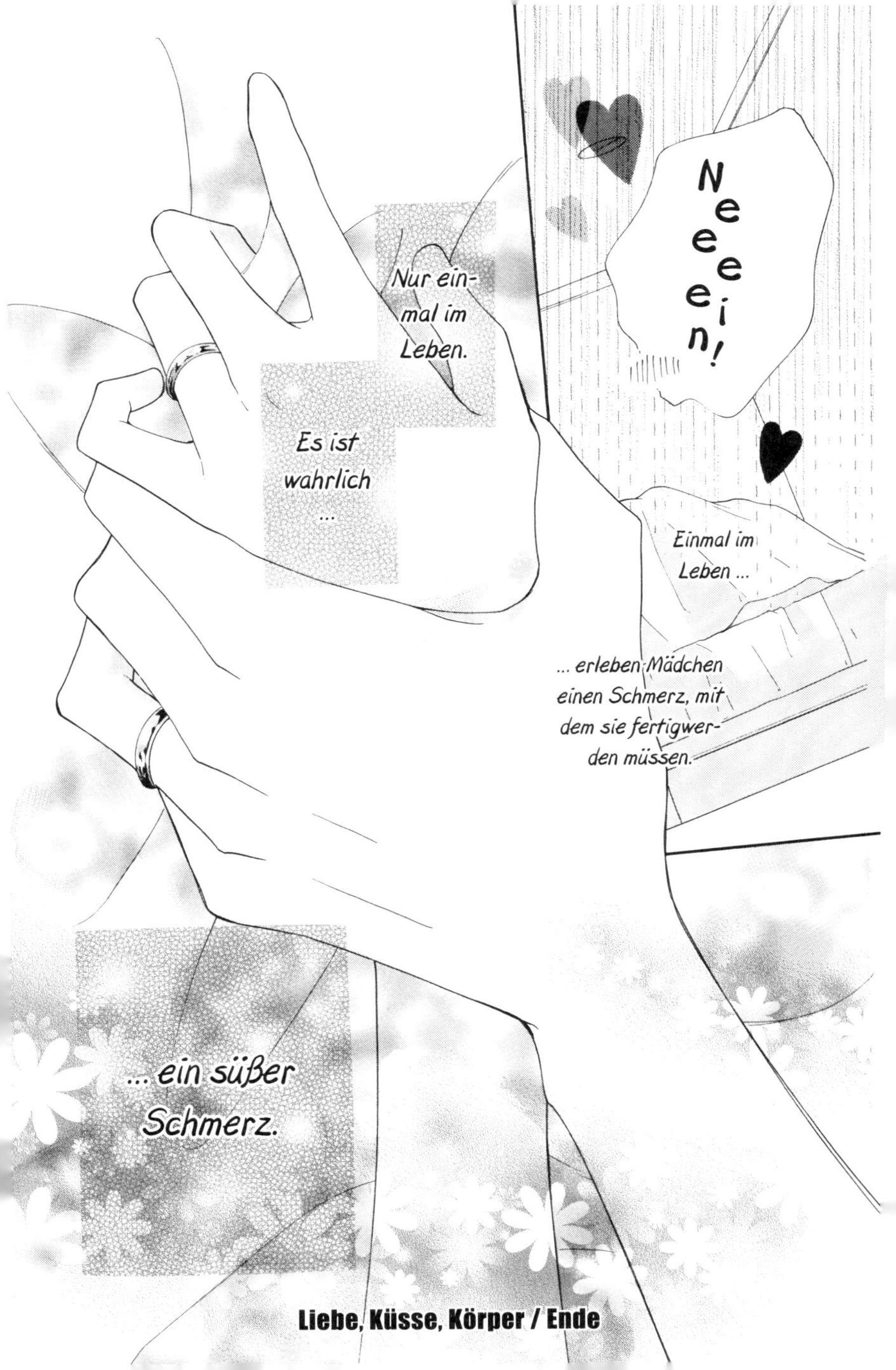
Neeeein!
Einmal im Leben ...
... erleben Mädchen einen Schmerz, mit dem sie fertigwerden müssen.
Nur einmal im Leben.
Es ist wahrlich ...
... ein süßer Schmerz.
Liebe, Küsse, Körper / Ende

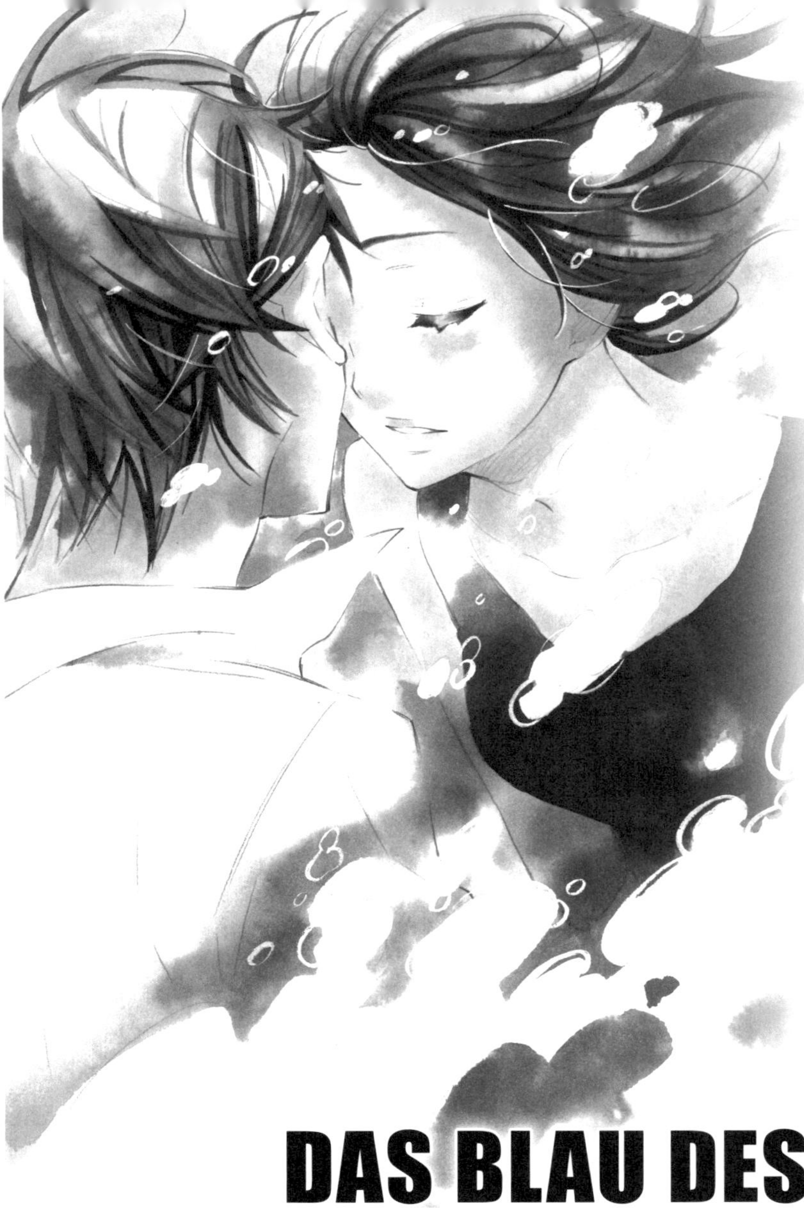

DAS BLAU DES ANFANGS

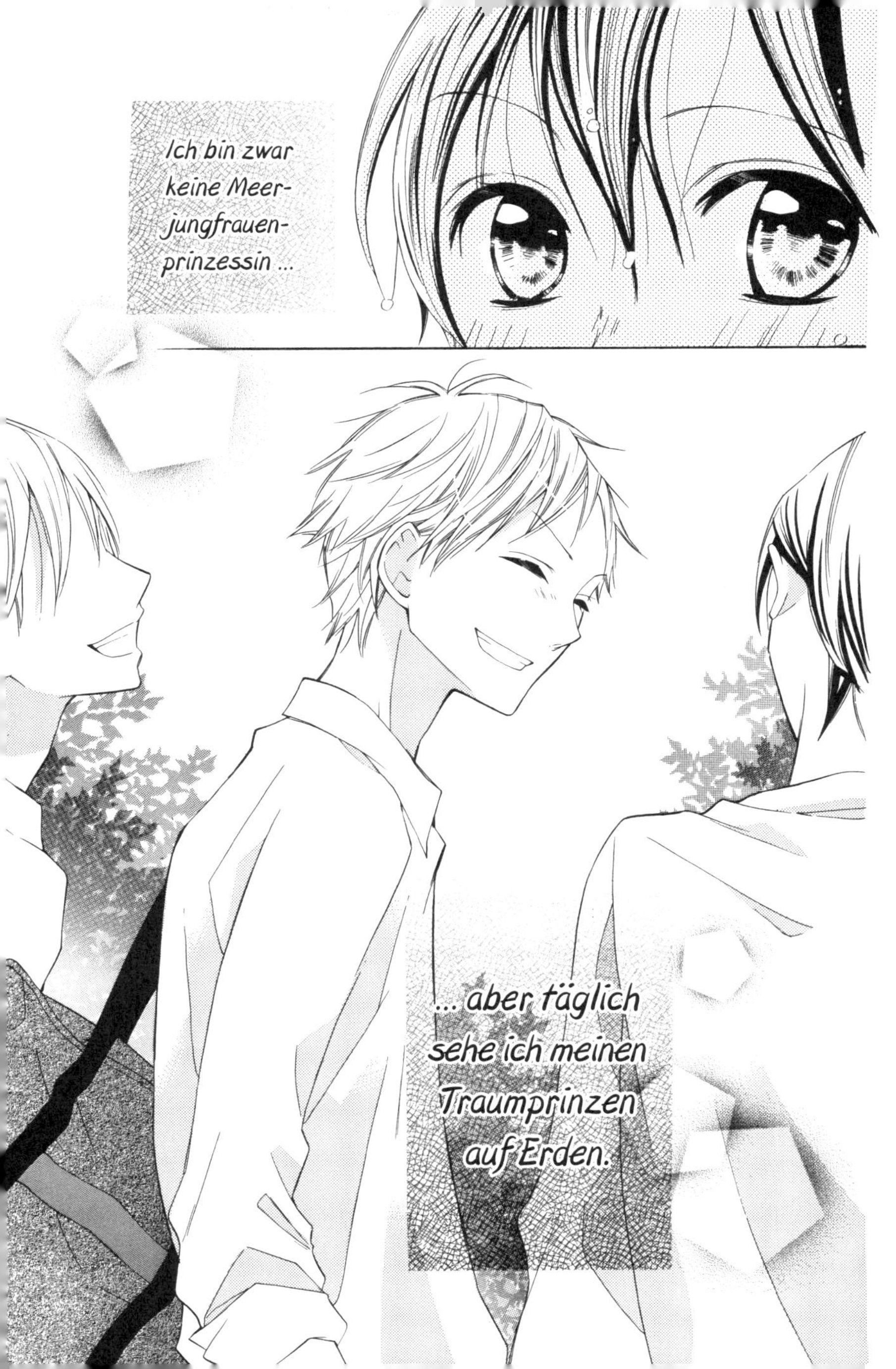
Ich bin zwar keine Meer-jungfrauen-prinzessin ...
... aber täglich sehe ich meinen Traumprinzen auf Erden.

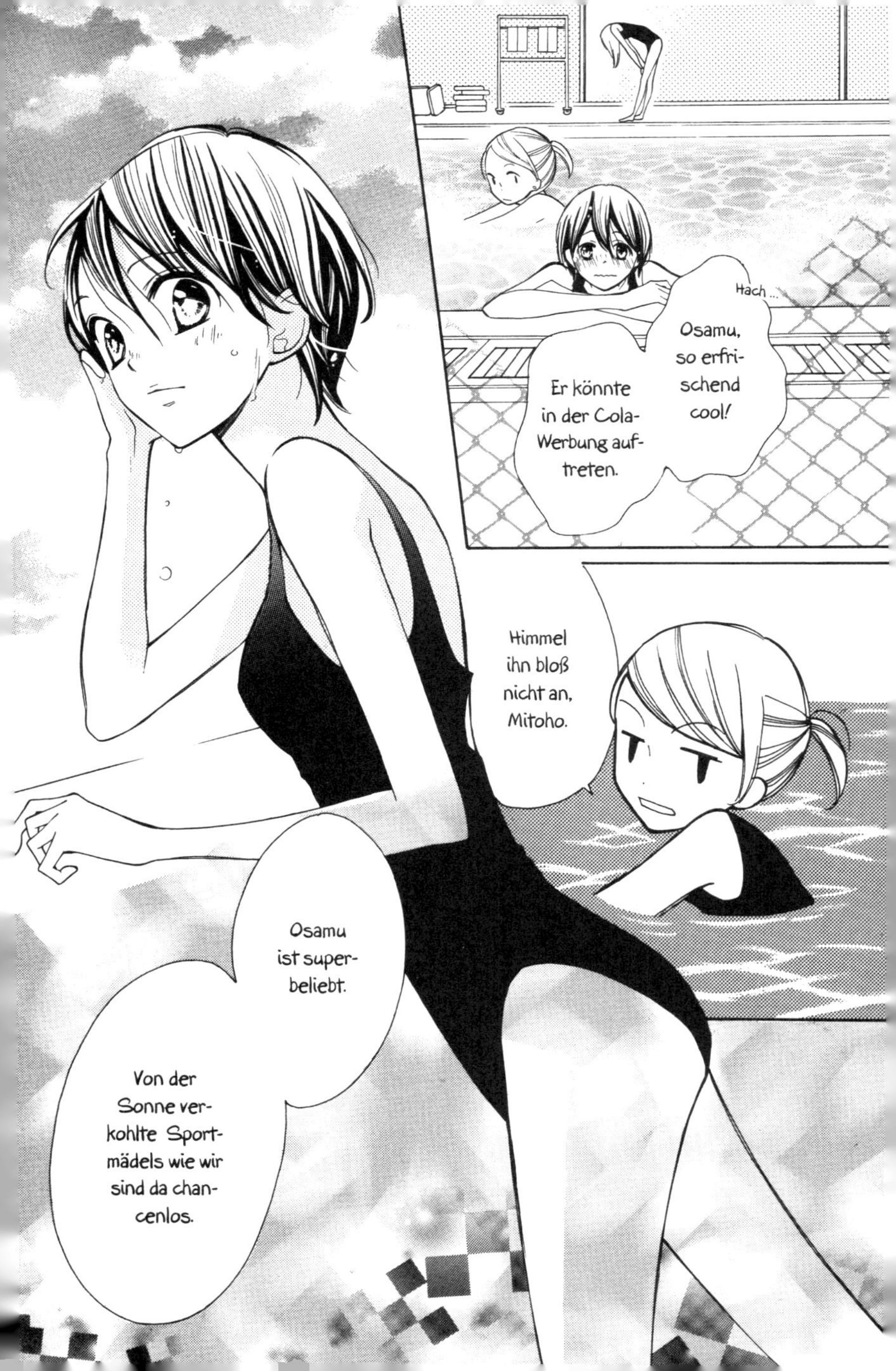
Hach ...
Osamu, so erfrischend cool!
Er könnte in der Cola-Werbung auftreten.
Himmel ihn bloß nicht an, Mitoho.
Osamu ist superbeliebt.
Von der Sonne verkohlte Sportmädels wie wir sind da chancenlos.

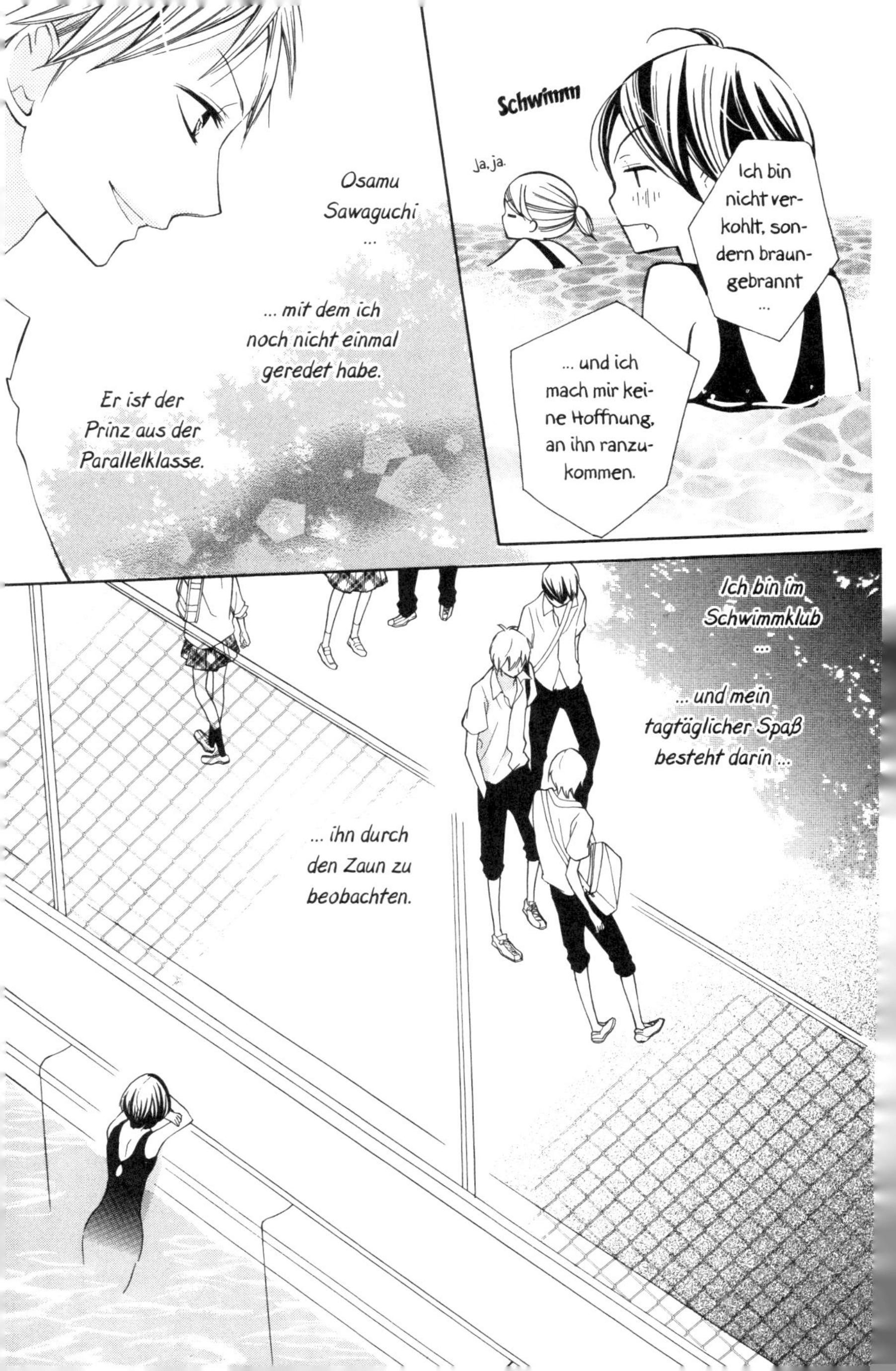

Schwimmm
Ich bin nicht verkohlt, sondern braungebrannt ...
... und ich mach mir keine Hoffnung, an ihn ranzukommen.
Ja, ja.
Osamu Sawaguchi ...
... mit dem ich noch nicht einmal geredet habe.
Er ist der Prinz aus der Parallelklasse.
Ich bin im Schwimmklub ...
... und mein tagtäglicher Spaß besteht darin ...
... ihn durch den Zaun zu beobachten.

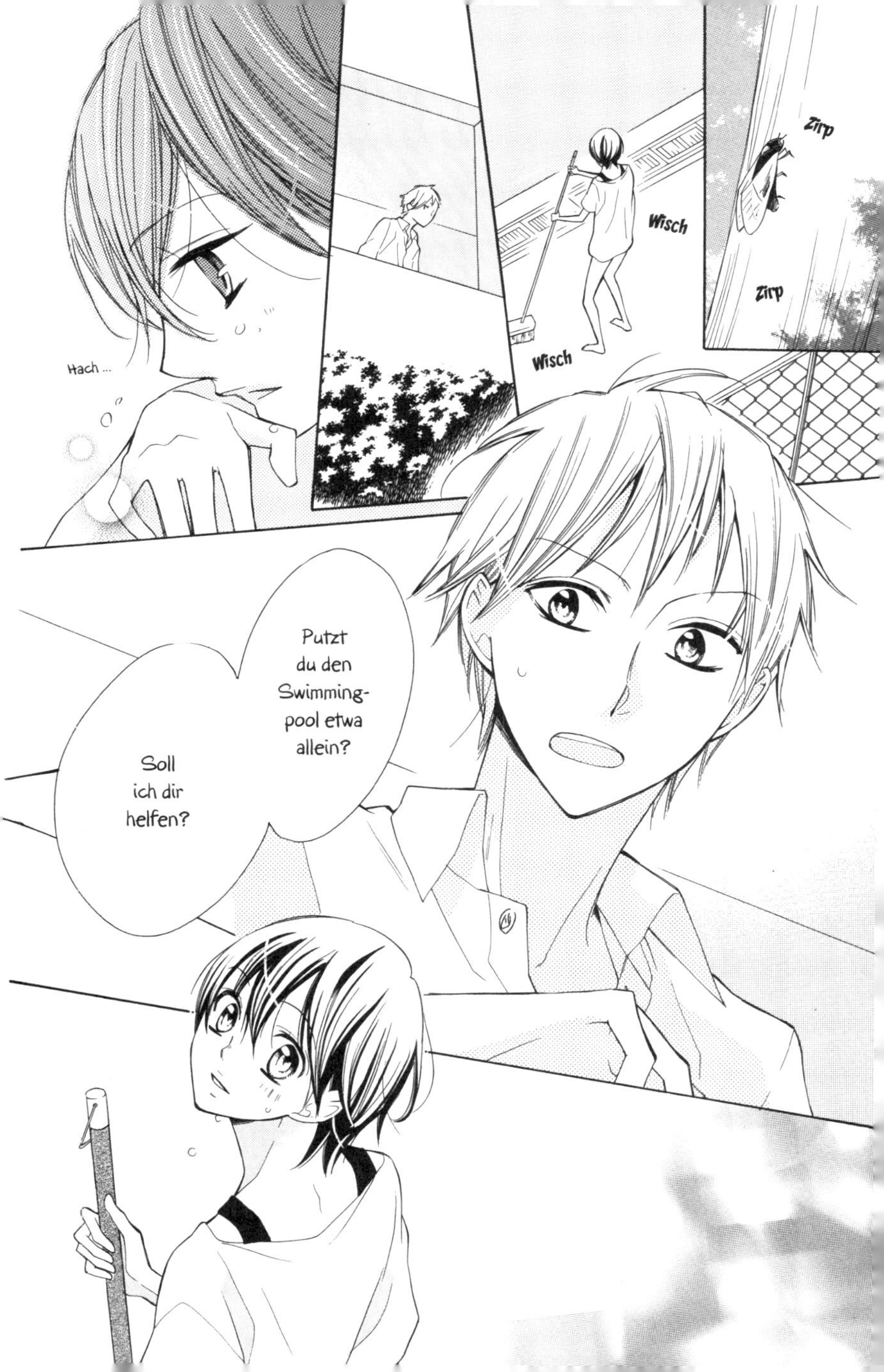
Zirp
Zirp
Wisch
Wisch
Hach ...
Putzt du den Swimming-pool etwa allein?
Soll ich dir helfen?

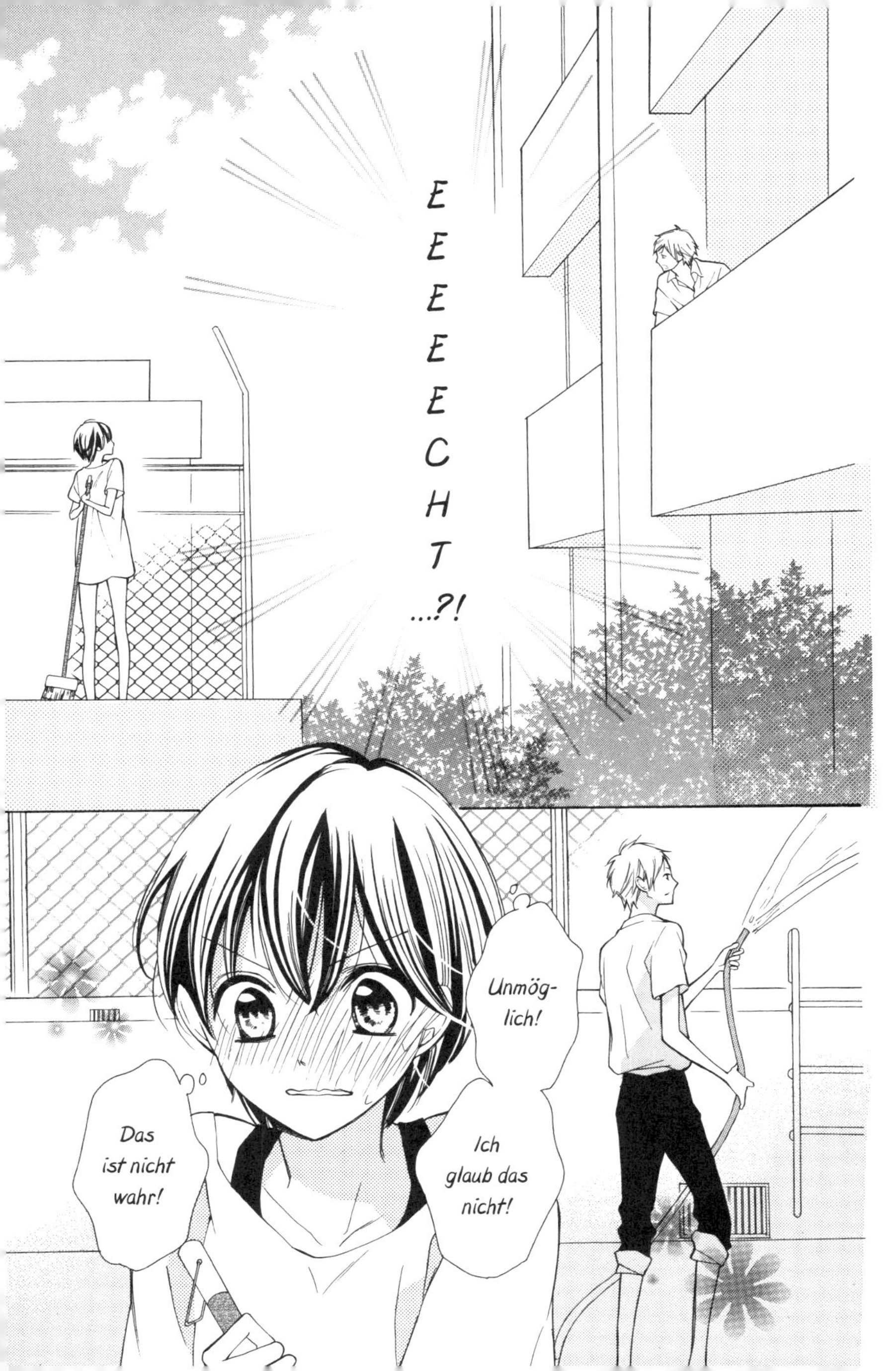
EEEEECHT ...?!
Unmög-lich!
Ich glaub das nicht!
Das ist nicht wahr!

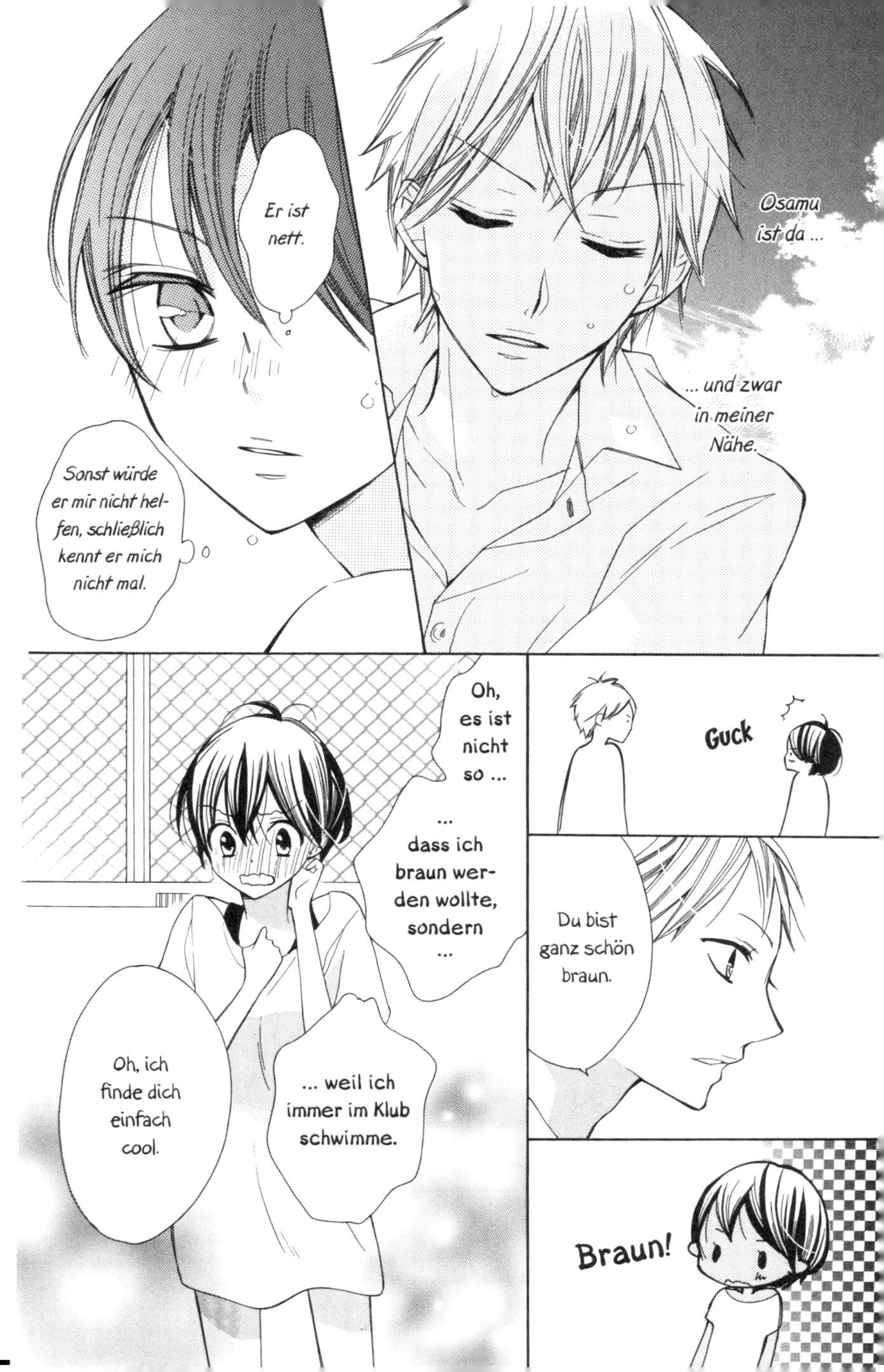
Osamu ist da ...
... und zwar in meiner Nähe.
Er ist nett.
Sonst würde er mir nicht helfen, schließlich kennt er mich nicht mal.
Guck
Du bist ganz schön braun.
Braun!
Oh, es ist nicht so ...
... dass ich braun werden wollte, sondern ...
... weil ich immer im Klub schwimme.
Oh, ich finde dich einfach cool.

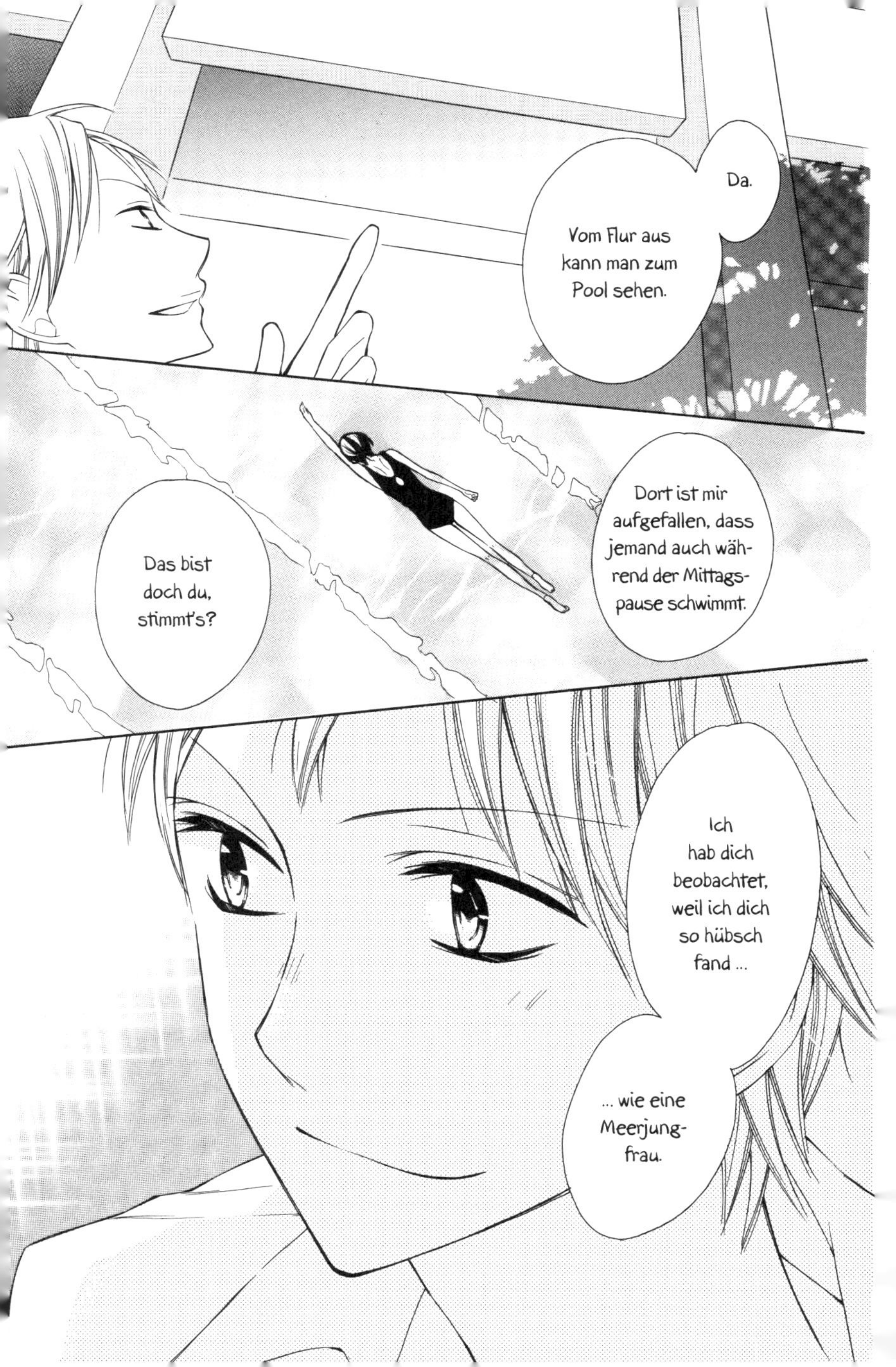
Da.
Vom Flur aus kann man zum Pool sehen.
Dort ist mir aufgefallen, dass jemand auch während der Mittagspause schwimmt.
Das bist doch du, stimmt's?
Ich hab dich beobachtet, weil ich dich so hübsch fand ...
... wie eine Meerjungfrau.

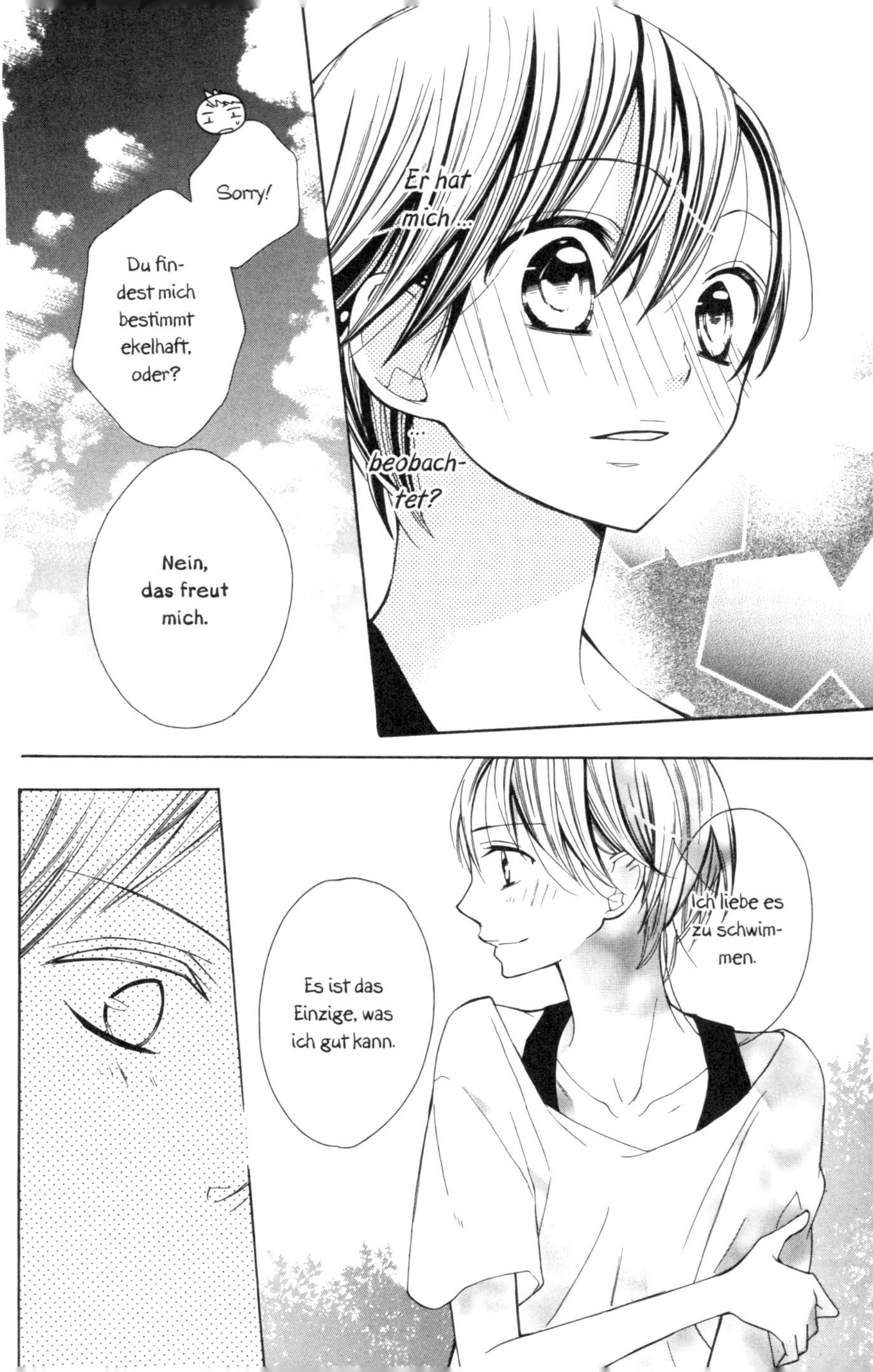
Er hat mich ...
... beobachtet?
Sorry!
Du findest mich bestimmt ekelhaft, oder?
Nein, das freut mich.
Ich liebe es zu schwimmen.
Es ist das Einzige, was ich gut kann.

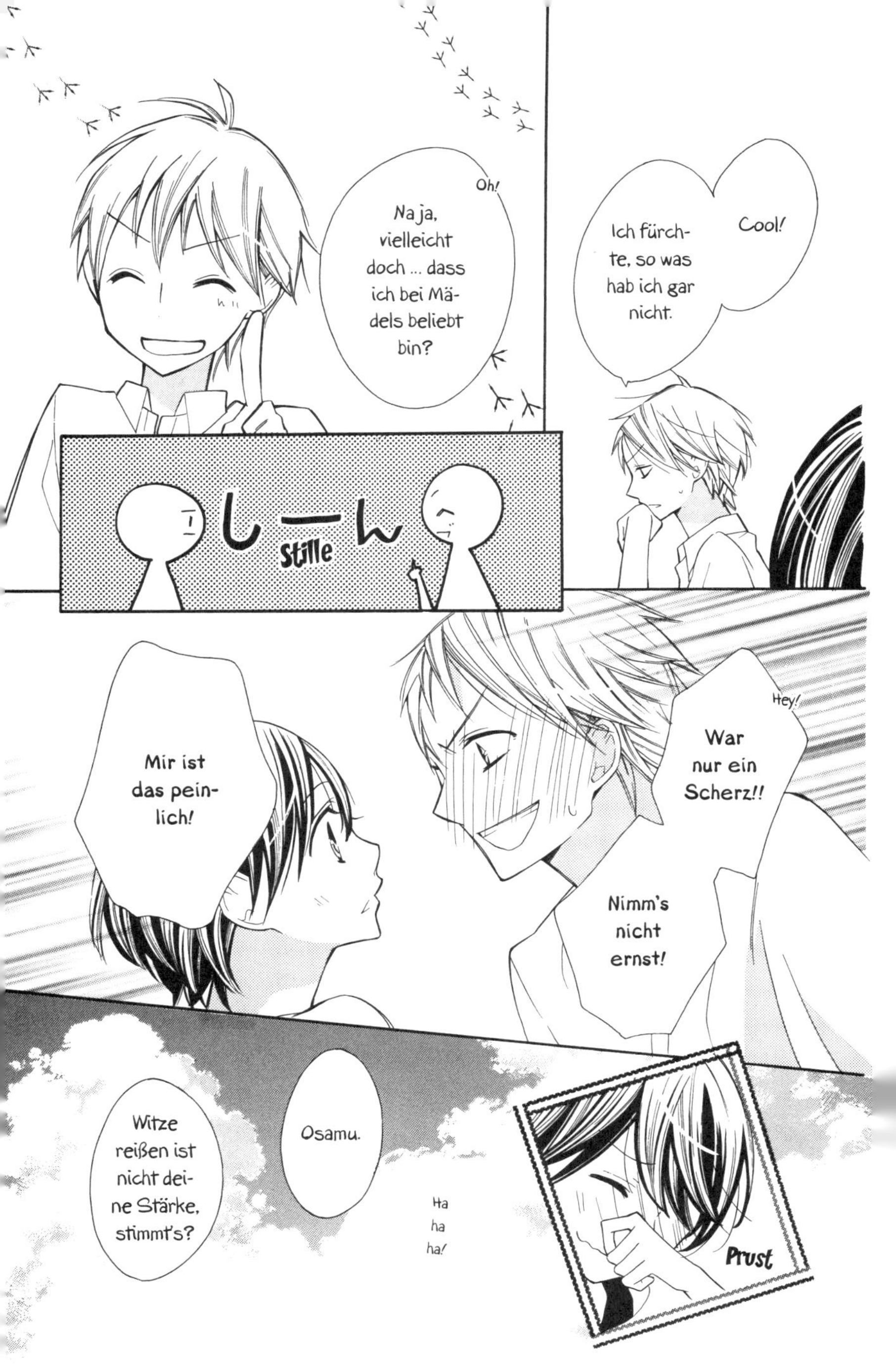

Cool!
Ich fürch-te, so was hab ich gar nicht.
Oh!
Na ja, vielleicht doch ... dass ich bei Mä-dels beliebt bin?
しーん
Stille
Hey!
War nur ein Scherz!!
Nimm's nicht ernst!
Mir ist das pein-lich!
Prust
Ha ha ha!
Osamu.
Witze reißen ist nicht dei-ne Stärke, stimmt's?

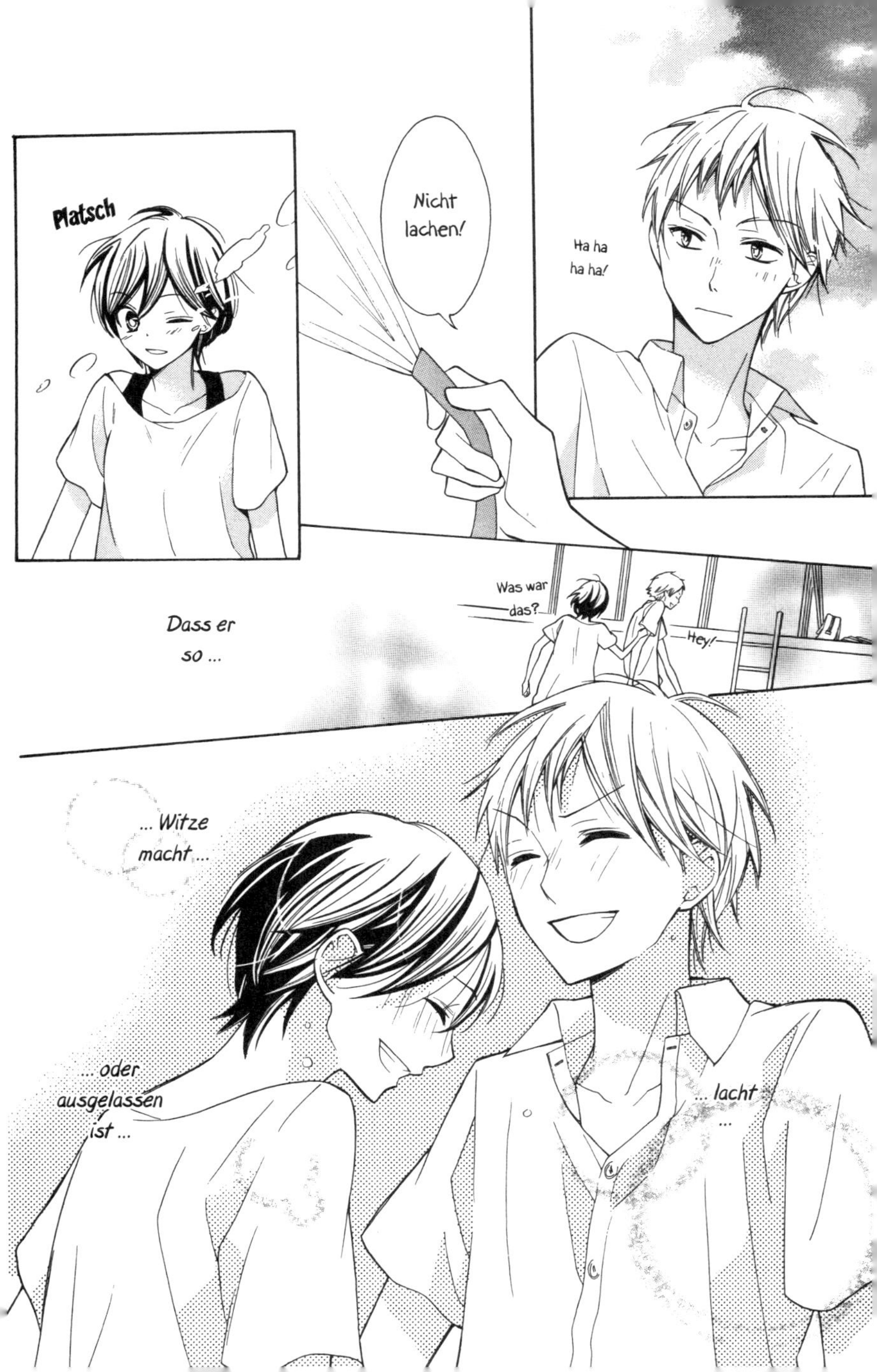
Ha ha
ha ha!
Nicht lachen!
Platsch
Was war das?
Hey!
Dass er so ...
... Witze macht ...
... oder ausgelassen ist ...
... lacht ...

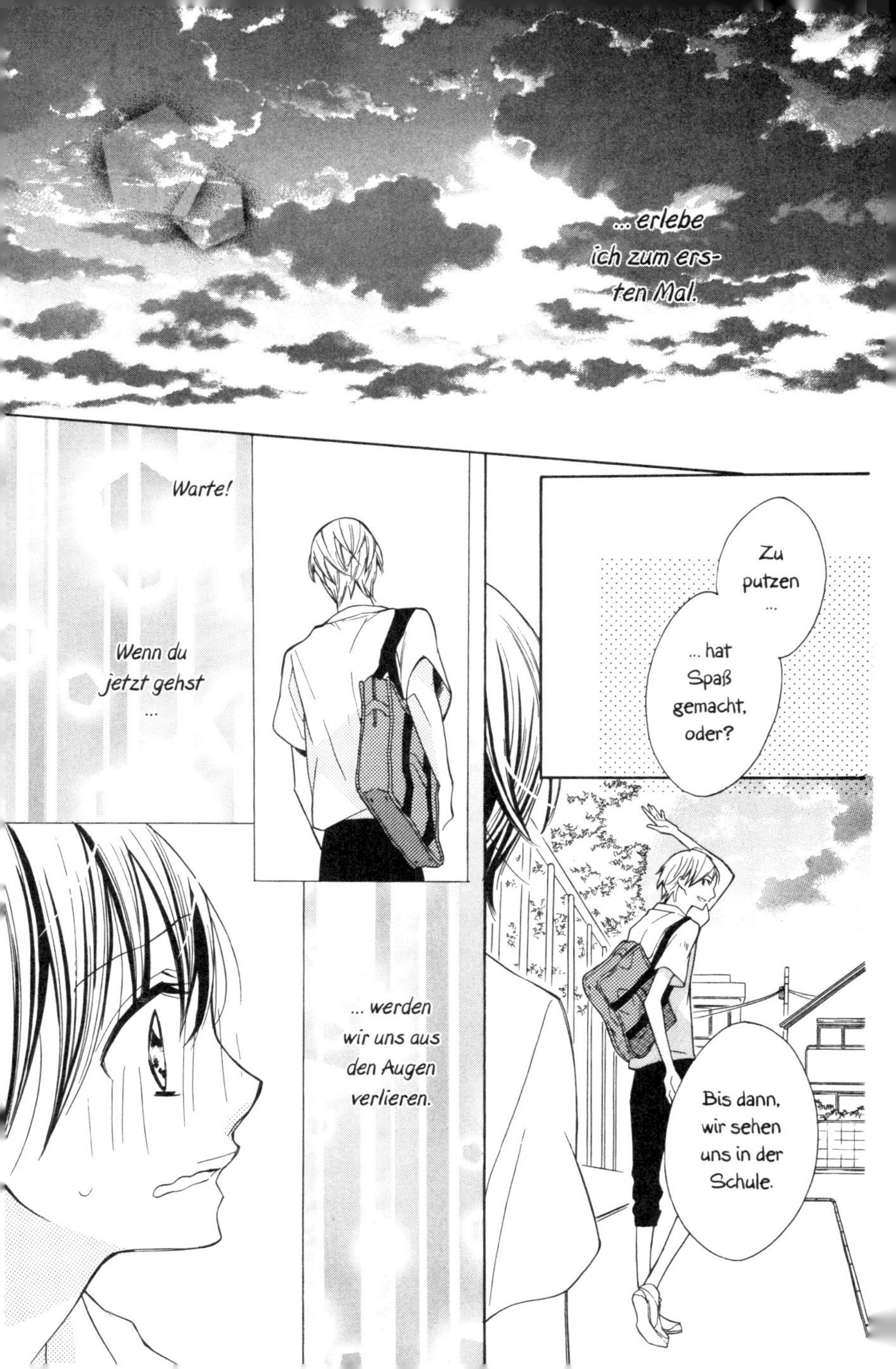
... erlebe ich zum ersten Mal.
Zu putzen ...
... hat Spaß gemacht, oder?
Bis dann, wir sehen uns in der Schule.
Warte!
Wenn du jetzt gehst ...
... werden wir uns aus den Augen verlieren.

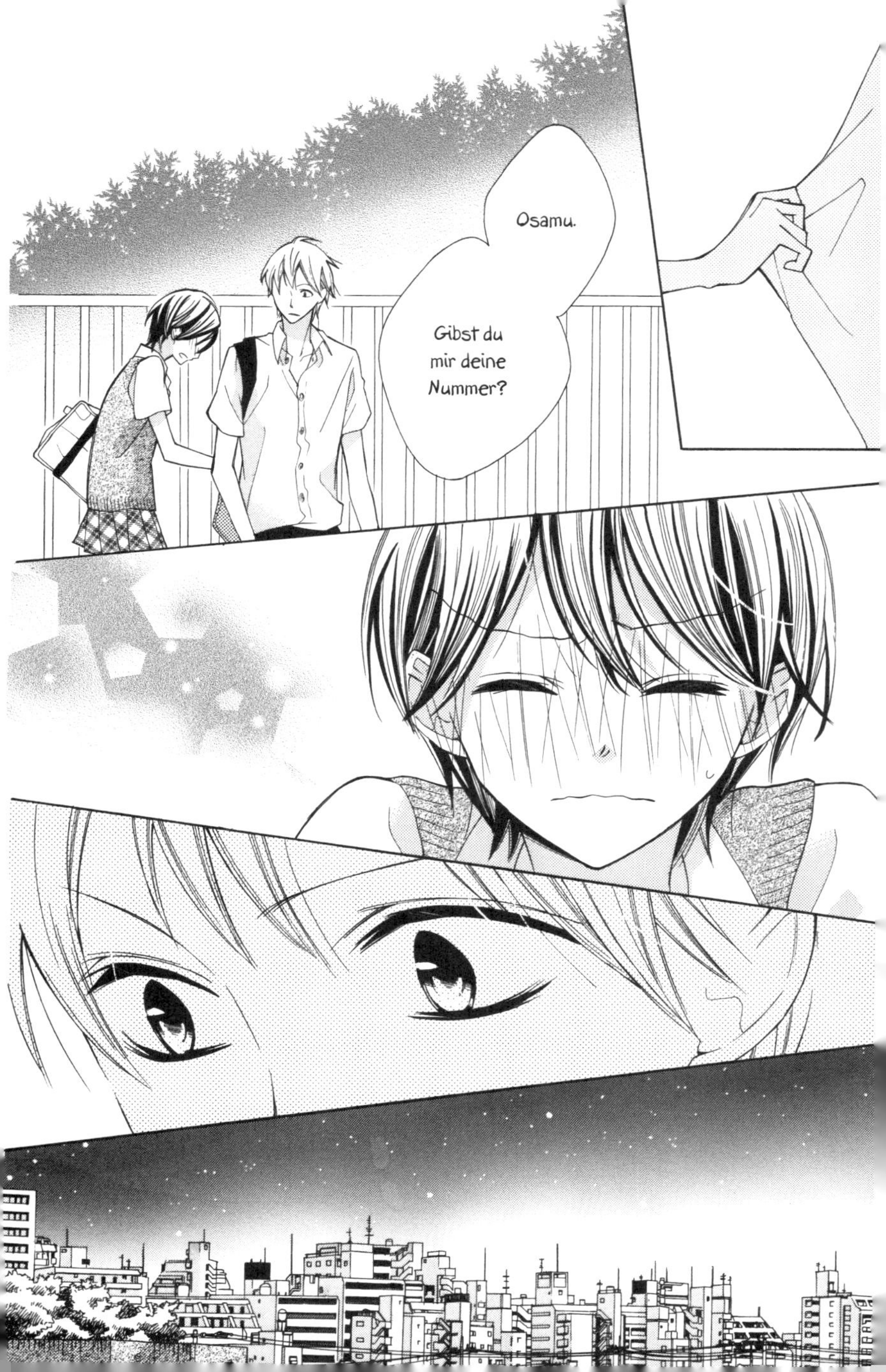
Osamu.
Gibst du mir deine Nummer?

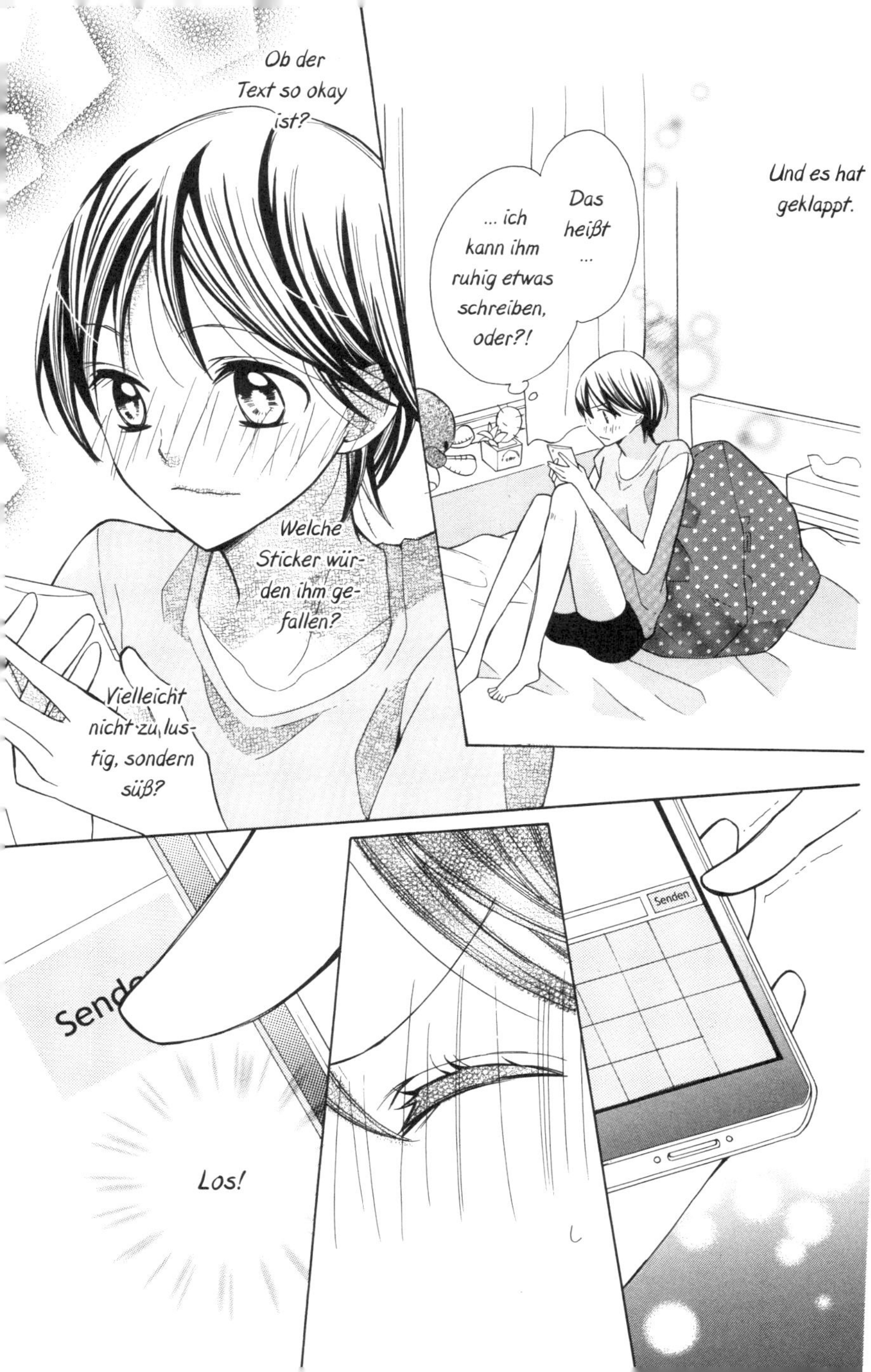
Und es hat geklappt.
Das heißt ...
... ich kann ihm ruhig etwas schreiben, oder?!
Ob der Text so okay ist?
Welche Sticker würden ihm gefallen?
Vielleicht nicht zu lustig, sondern süß?
Senden
Los!

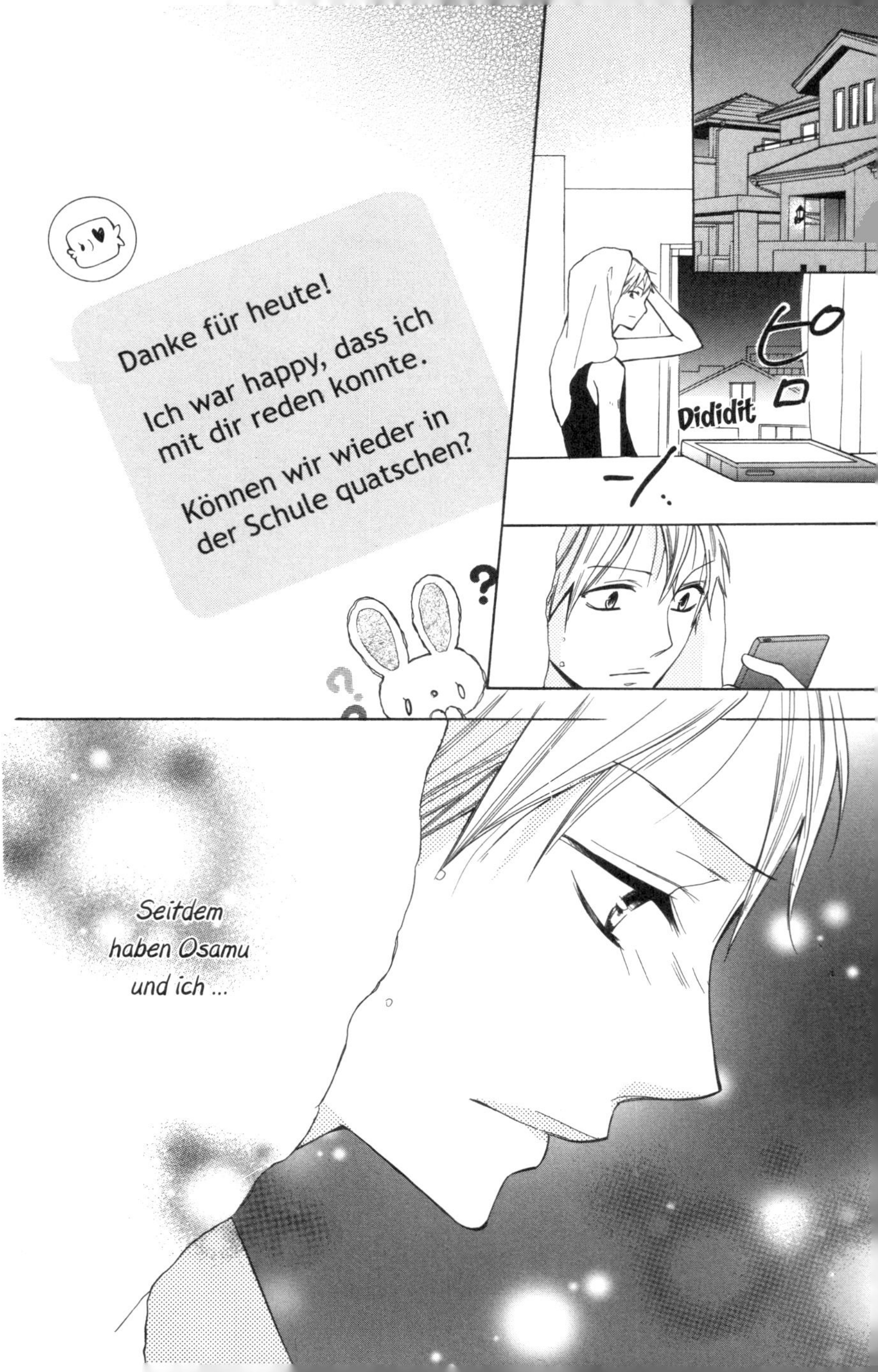
Dididit
Danke für heute!
Ich war happy, dass ich mit dir reden konnte.
Können wir wieder in der Schule quatschen?
Seitdem haben Osamu und ich ...

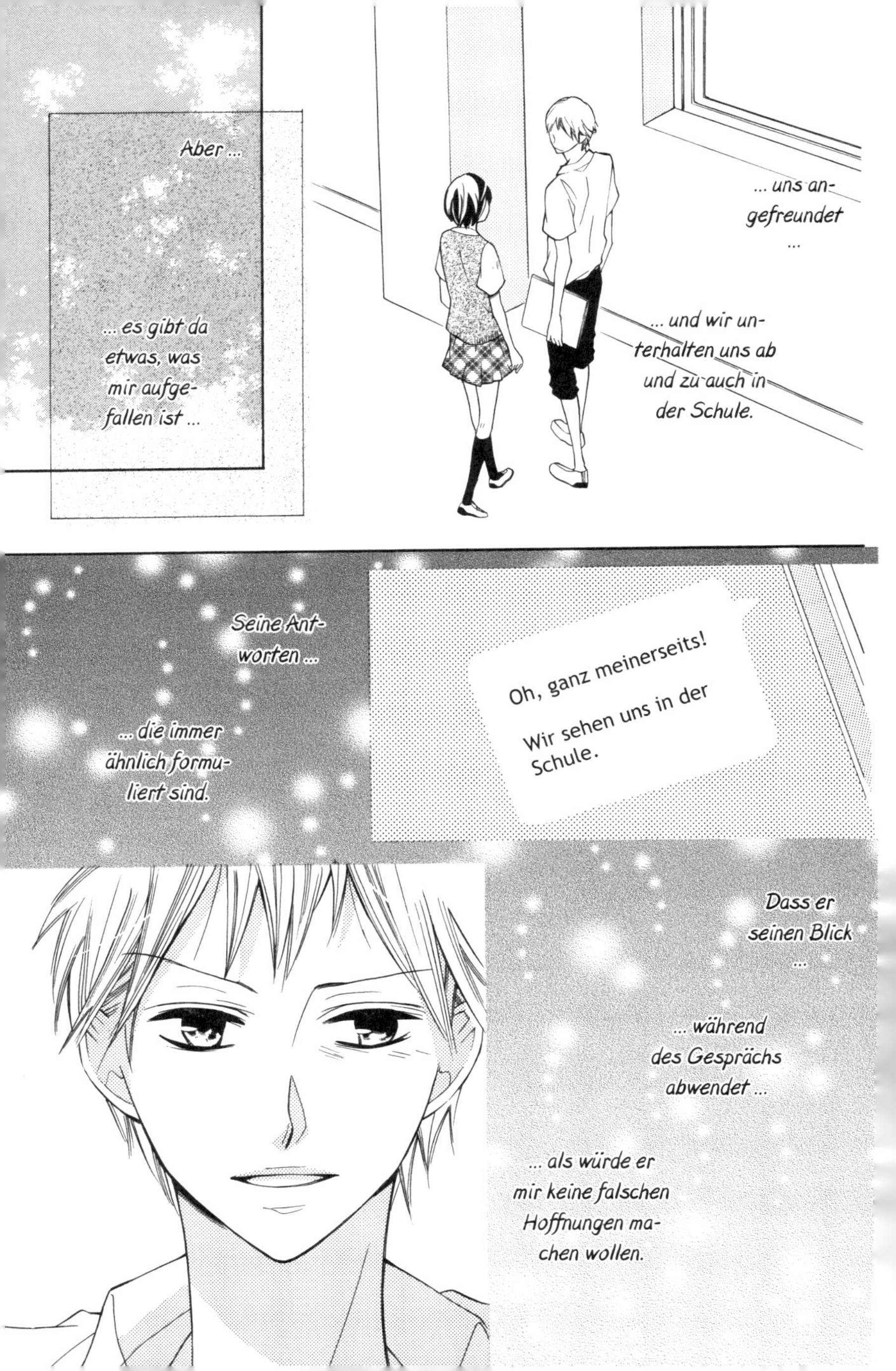

... uns angefreundet ...
... und wir unterhalten uns ab und zu auch in der Schule.
Aber ...
... es gibt da etwas, was mir aufgefallen ist ...
Oh, ganz meinerseits! Wir sehen uns in der Schule.
Seine Antworten ...
... die immer ähnlich formuliert sind.
Dass er seinen Blick ...
... während des Gesprächs abwendet ...
... als würde er mir keine falschen Hoffnungen machen wollen.

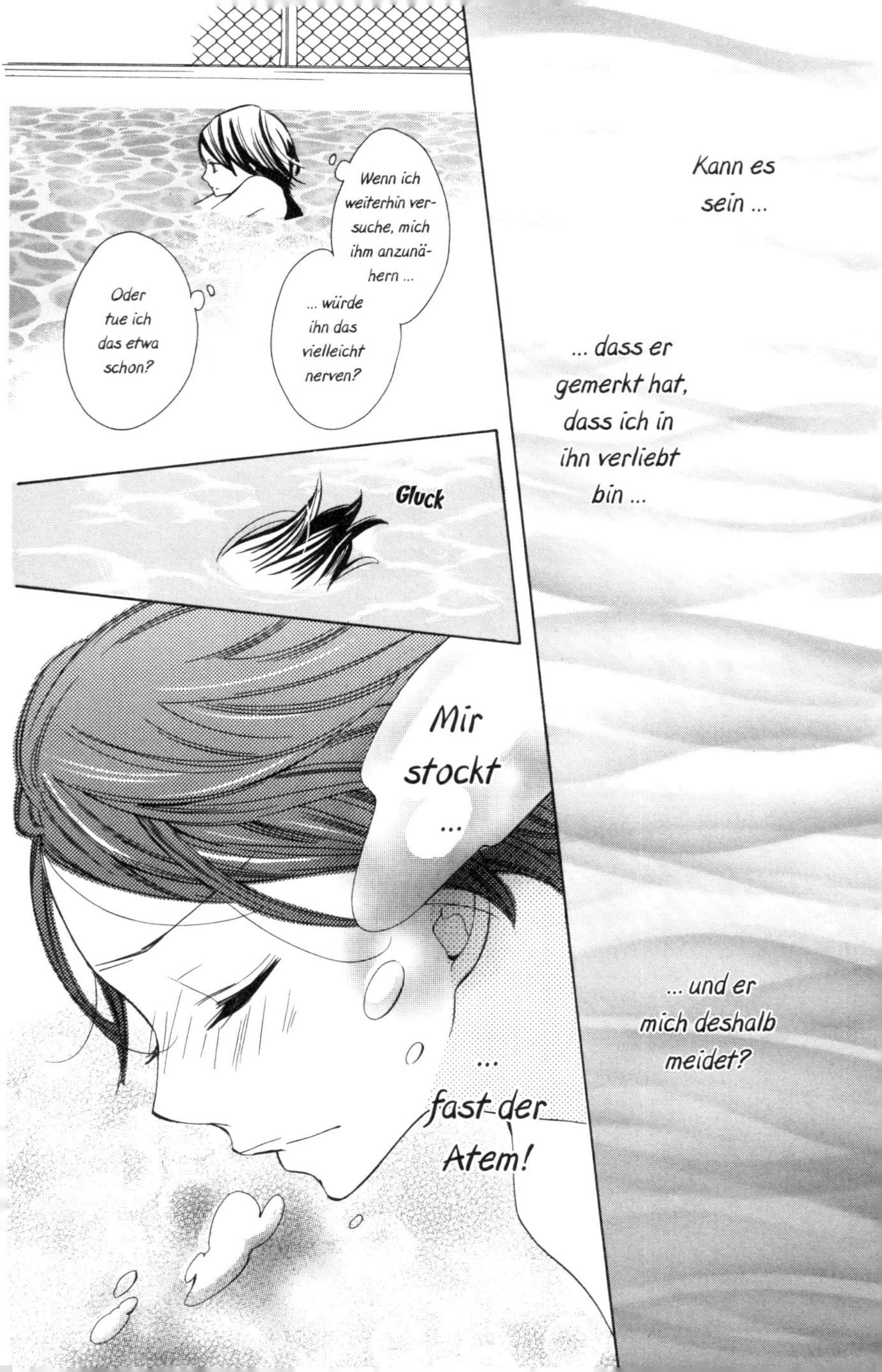
Kann es sein ...
Wenn ich weiterhin versuche, mich ihm anzunähern ...
... würde ihn das vielleicht nerven?
Oder tue ich das etwa schon?
... dass er gemerkt hat, dass ich in ihn verliebt bin ...
Gluck
... und er mich deshalb meidet?
Mir stockt ...
... fast der Atem!

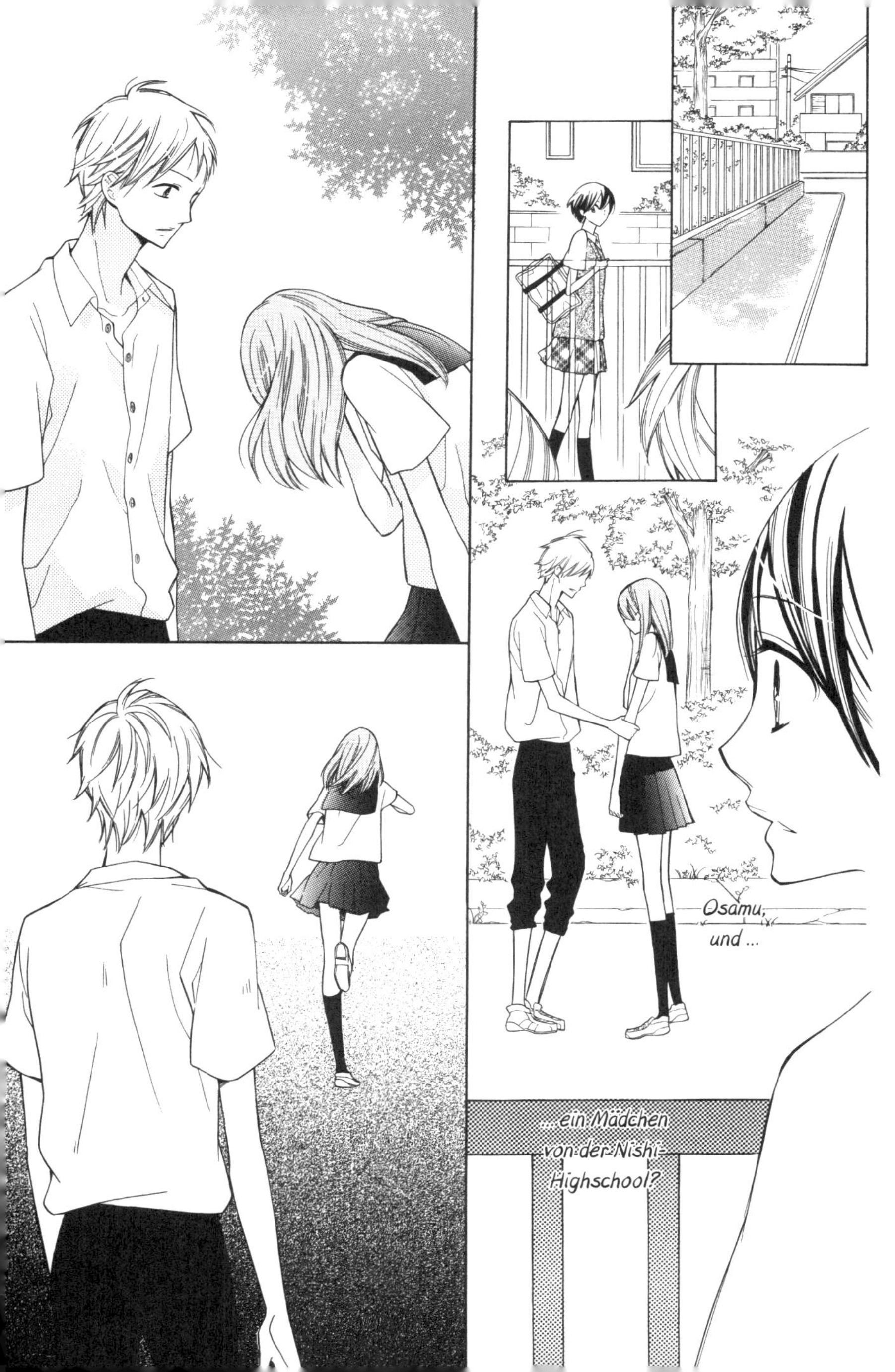
Osamu,
und ...
... ein Mädchen
von der Nishi-
Highschool?

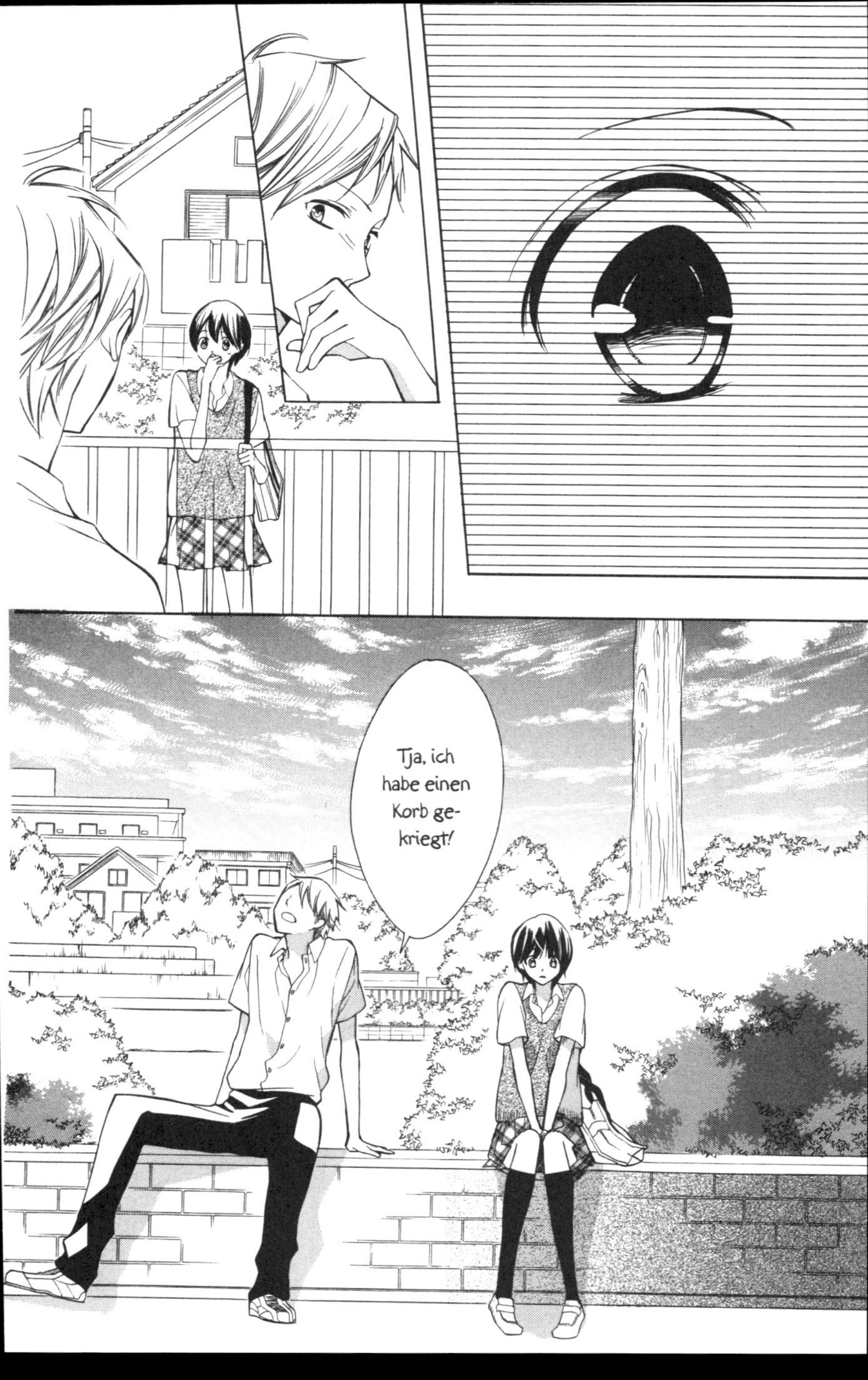
Tja, ich habe einen Korb ge-kriegt!

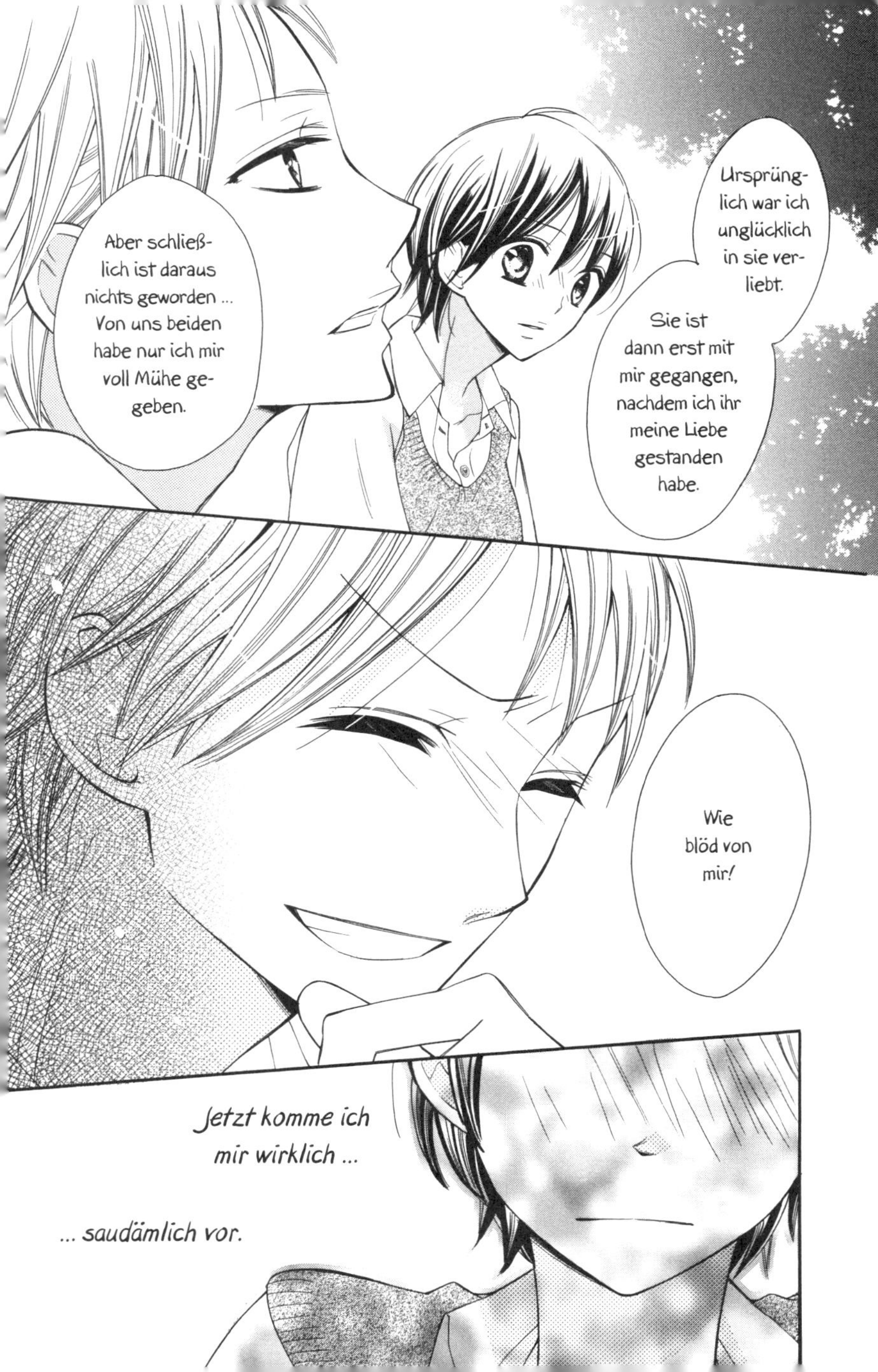
Ursprünglich war ich unglücklich in sie verliebt.
Sie ist dann erst mit mir gegangen, nachdem ich ihr meine Liebe gestanden habe.
Aber schließlich ist daraus nichts geworden ... Von uns beiden habe nur ich mir voll Mühe gegeben.
Wie blöd von mir!
Jetzt komme ich mir wirklich ...
... saudämlich vor.

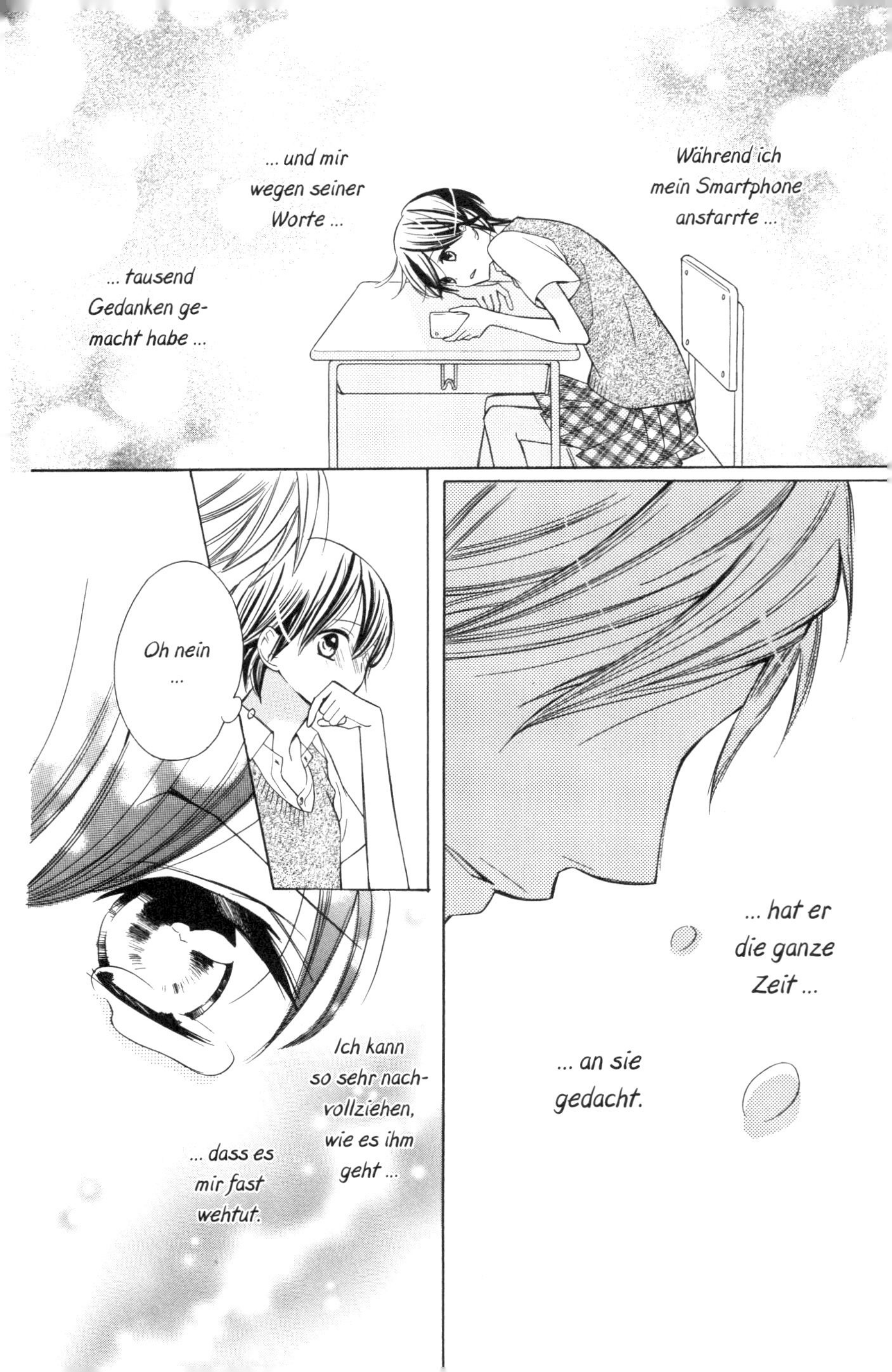

Während ich mein Smartphone anstarrte ...
... und mir wegen seiner Worte ...
... tausend Gedanken gemacht habe ...
... hat er die ganze Zeit ...
... an sie gedacht.
Oh nein ...
Ich kann so sehr nachvollziehen, wie es ihm geht ...
... dass es mir fast wehtut.

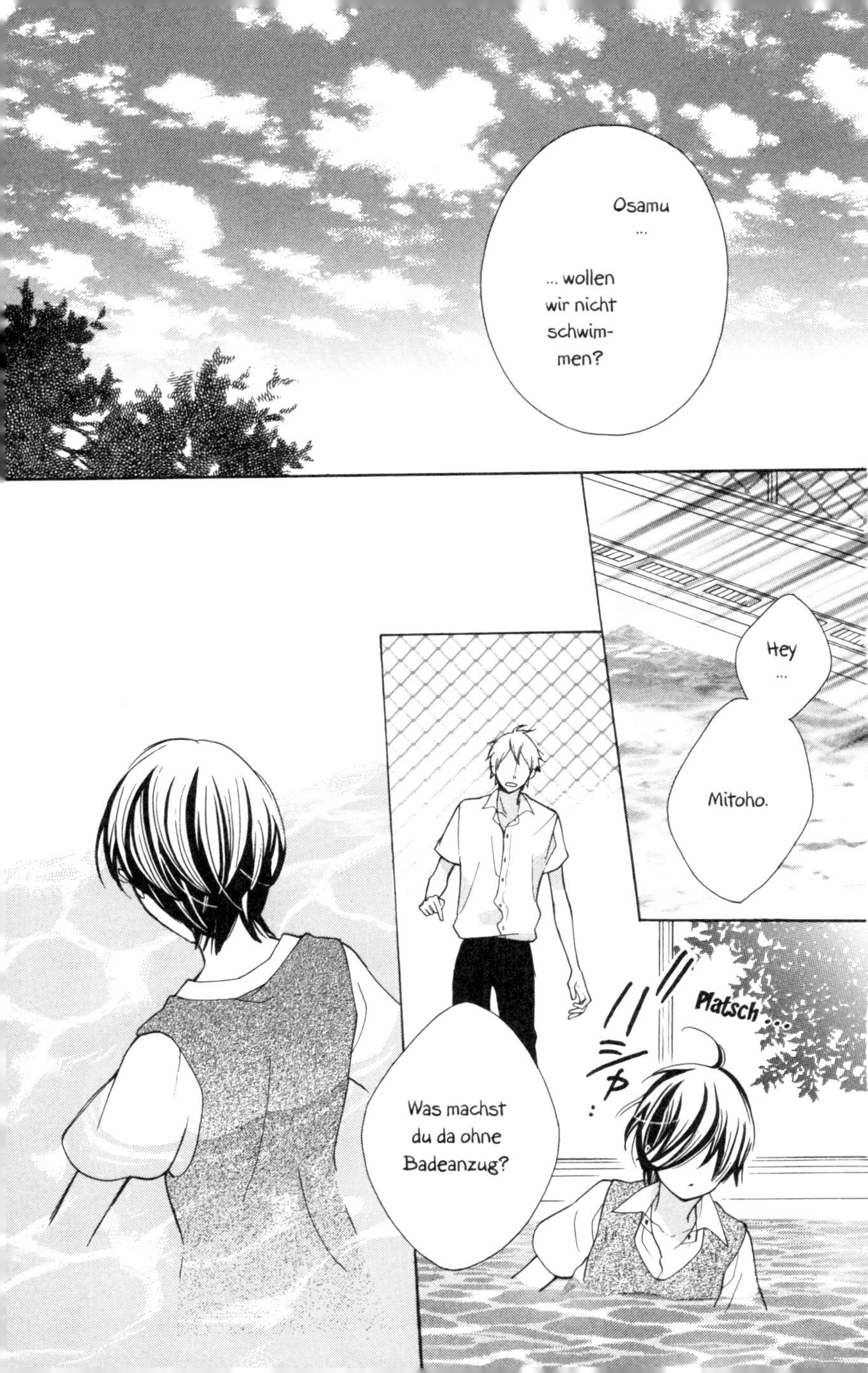
Osamu ...
... wollen wir nicht schwimmen?
Hey ...
Mitoho.
Platsch ...
Was machst du da ohne Badeanzug?

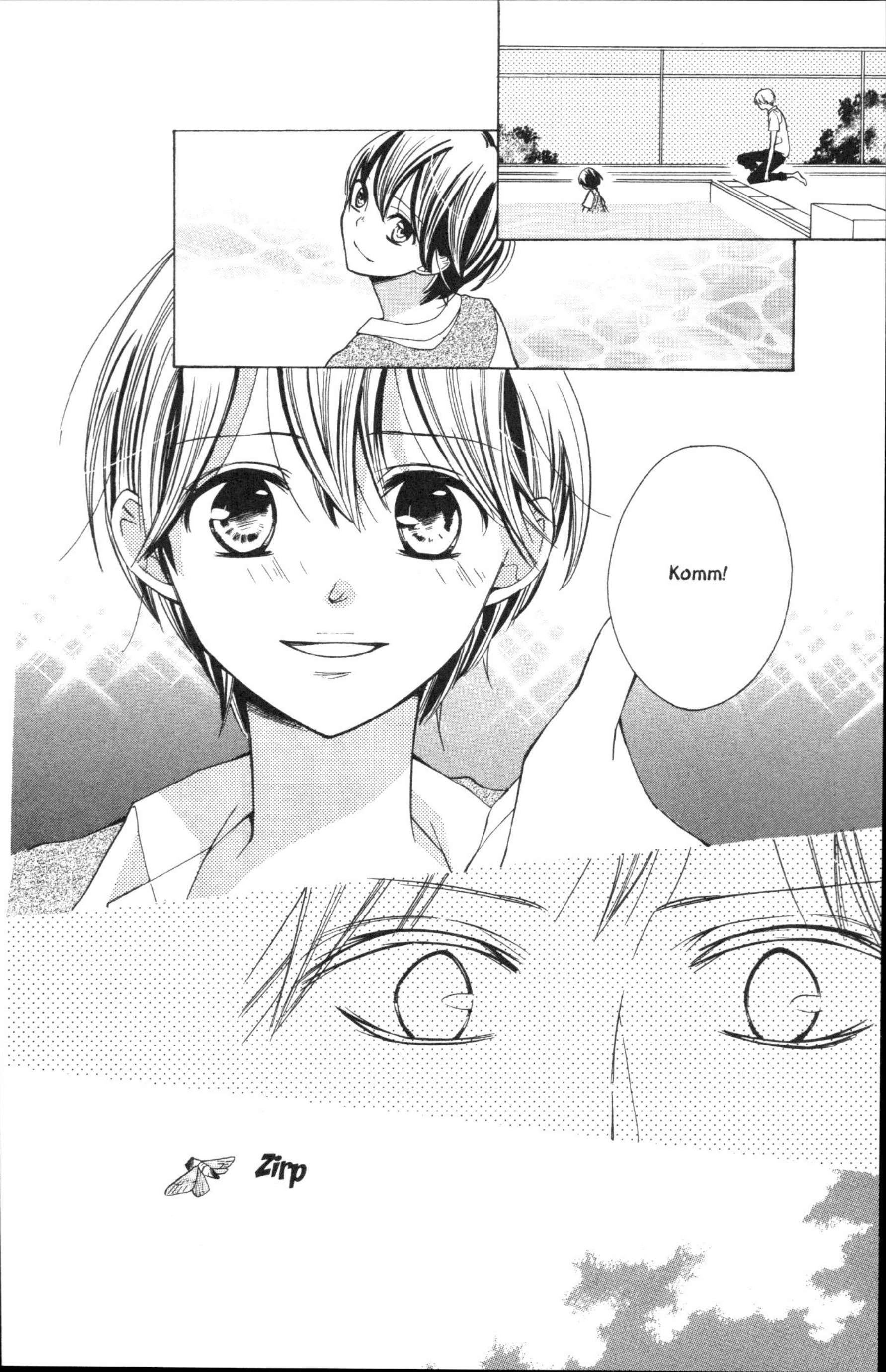
Komm!
Zirp

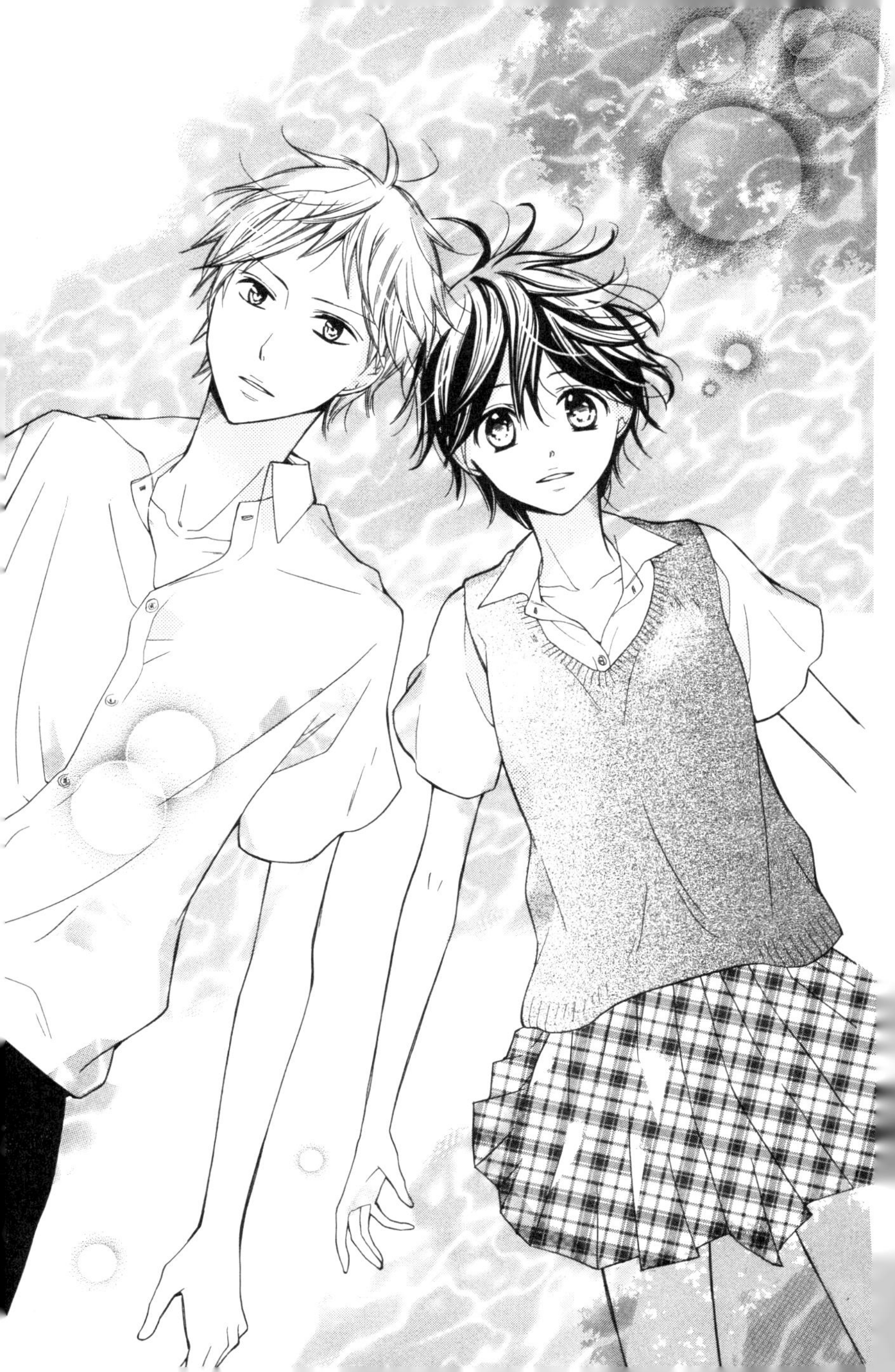

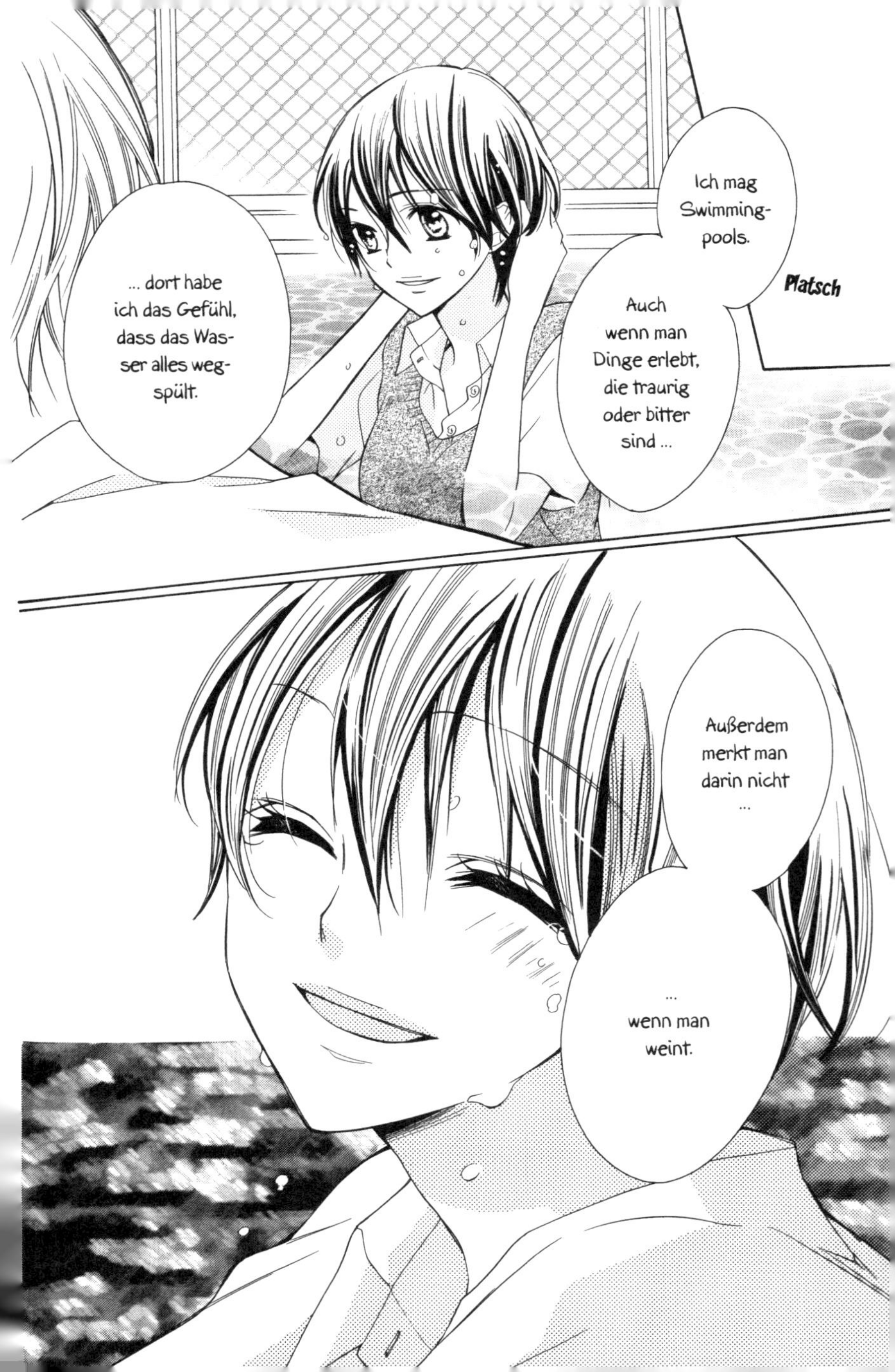
Ich mag Swimming-pools.
Platsch
Auch wenn man Dinge erlebt, die traurig oder bitter sind ...
... dort habe ich das Gefühl, dass das Was-ser alles weg-spült.
Außerdem merkt man darin nicht ...
... wenn man weint.

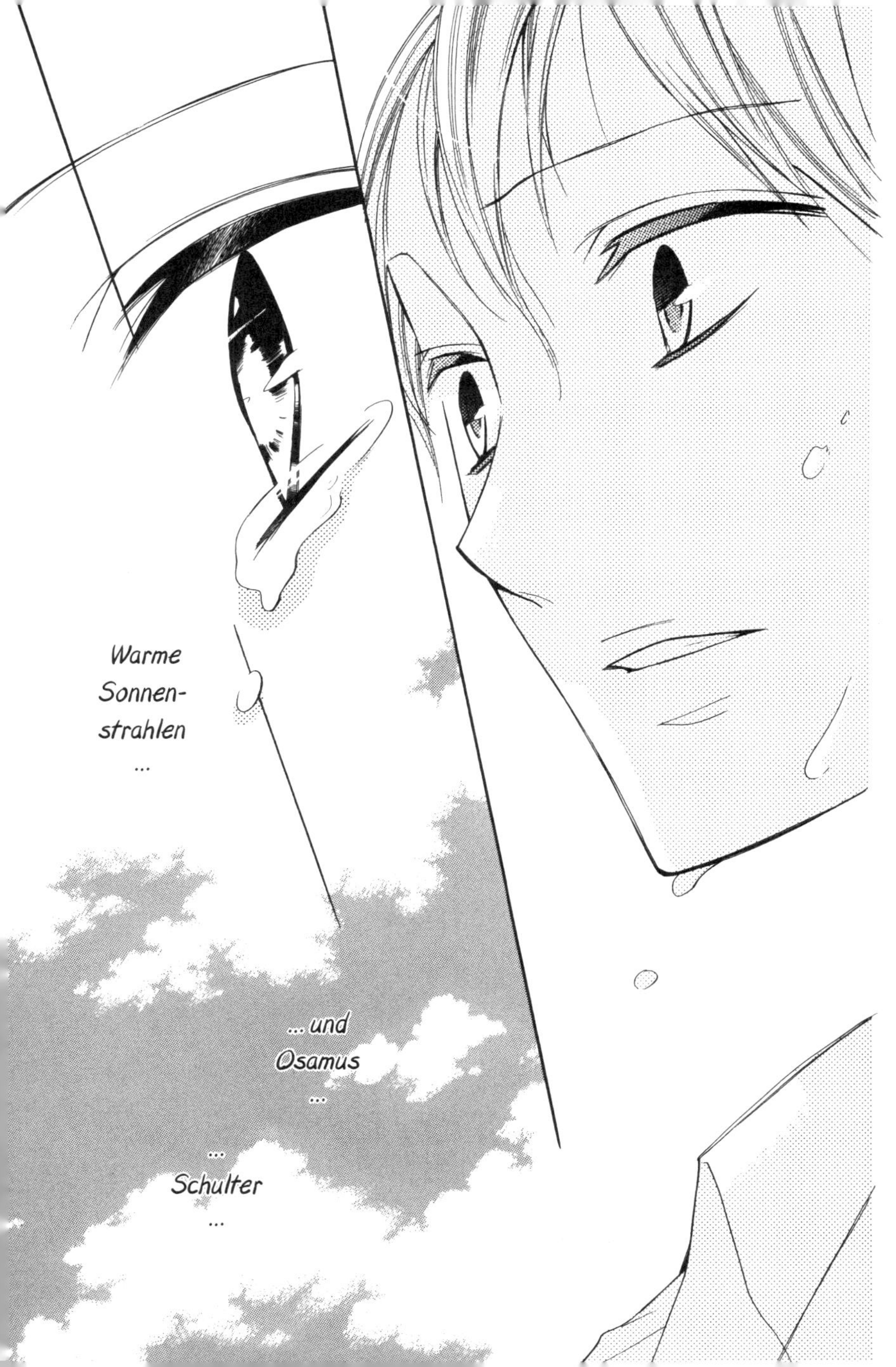
Warme Sonnen-strahlen ...
... und Osamus ...
... Schulter ...

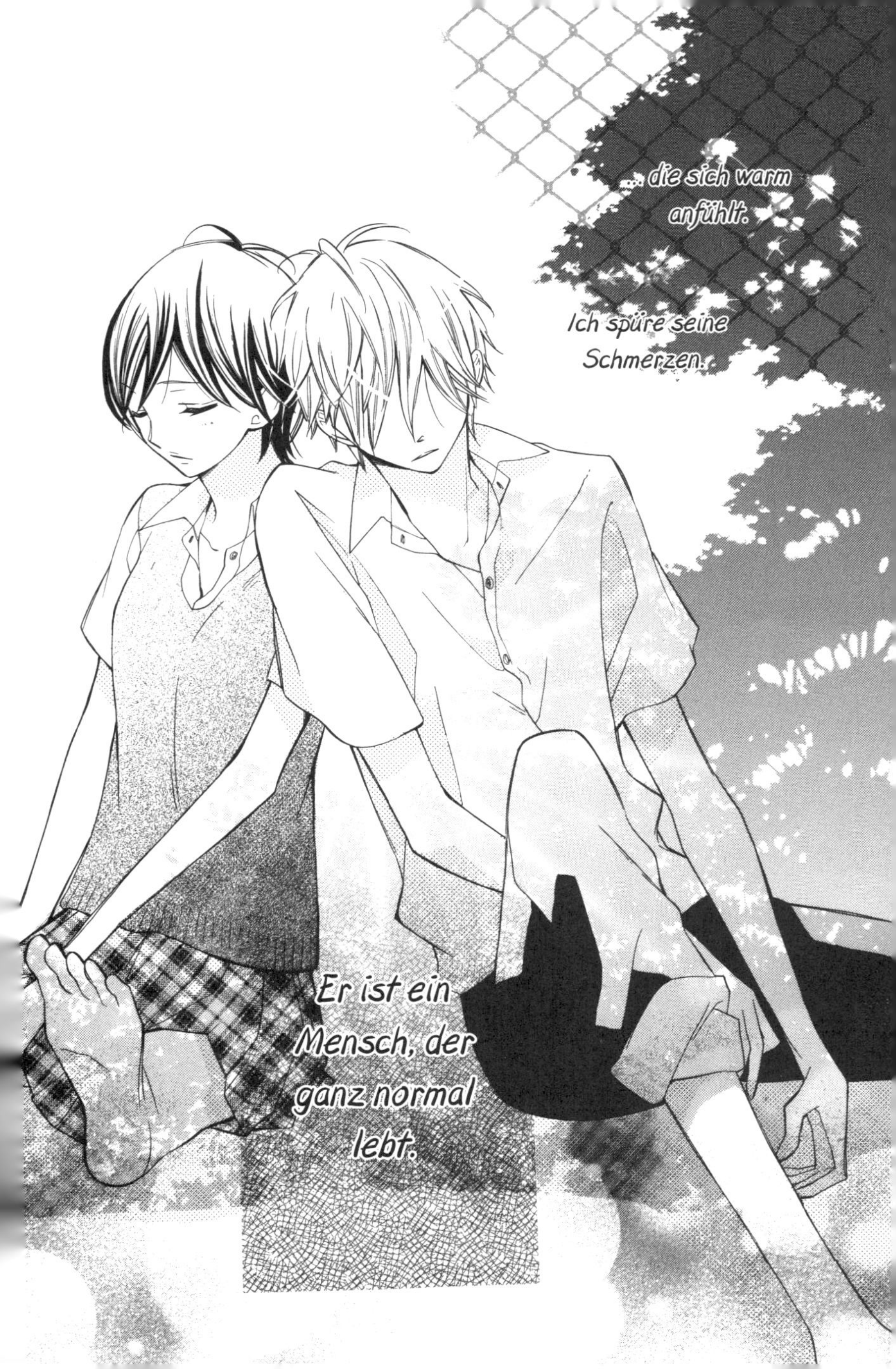
... die sich warm anfühlt.
Ich spüre seine Schmerzen.
Er ist ein Mensch, der ganz normal lebt.

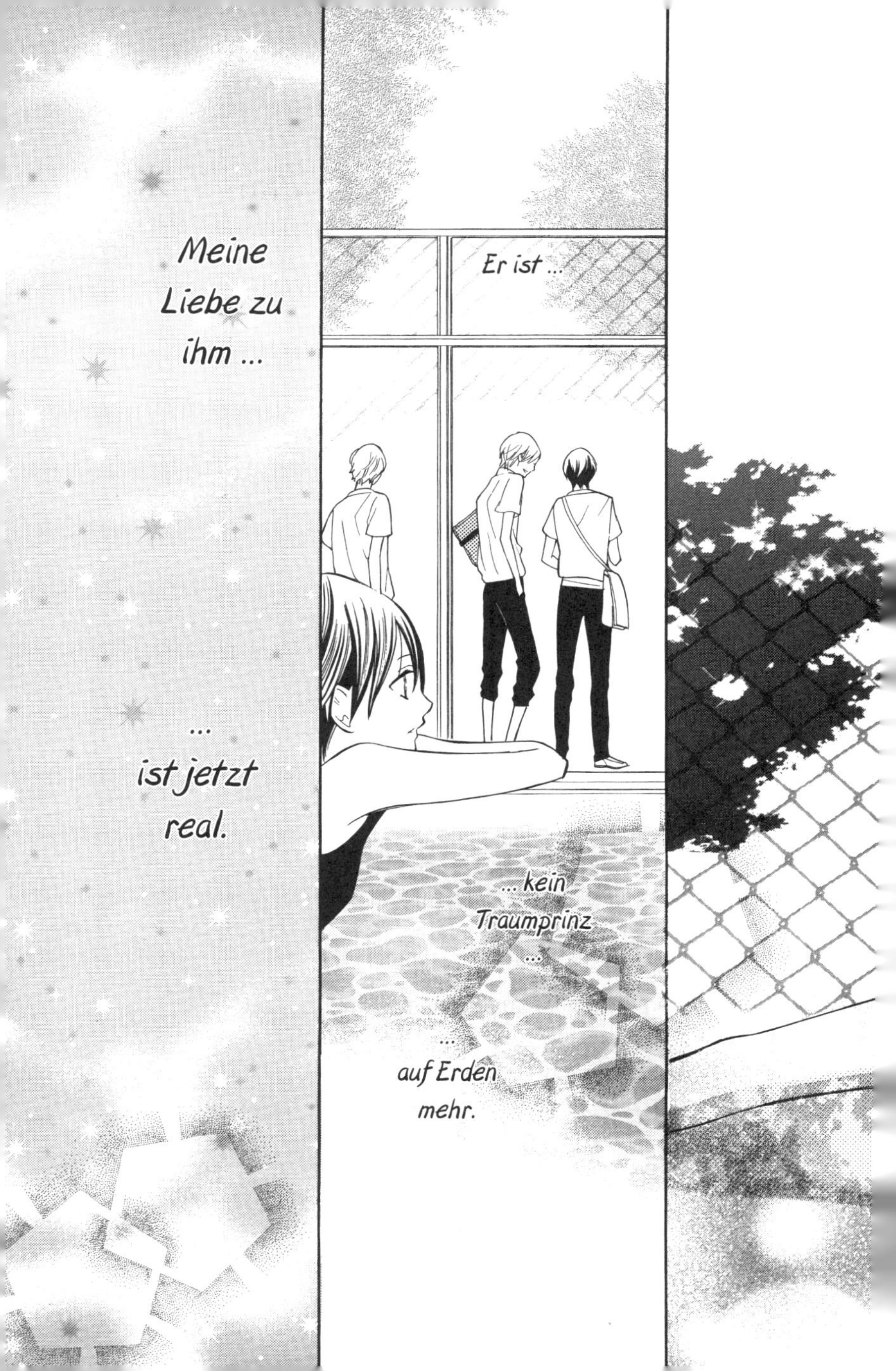
Er ist ...
... kein Traumprinz ...
... auf Erden mehr.
Meine Liebe zu ihm ...
... ist jetzt real.

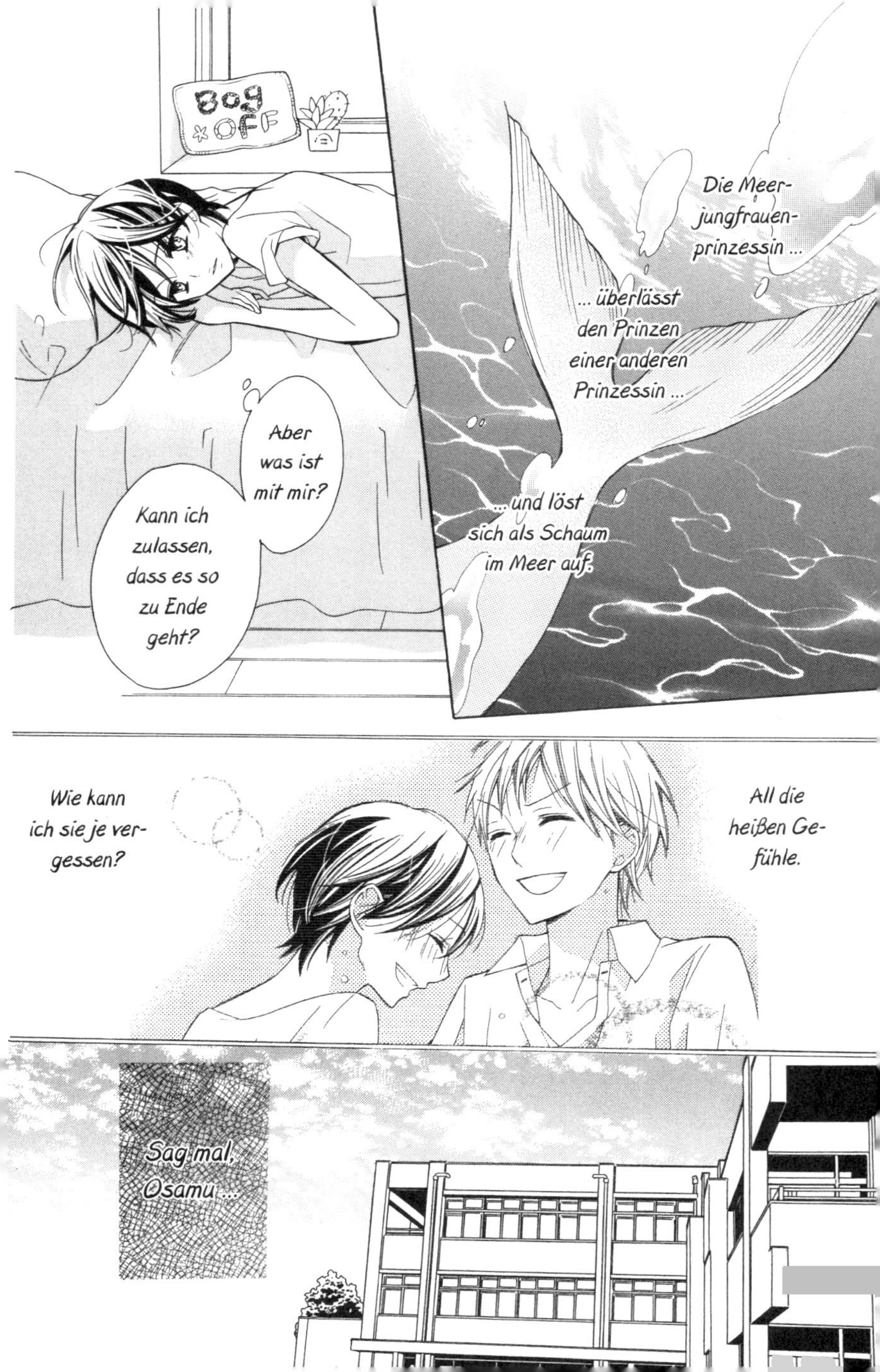
Die Meerjungfrauenprinzessin ...
... überlässt den Prinzen einer anderen Prinzessin ...
... und löst sich als Schaum im Meer auf.
Bog OFF
Aber was ist mit mir?
Kann ich zulassen, dass es so zu Ende geht?
All die heißen Gefühle.
Wie kann ich sie je vergessen?
Sag mal, Osamu ...

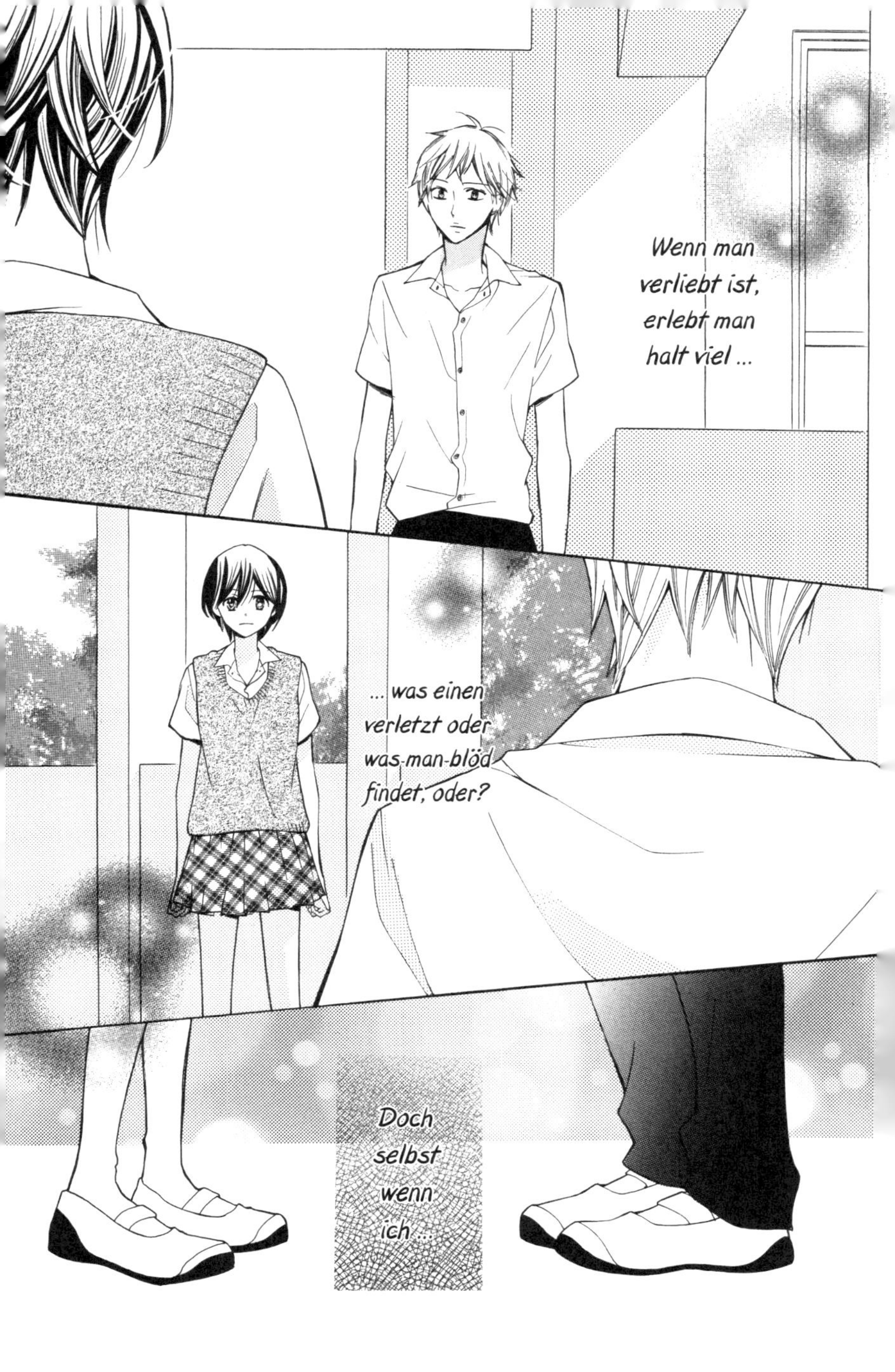
Wenn man verliebt ist, erlebt man halt viel ...
... was einen verletzt oder was man blöd findet, oder?
Doch selbst wenn ich ...

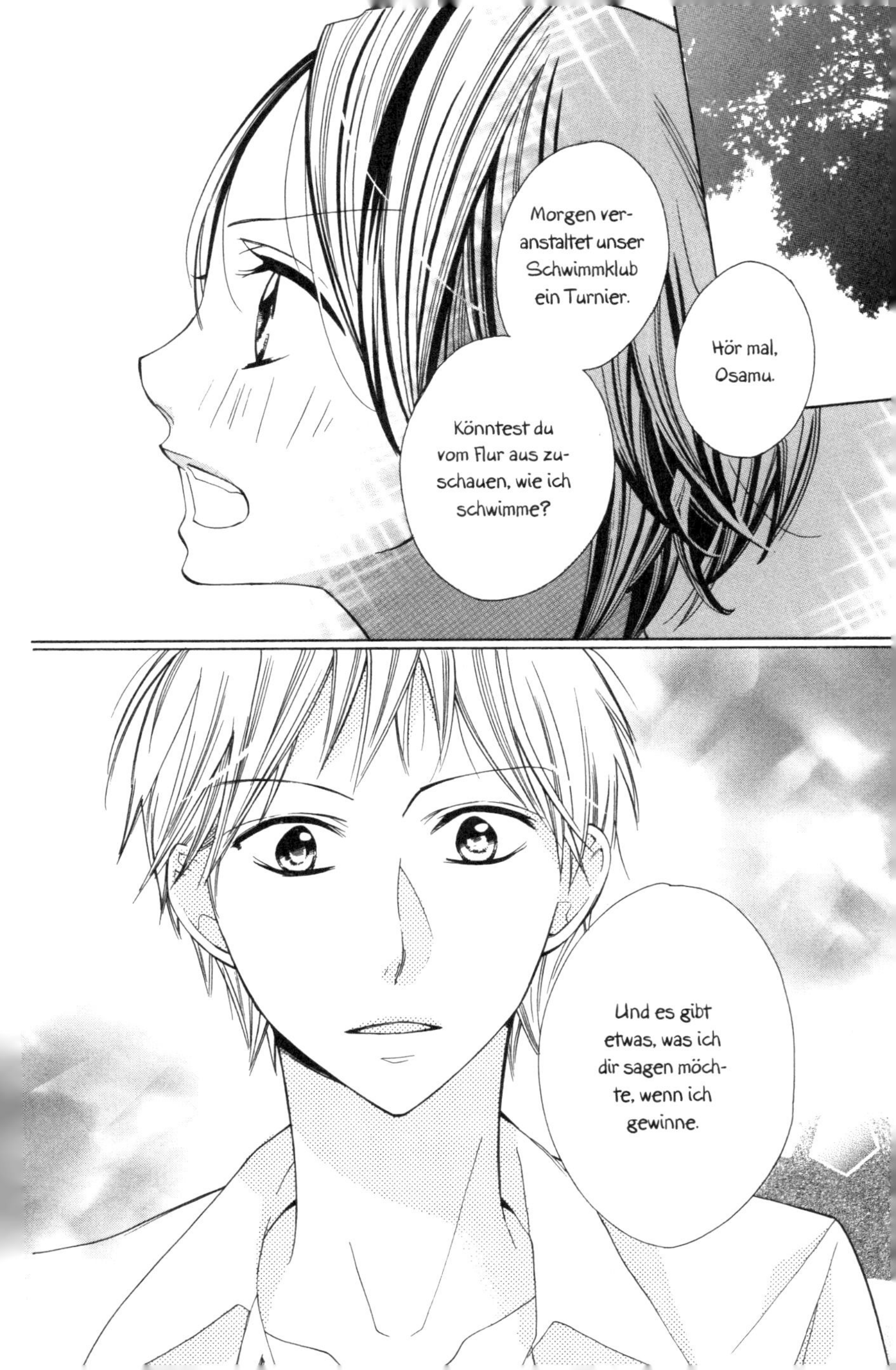
Hör mal, Osamu.
Morgen veranstaltet unser Schwimmklub ein Turnier.
Könntest du vom Flur aus zuschauen, wie ich schwimme?
Und es gibt etwas, was ich dir sagen möchte, wenn ich gewinne.

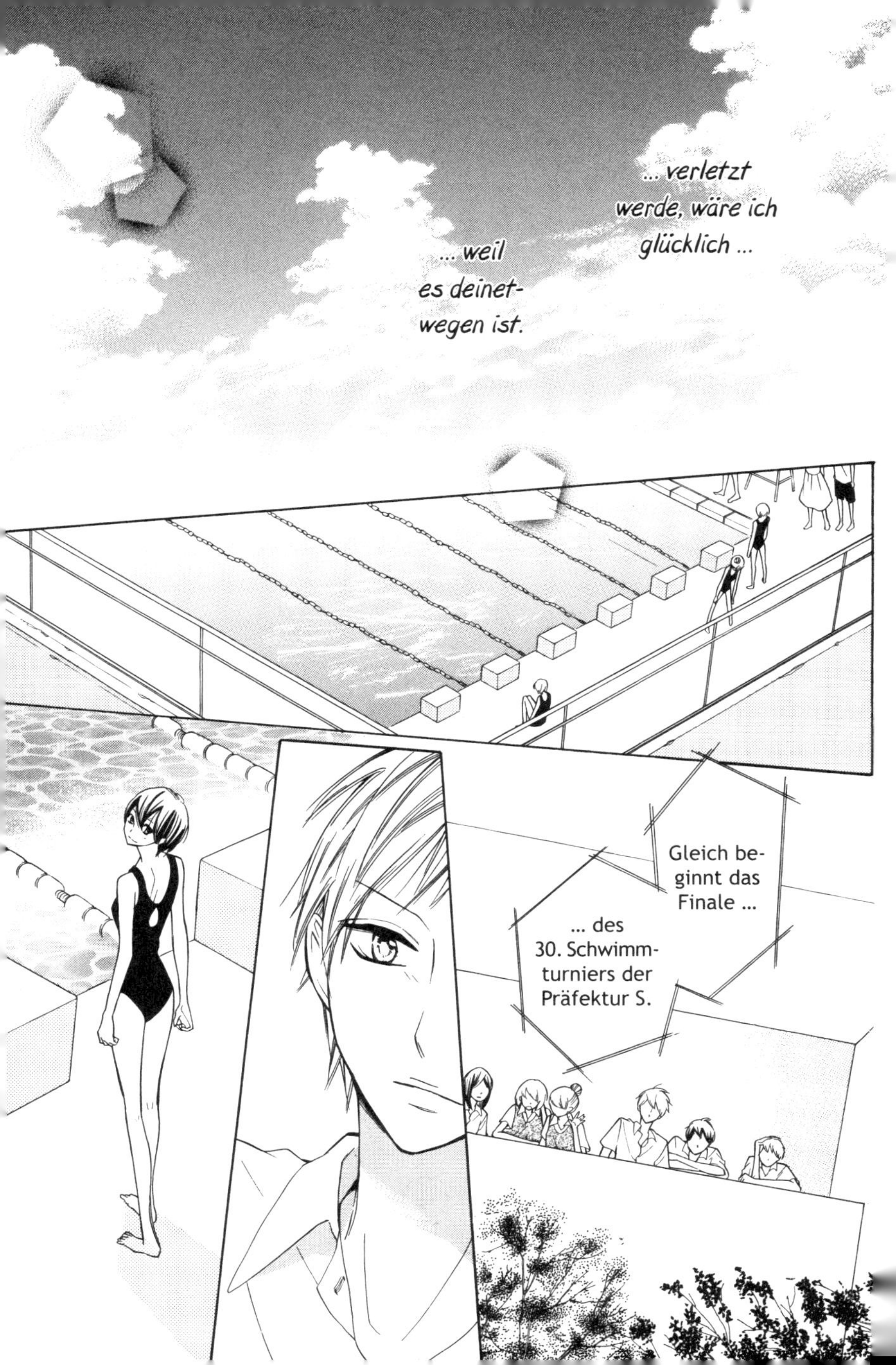
... verletzt werde, wäre ich glücklich ...
... weil es deinetwegen ist.
Gleich beginnt das Finale ...
... des 30. Schwimmturniers der Präfektur S.

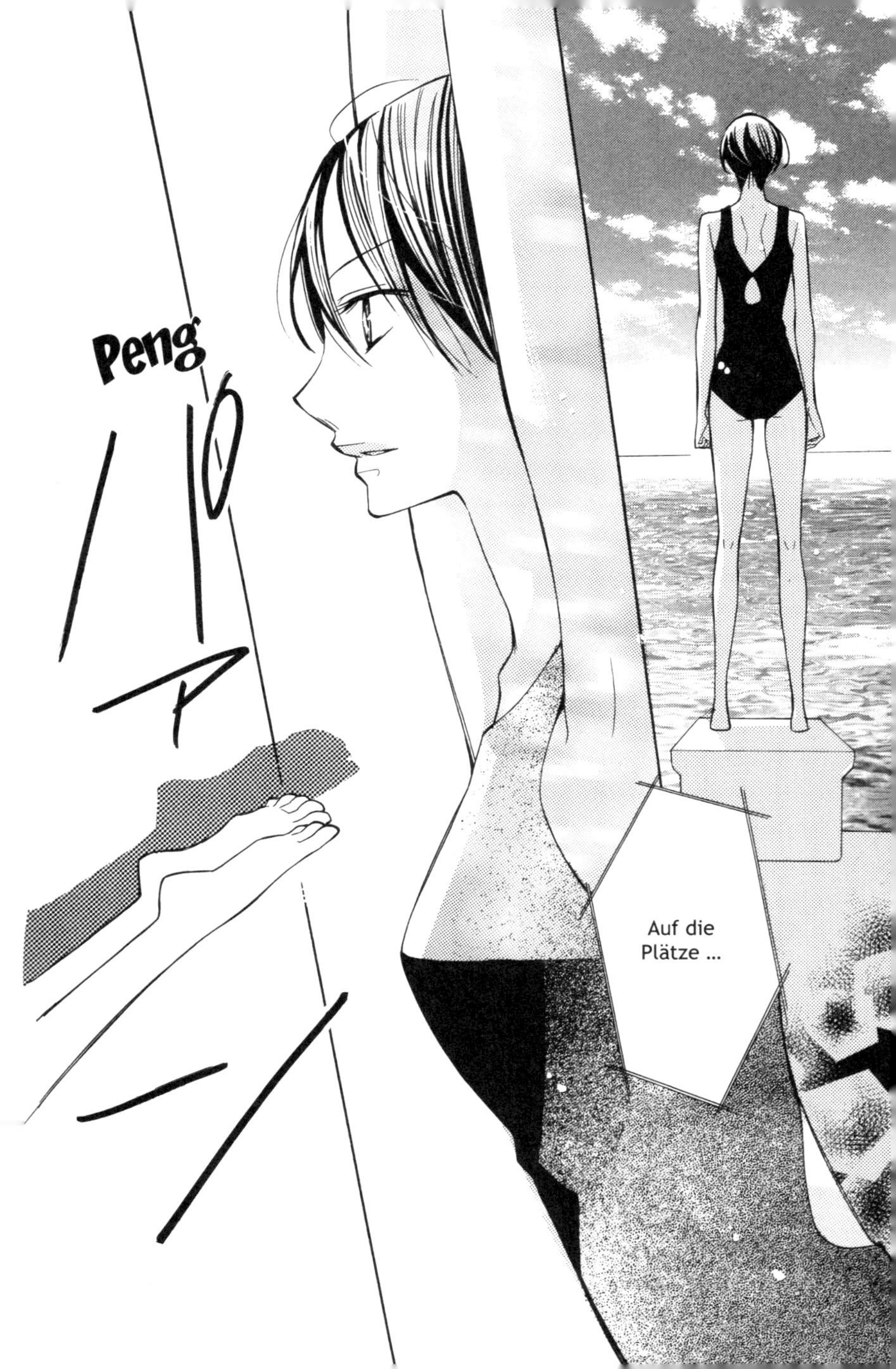
Auf die Plätze …
Peng

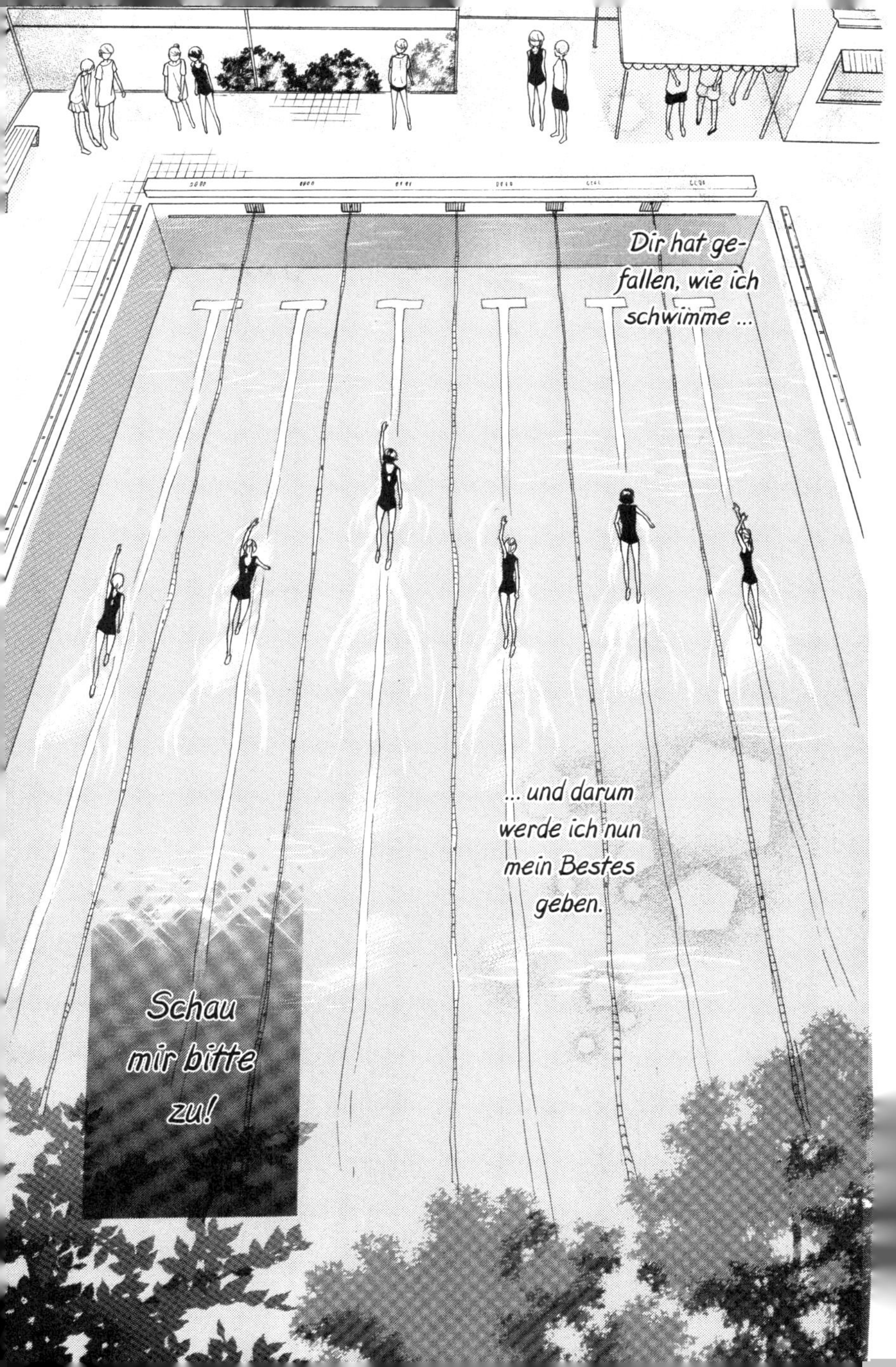
Dir hat gefallen, wie ich schwimme ...
... und darum werde ich nun mein Bestes geben.
Schau mir bitte zu!

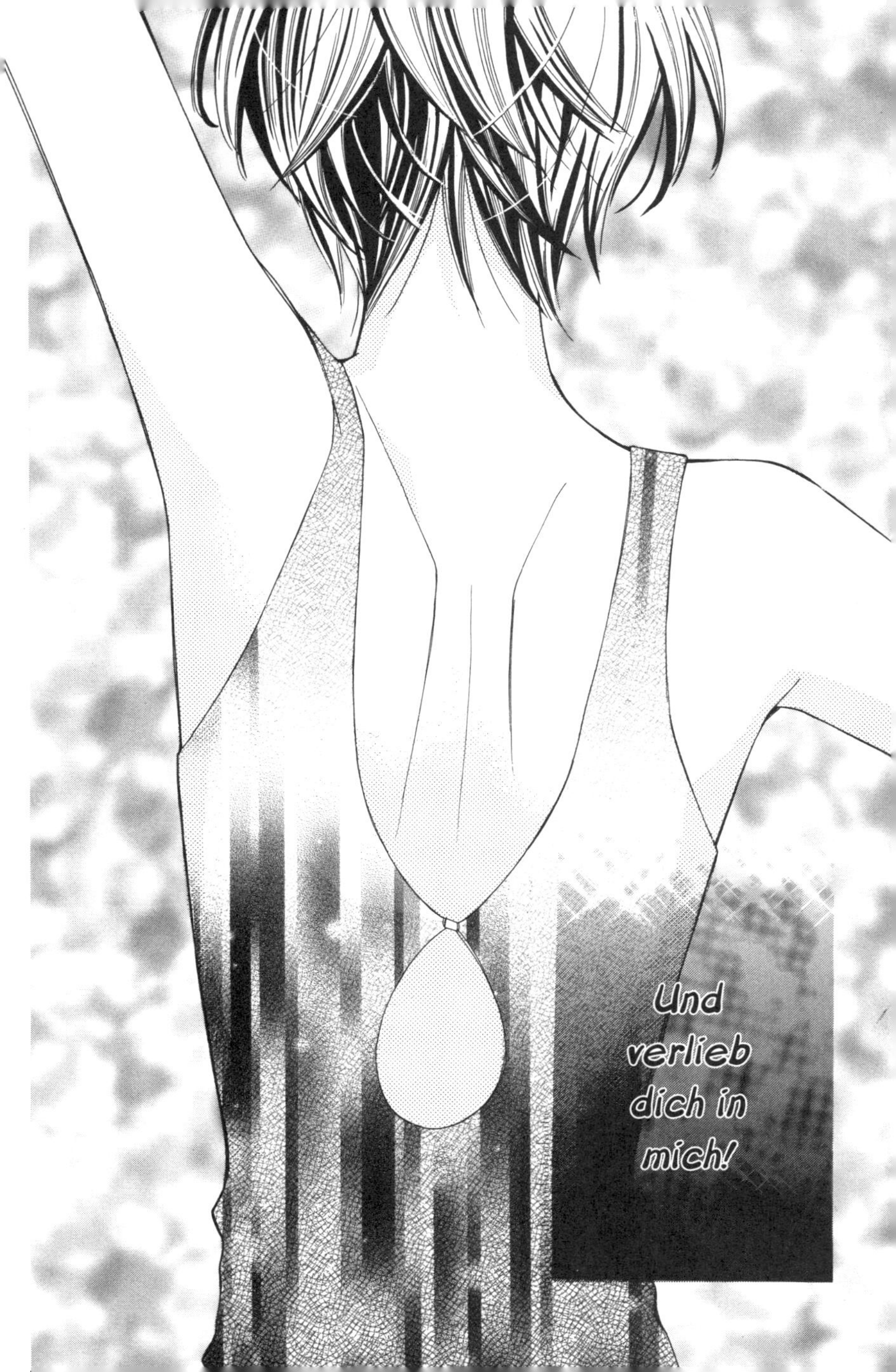
Und verlieb dich in mich!

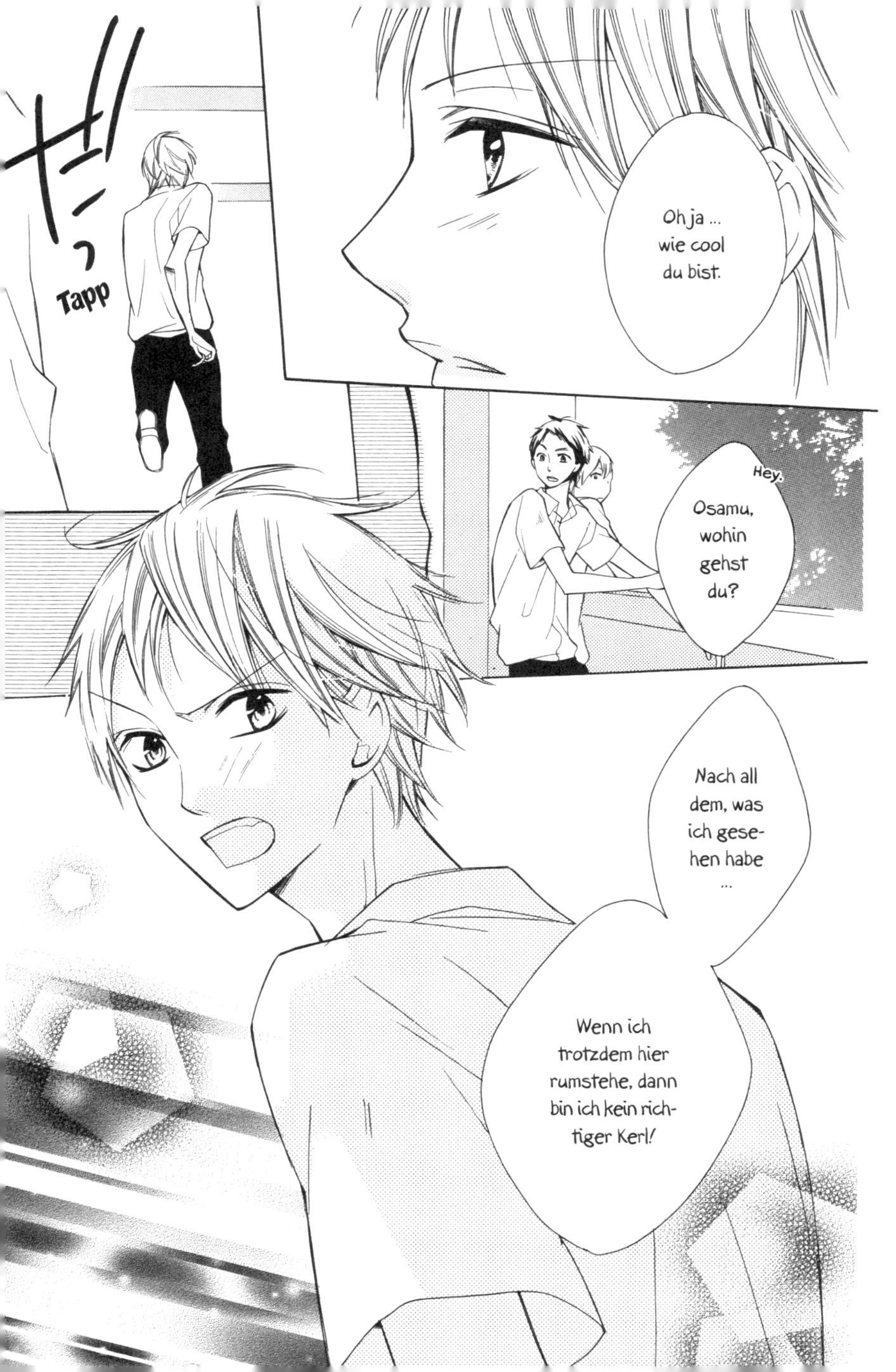

Oh ja ... wie cool du bist.
Tapp
Hey. Osamu, wohin gehst du?
Nach all dem, was ich gesehen habe ...
Wenn ich trotzdem hier rumstehe, dann bin ich kein richtiger Kerl!

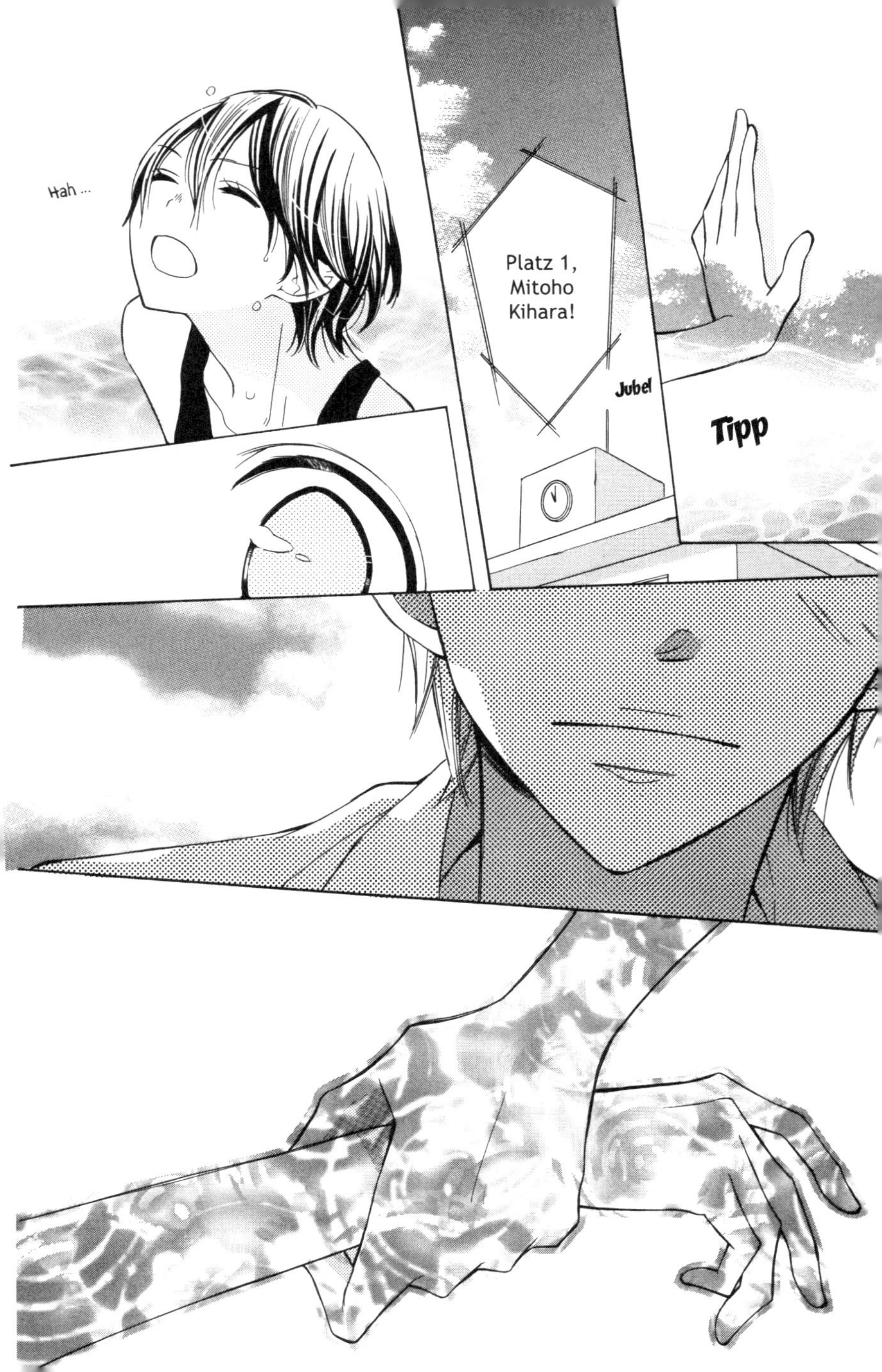

Tipp
Jubel
Platz 1, Mitoho Kihara!
Hah ...

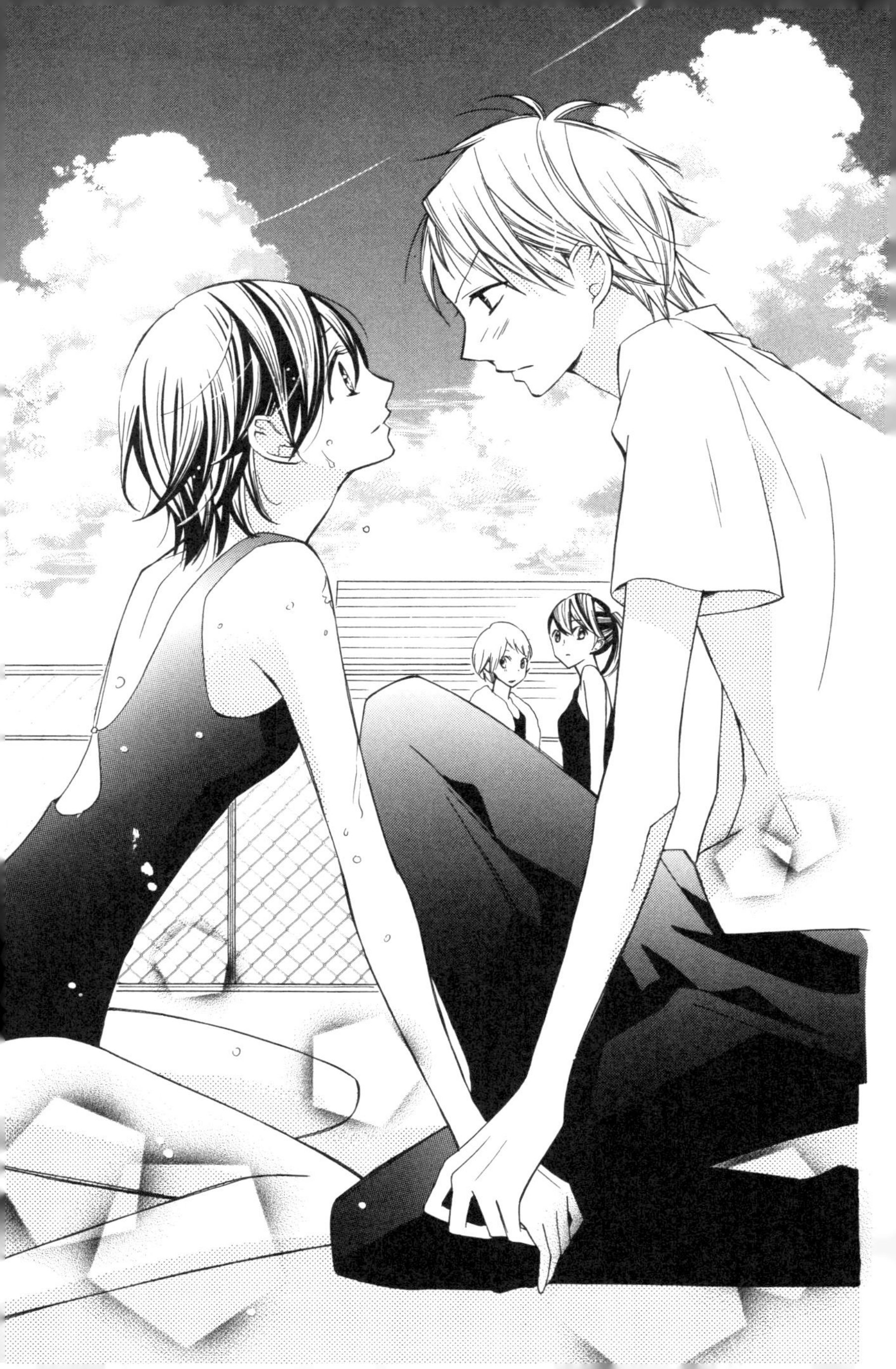

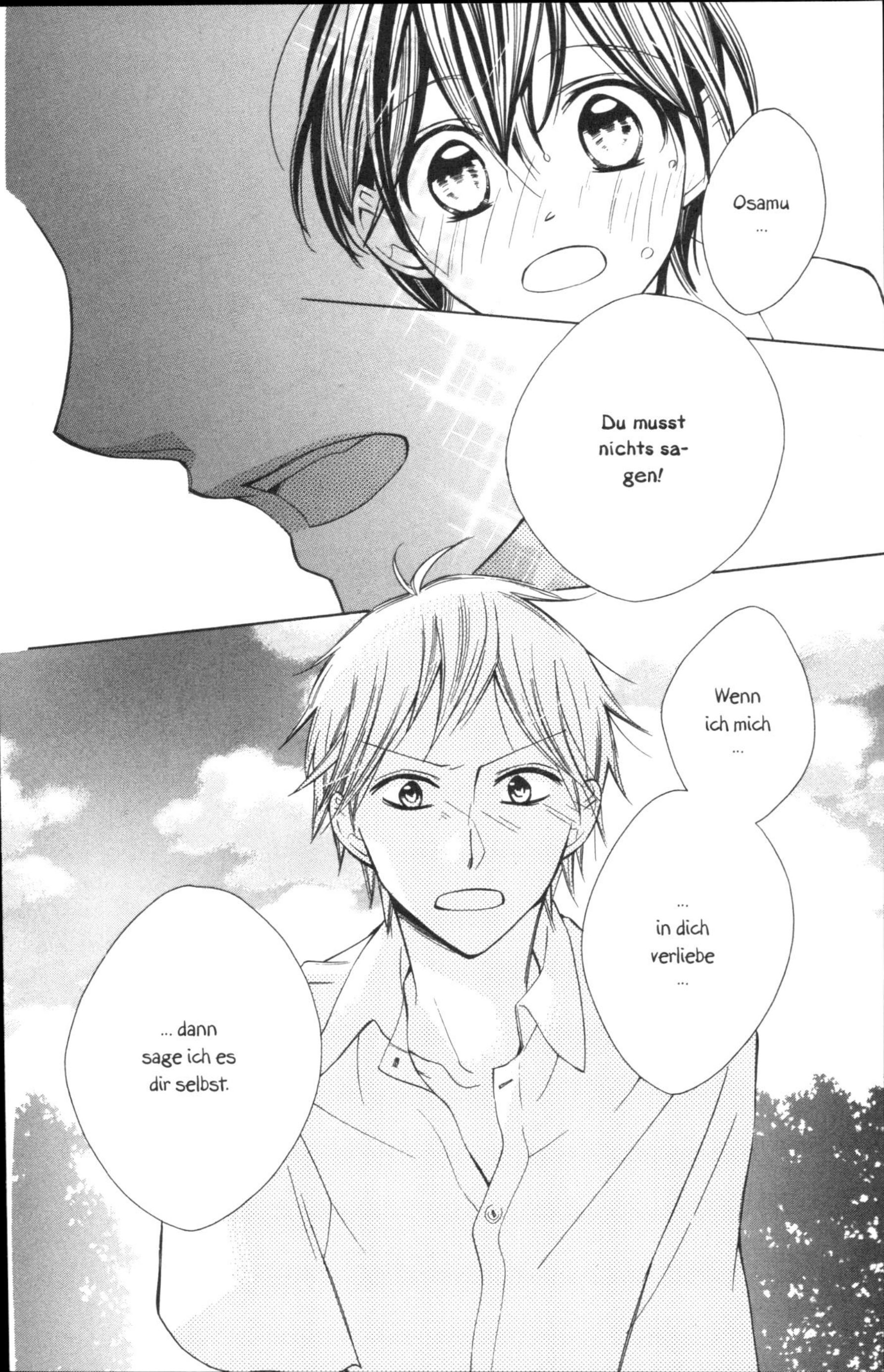
Osamu ...
Du musst nichts sagen!
Wenn ich mich ...
... in dich verliebe ...
... dann sage ich es dir selbst.

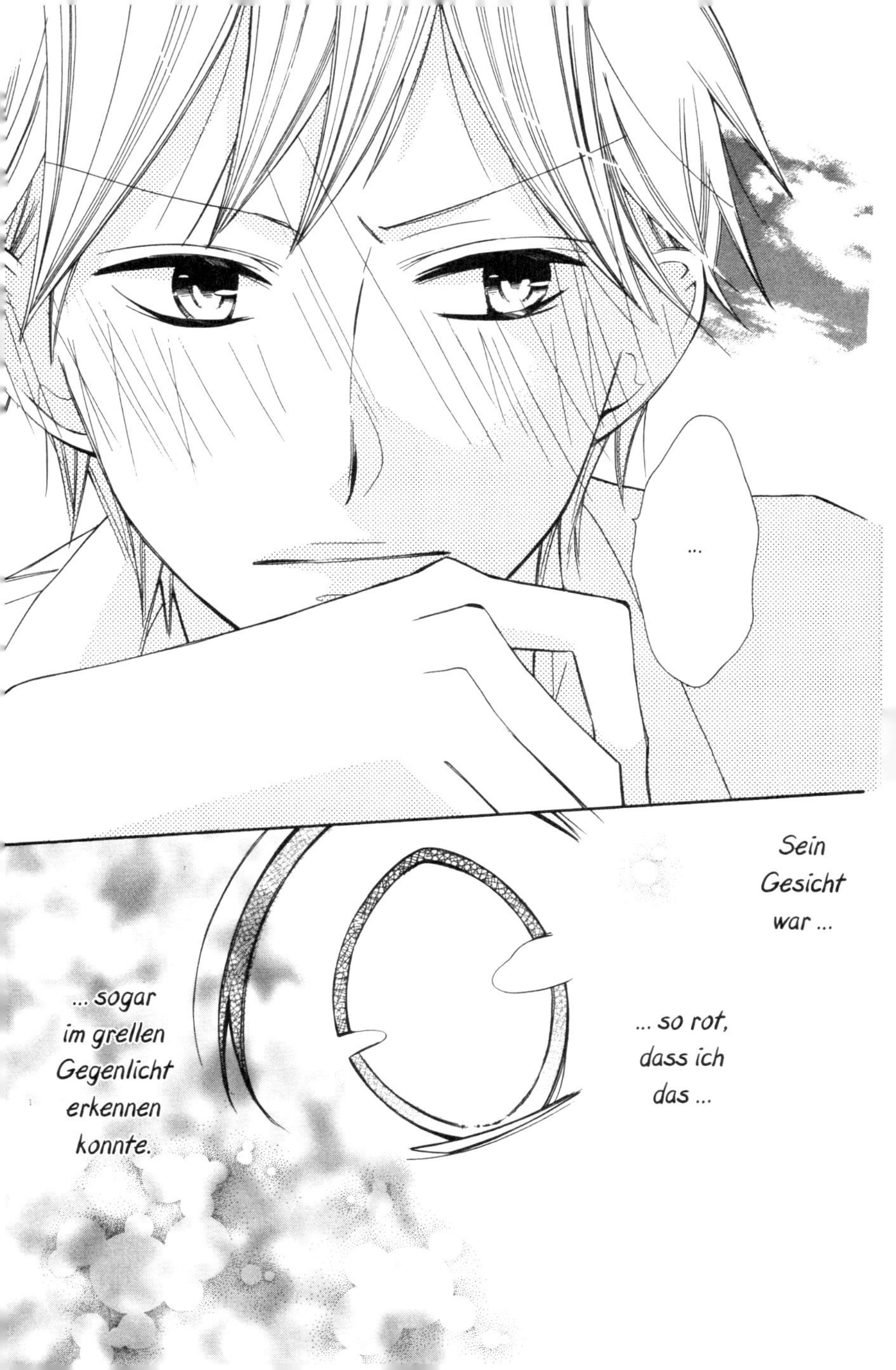
...
Sein Gesicht war ...
... so rot, dass ich das ...
... sogar im grellen Gegenlicht erkennen konnte.

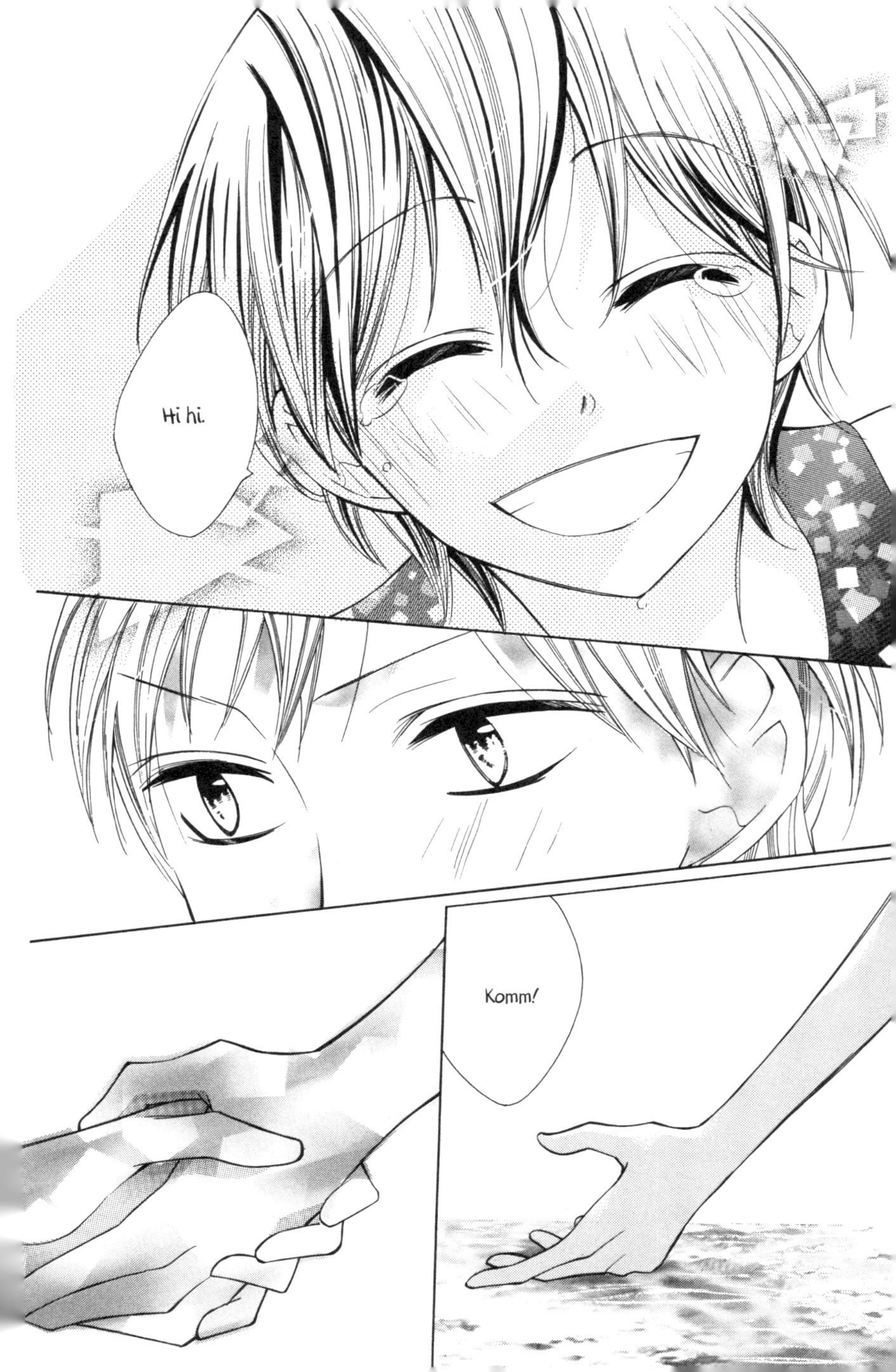
Hi hi.
Komm!

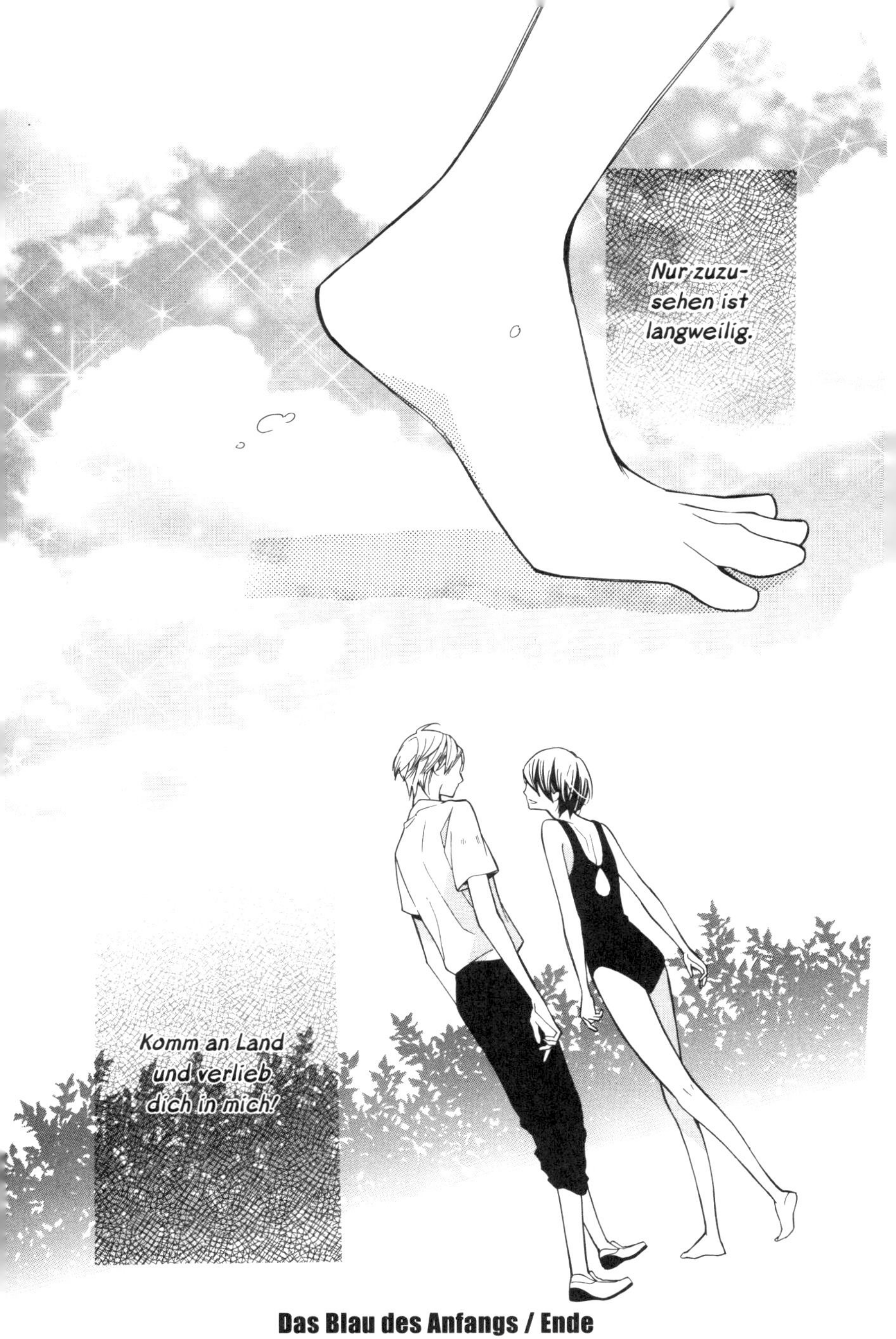

Das Blau des Anfangs / Ende

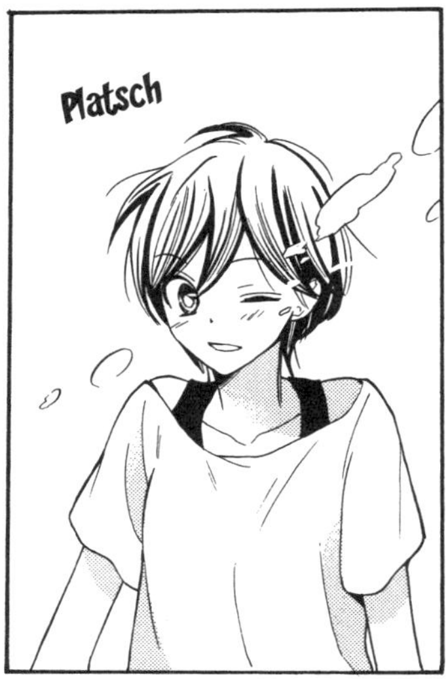
Platsch

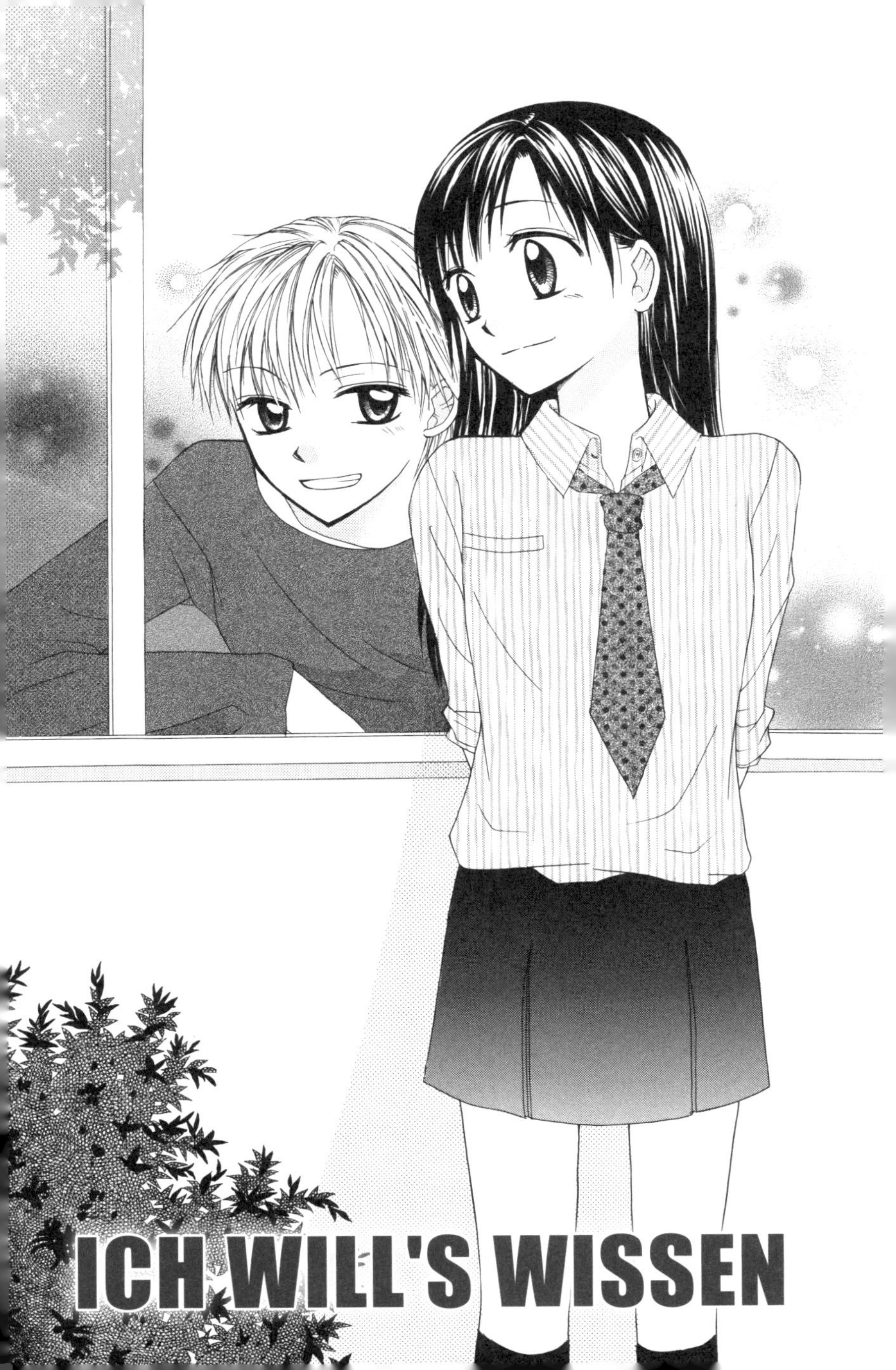
ICH WILL'S WISSEN

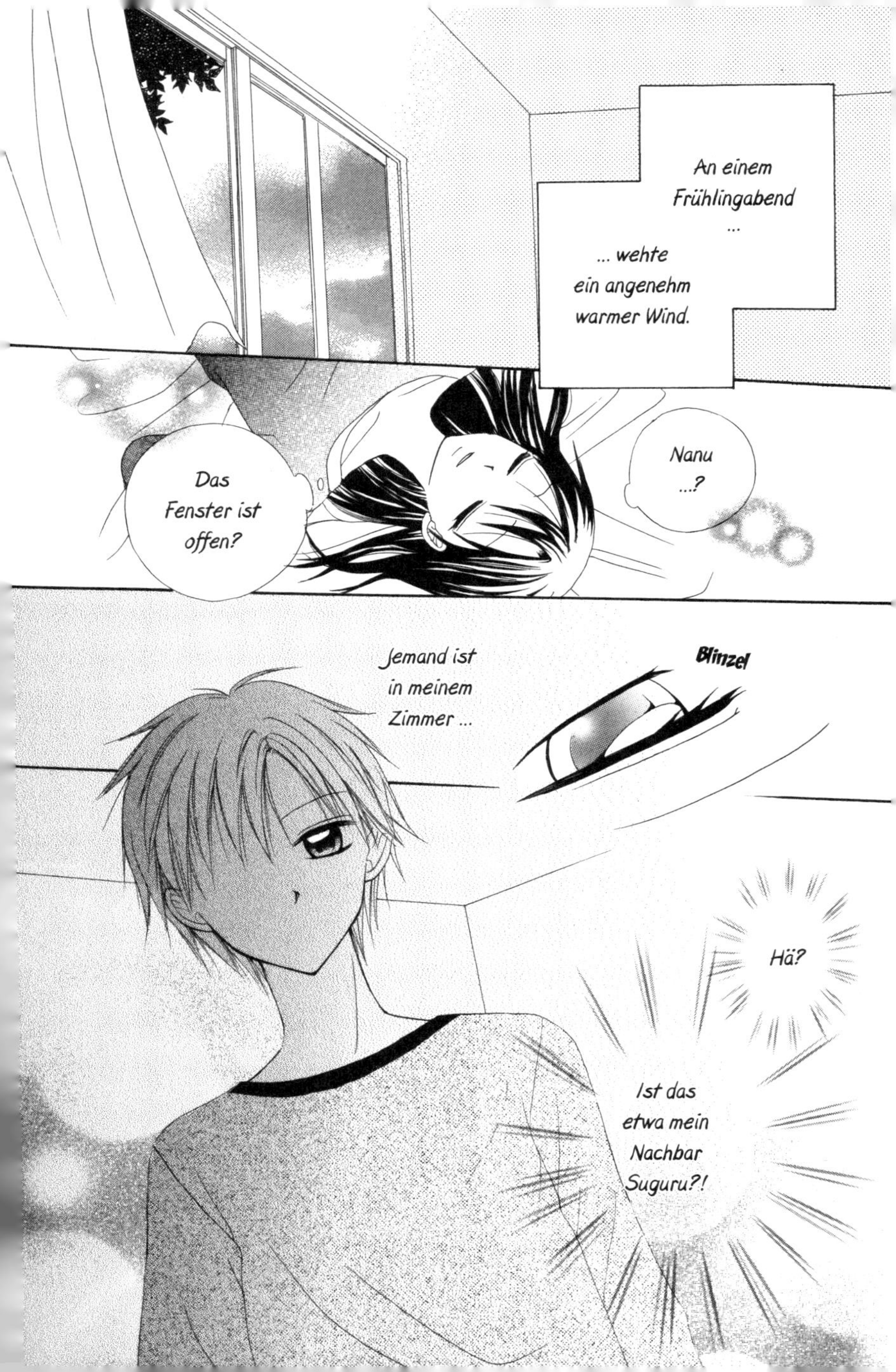
An einem Frühlingabend ...
... wehte ein angenehm warmer Wind.
Nanu ...?
Das Fenster ist offen?
Blinzel
Jemand ist in meinem Zimmer ...
Hä?
Ist das etwa mein Nachbar Suguru?!

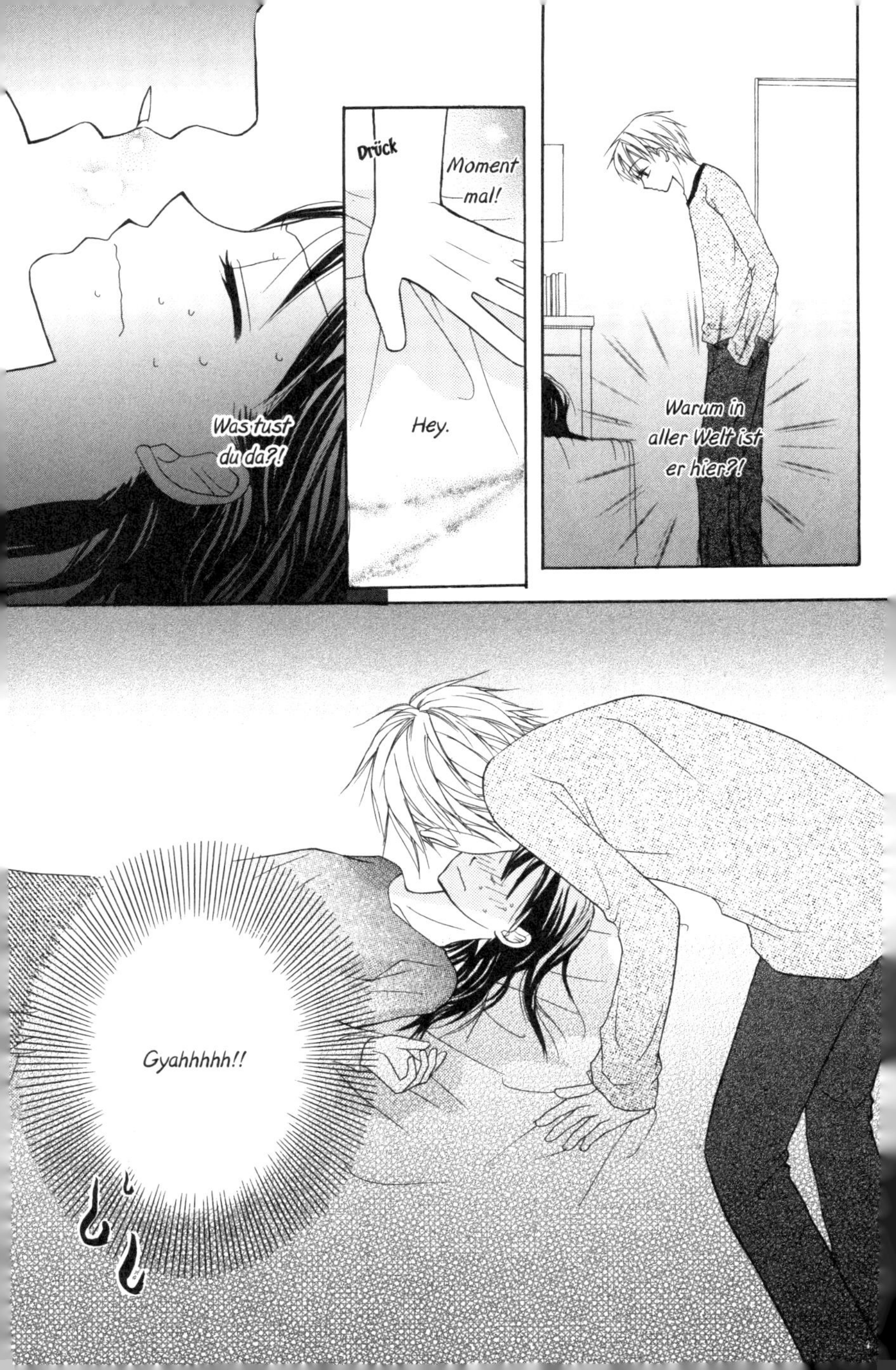
Warum in aller Welt ist er hier?!
Drück
Moment mal!
Hey.
Was tust du da?!
Gyahhhhh!!

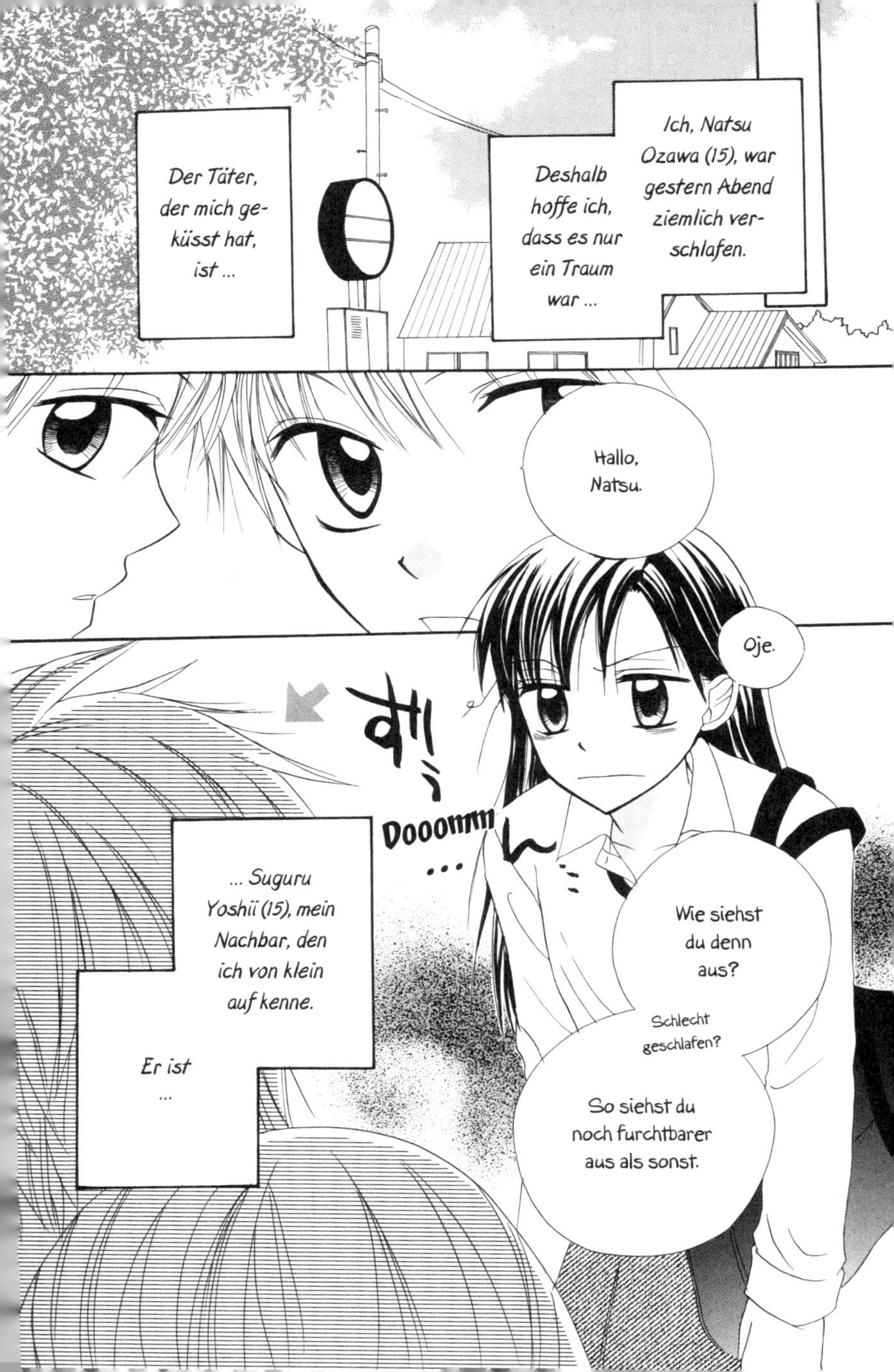
Ich, Natsu Ozawa (15), war gestern Abend ziemlich verschlafen.
Deshalb hoffe ich, dass es nur ein Traum war ...
Der Täter, der mich geküsst hat, ist ...
Hallo, Natsu.
Oje.
Dooonnn ...
... Suguru Yoshii (15), mein Nachbar, den ich von klein auf kenne.
Er ist ...
Wie siehst du denn aus?
Schlecht geschlafen?
So siehst du noch furchtbarer aus als sonst.

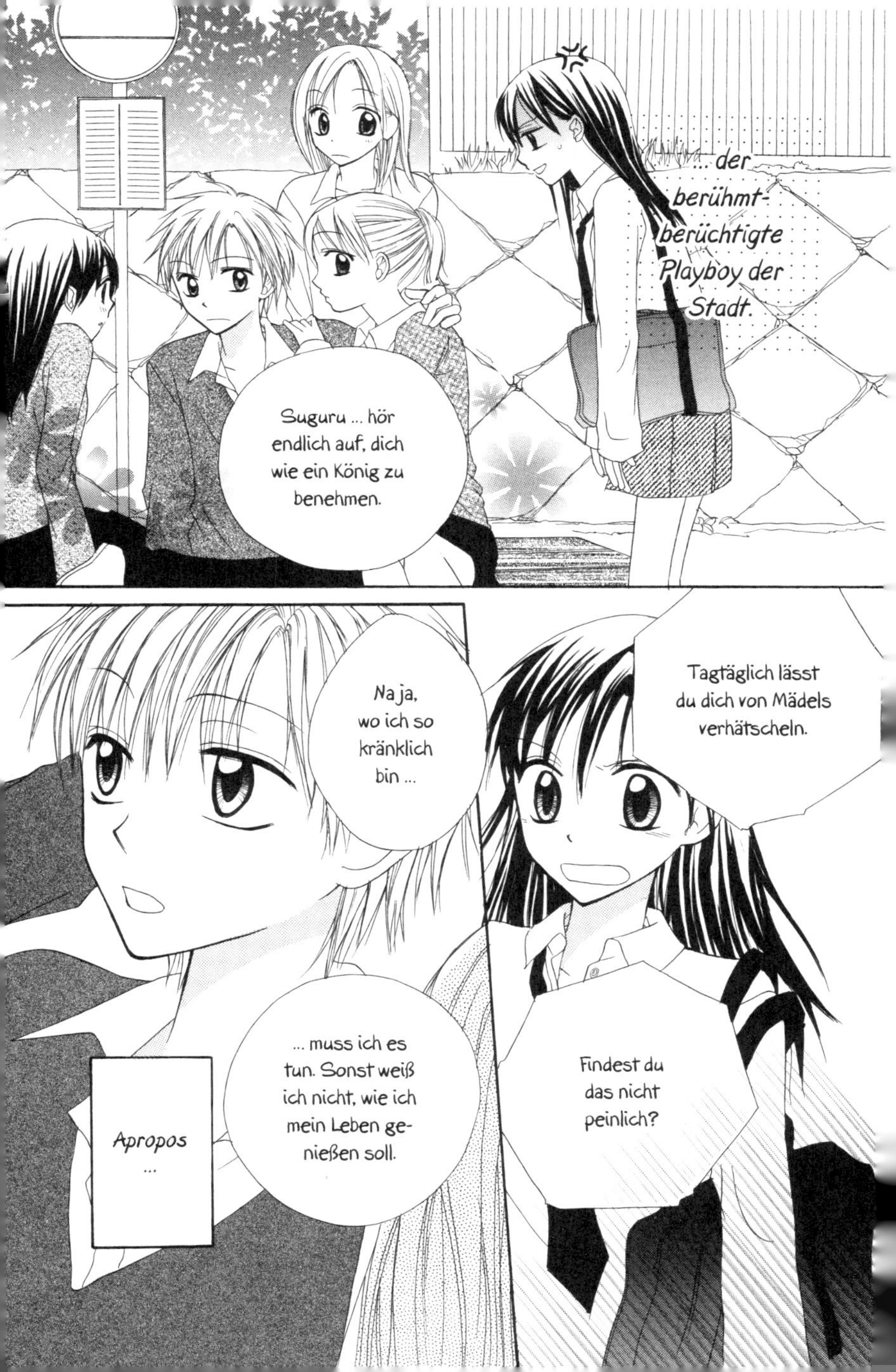
... der berühmt-berüchtigte Playboy der Stadt.
Suguru ... hör endlich auf, dich wie ein König zu benehmen.
Tagtäglich lässt du dich von Mädels verhätscheln.
Findest du das nicht peinlich?
Na ja, wo ich so kränklich bin ...
... muss ich es tun. Sonst weiß ich nicht, wie ich mein Leben genießen soll.
Apropos ...

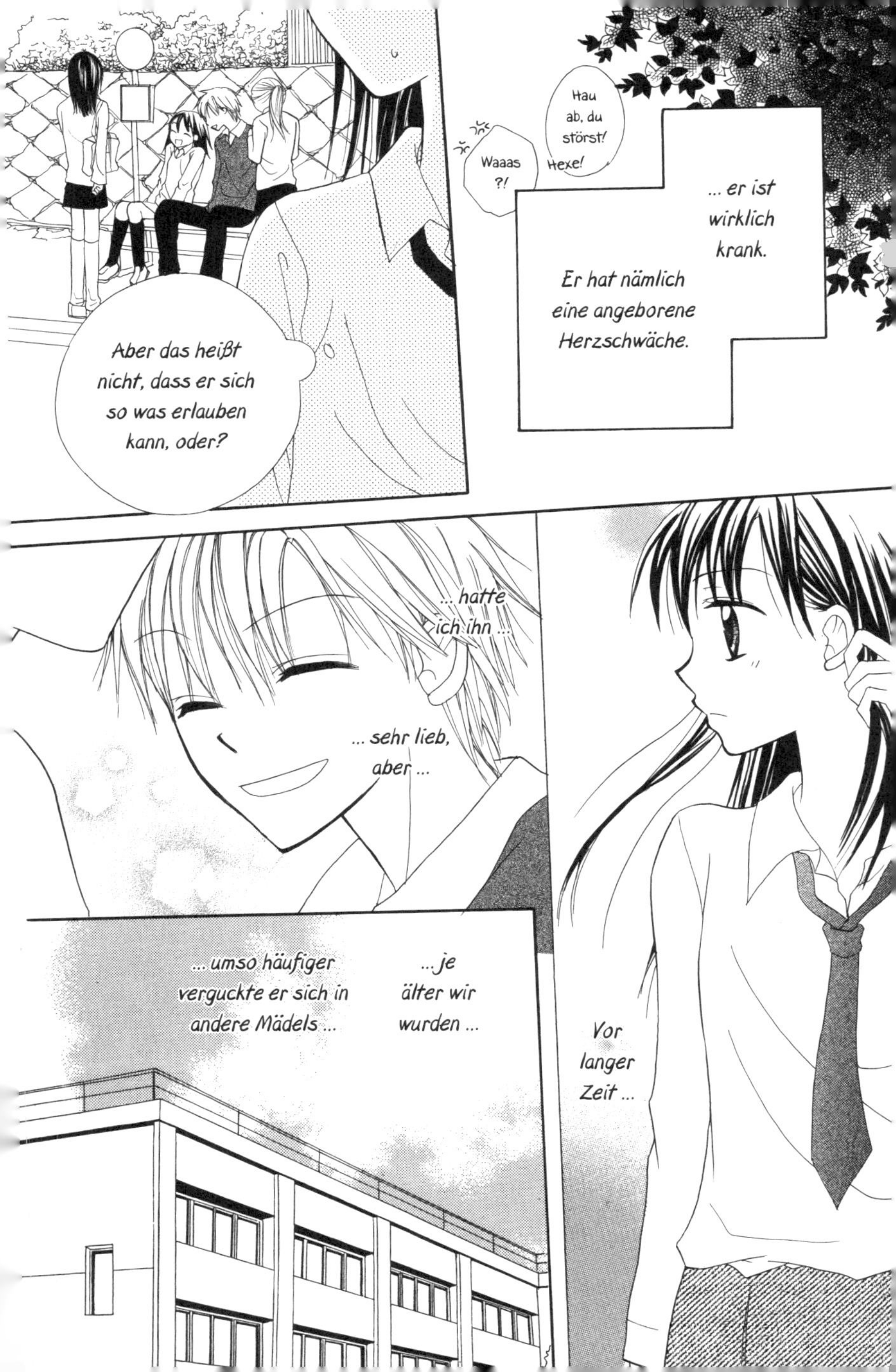
... er ist wirklich krank.
Er hat nämlich eine angeborene Herzschwäche.
Hau ab, du störst!
Waaas ?!
Hexe!
Aber das heißt nicht, dass er sich so was erlauben kann, oder?
Vor langer Zeit ...
... hatte ich ihn ...
... sehr lieb, aber ...
... je älter wir wurden ...
... umso häufiger verguckte er sich in andere Mädels ...

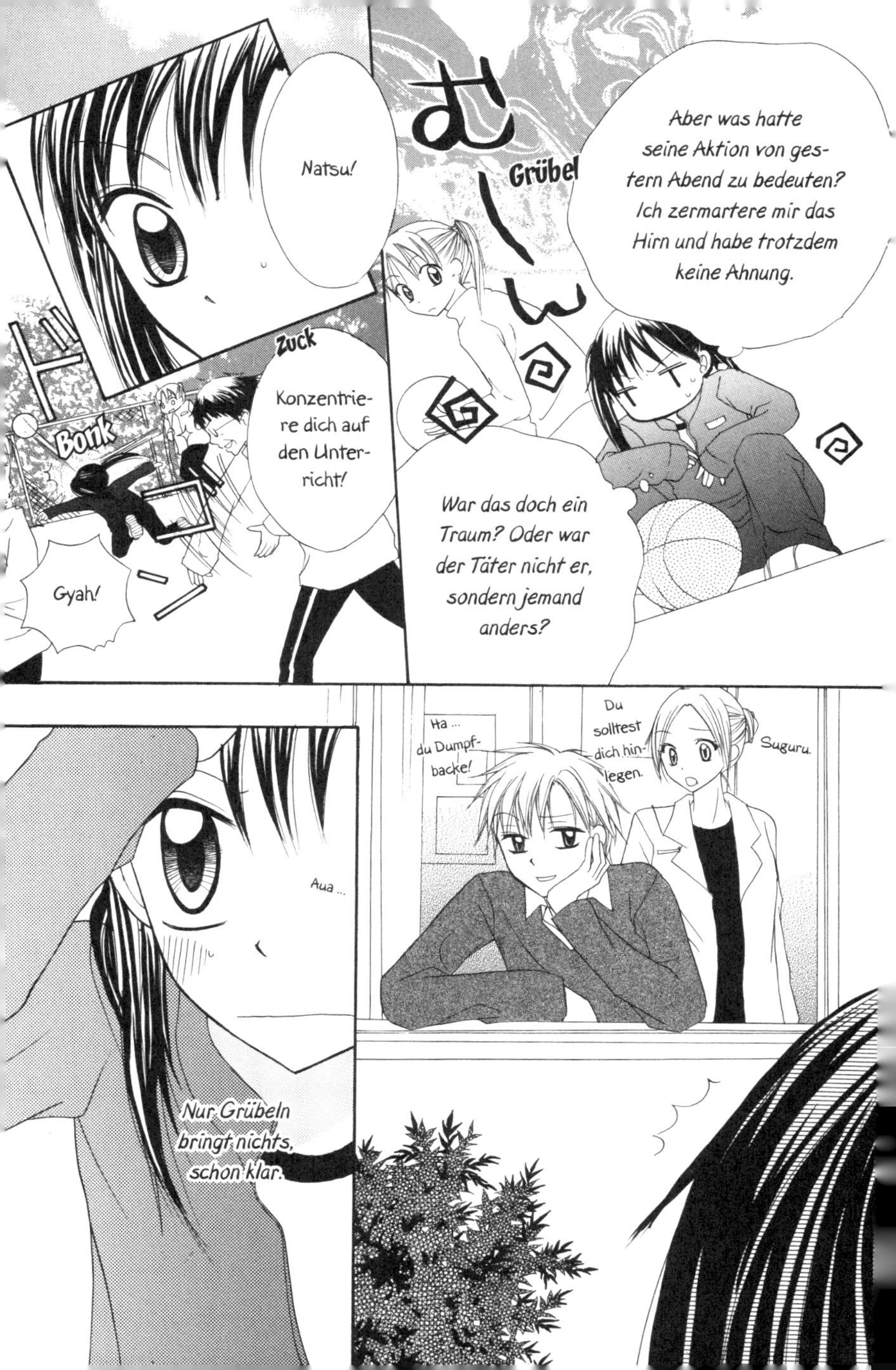

Aber was hatte seine Aktion von gestern Abend zu bedeuten? Ich zermartere mir das Hirn und habe trotzdem keine Ahnung.
Grübel
War das doch ein Traum? Oder war der Täter nicht er, sondern jemand anders?
Natsu!
Zuck
Konzentriere dich auf den Unterricht!
Bonk
Gyah!
Suguru.
Du solltest dich hinlegen.
Ha … du Dumpfbacke!
Aua …
Nur Grübeln bringt nichts, schon klar.

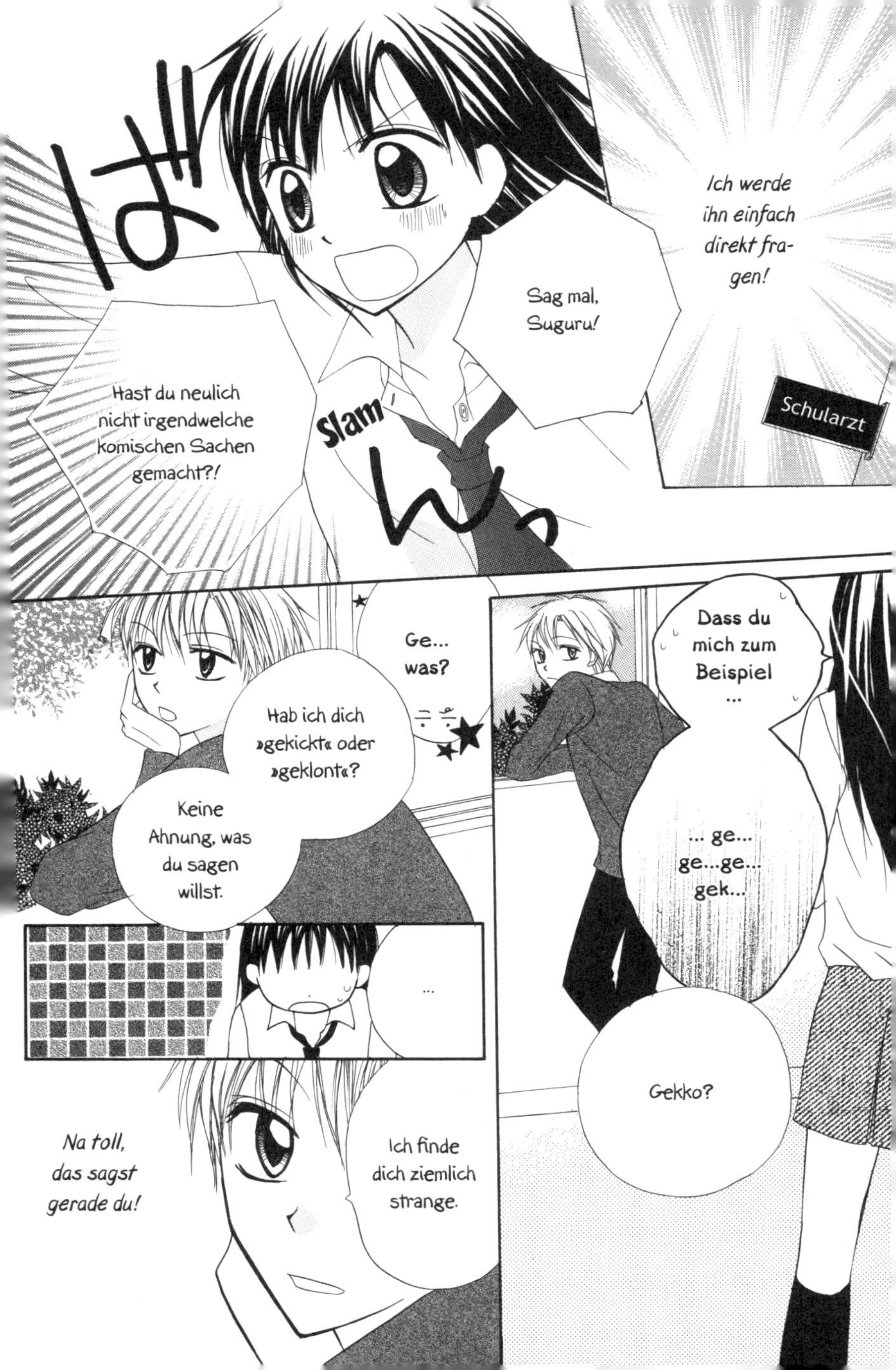
Ich werde ihn einfach direkt fragen!
Schularzt
Sag mal, Suguru!
Hast du neulich nicht irgendwelche komischen Sachen gemacht?!
Slam
Dass du mich zum Beispiel ...
... ge... ge...ge... gek...
Gekko?
Ge... was?
Hab ich dich »gekickt« oder »geklont«?
Keine Ahnung, was du sagen willst.
...
Ich finde dich ziemlich strange.
Na toll, das sagst gerade du!

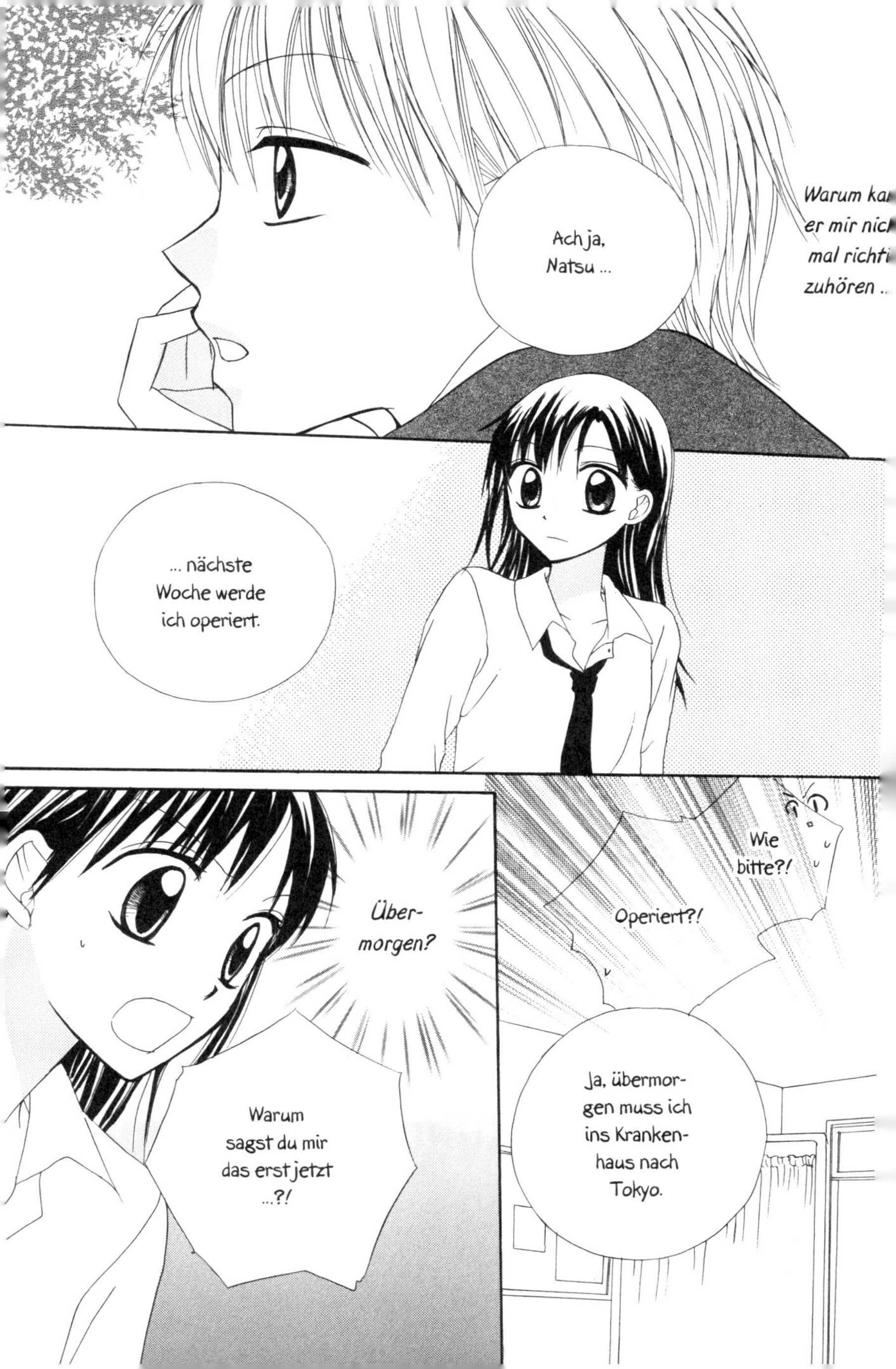
Warum ka
er mir nic
mal richti
zuhören ..
Ach ja, Natsu ...
... nächste Woche werde ich operiert.
Wie bitte?!
Operiert?!
Ja, übermorgen muss ich ins Krankenhaus nach Tokyo.
Übermorgen?
Warum sagst du mir das erst jetzt ...?!

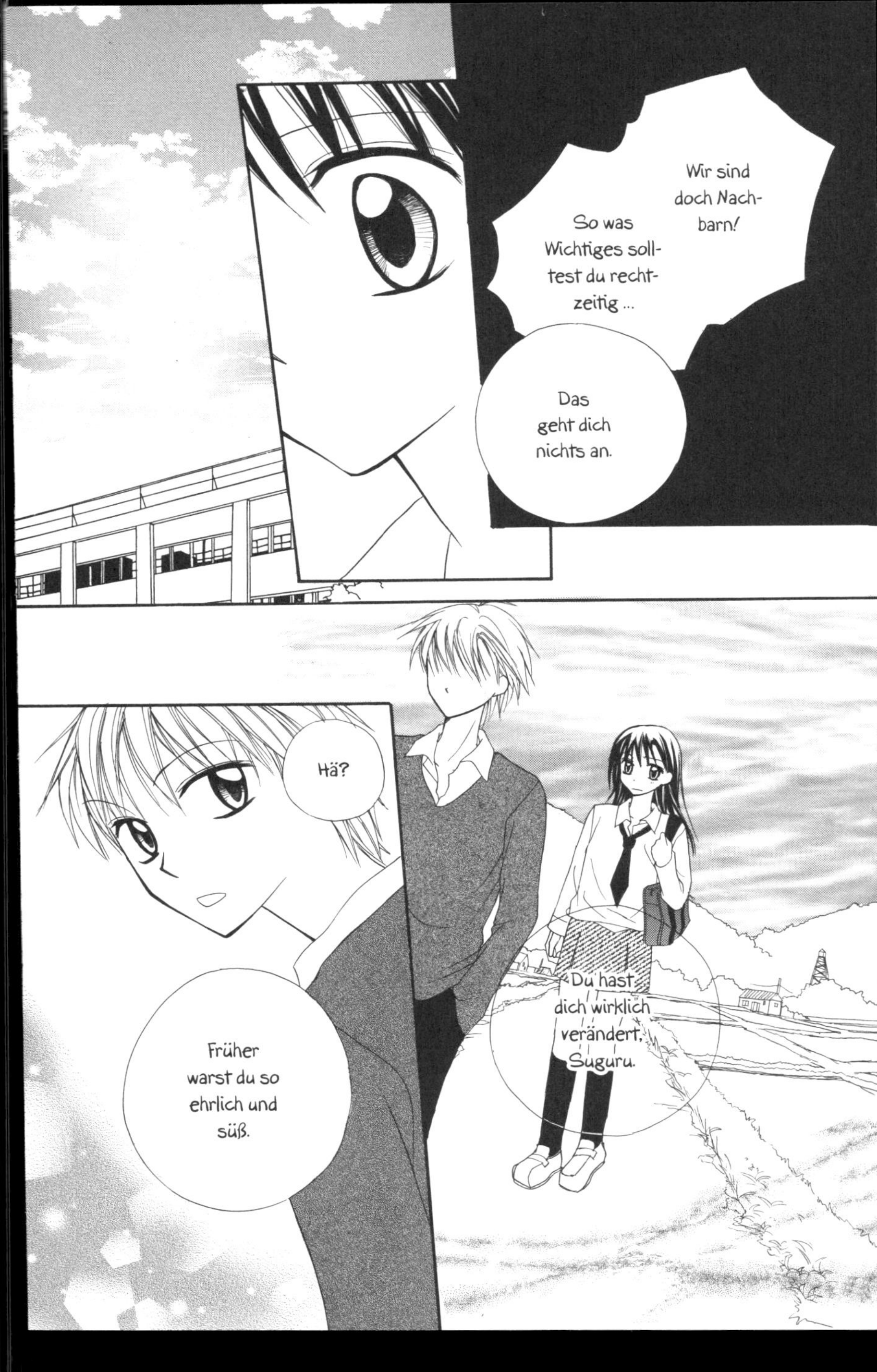
Wir sind doch Nachbarn!
So was Wichtiges solltest du rechtzeitig ...
Das geht dich nichts an.
Du hast dich wirklich verändert, Suguru.
Hä?
Früher warst du so ehrlich und süß.

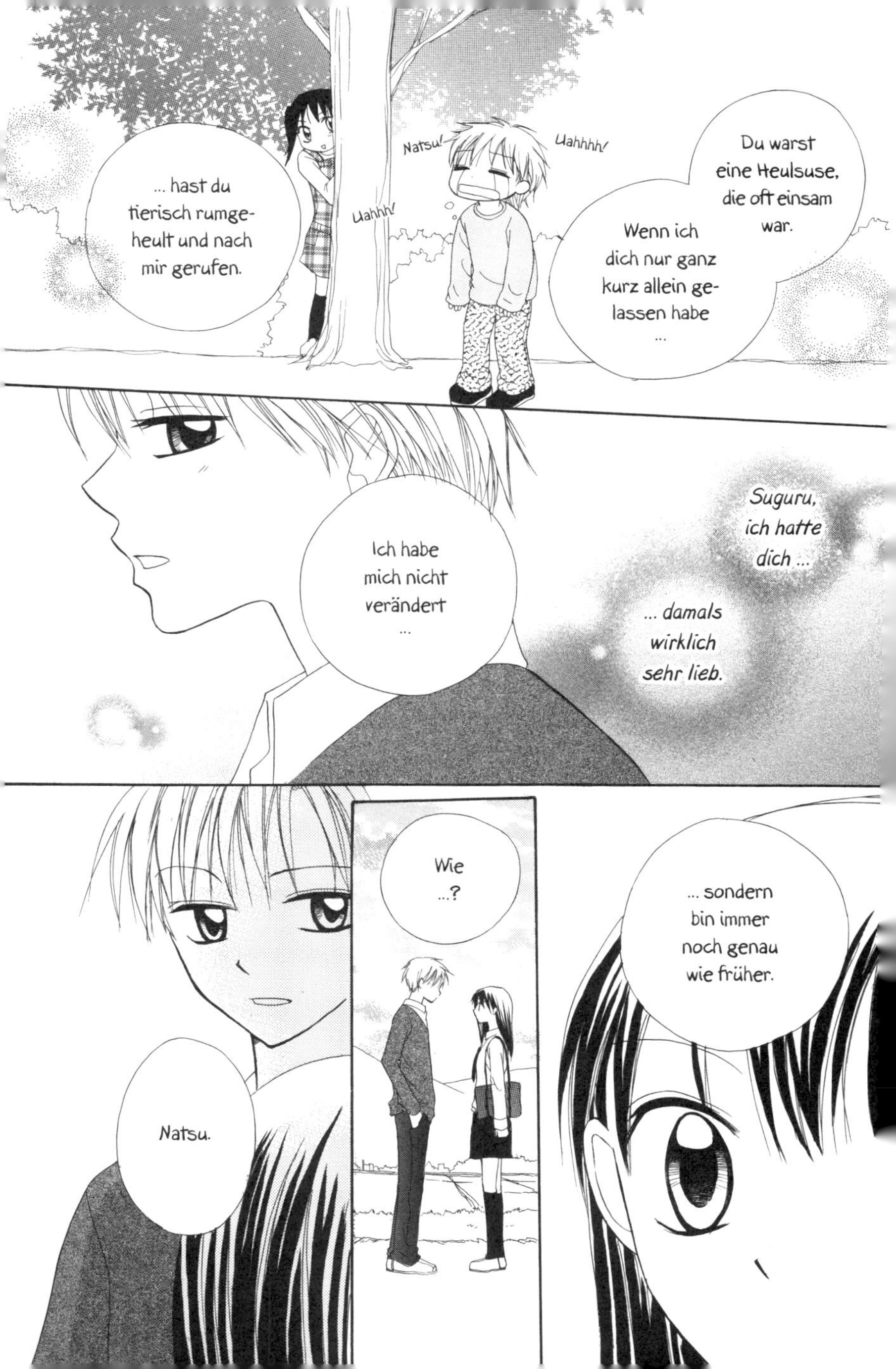
Du warst eine Heulsuse, die oft einsam war.
Wenn ich dich nur ganz kurz allein gelassen habe ...
Uahhhh!
Natsu!
Uahhh!
... hast du tierisch rumgeheult und nach mir gerufen.
Suguru, ich hatte dich ...
... damals wirklich sehr lieb.
Ich habe mich nicht verändert ...
... sondern bin immer noch genau wie früher.
Wie ...?
Natsu.

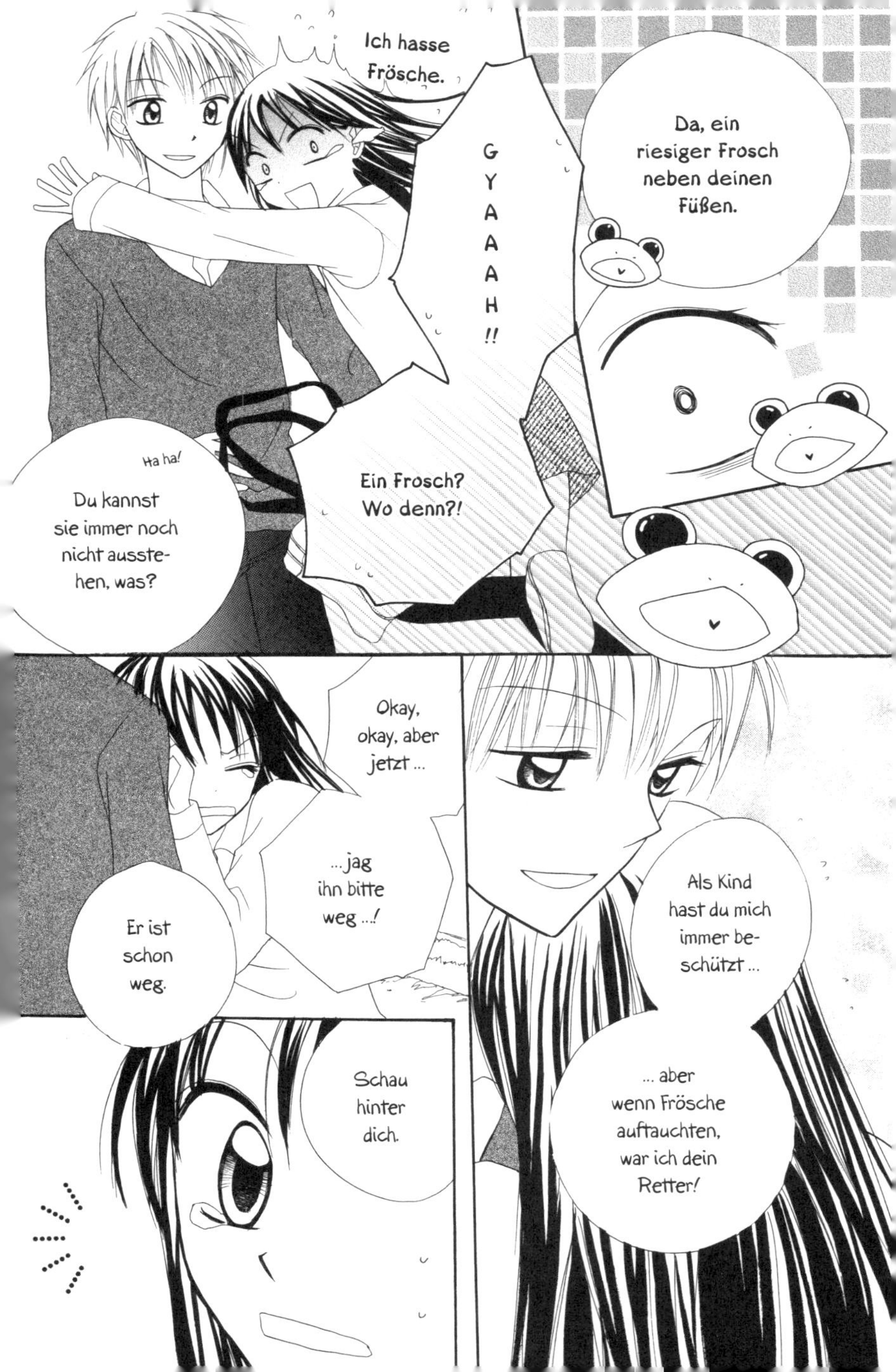
Da, ein riesiger Frosch neben deinen Füßen.
Ein Frosch? Wo denn?!
GYAAAAH!!
Ich hasse Frösche.
Ha ha!
Du kannst sie immer noch nicht ausstehen, was?
Als Kind hast du mich immer beschützt ...
... aber wenn Frösche auftauchten, war ich dein Retter!
Okay, okay, aber jetzt ...
...jag ihn bitte weg ...!
Er ist schon weg.
Schau hinter dich.

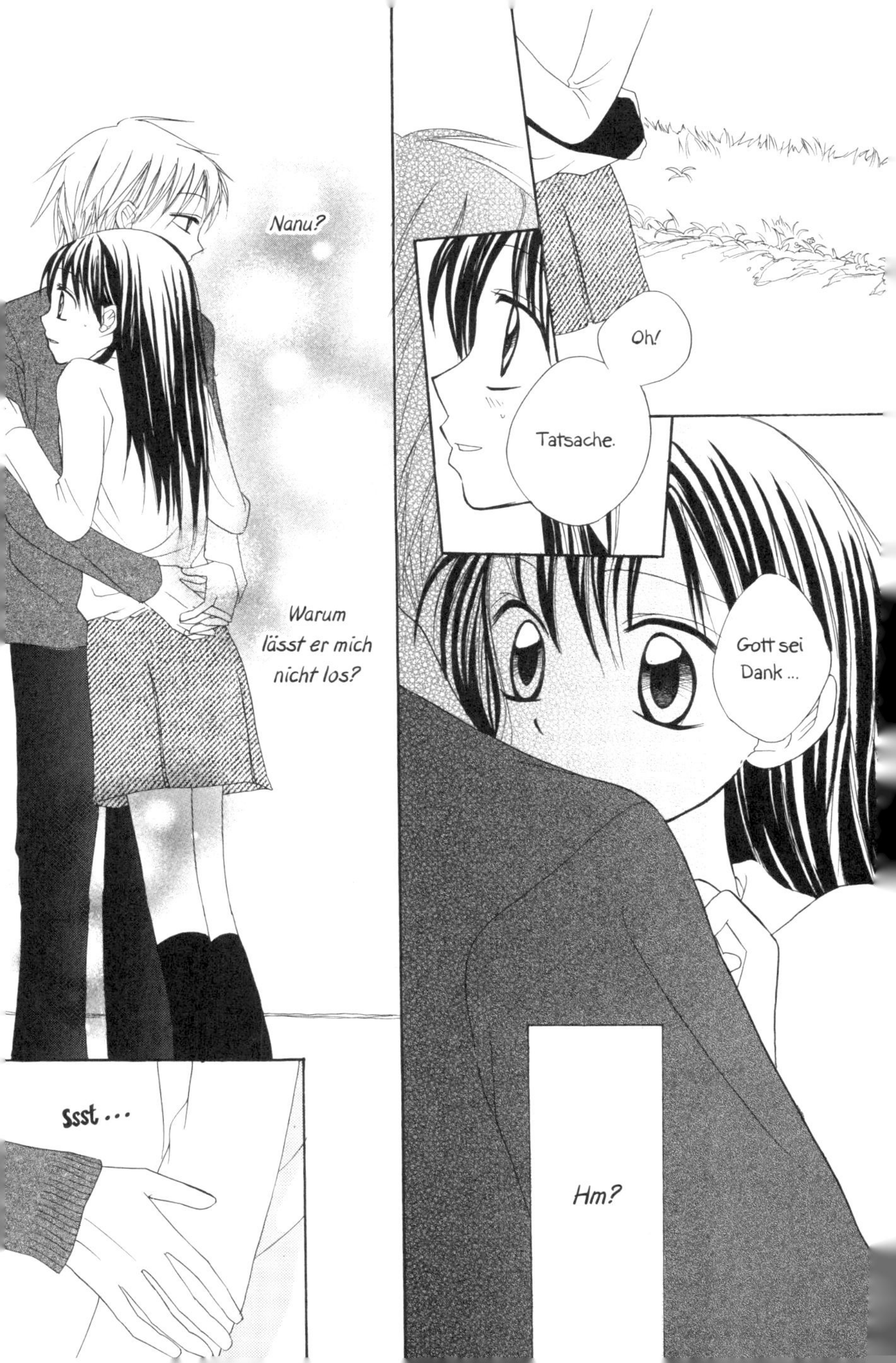
Oh!
Tatsache.
Gott sei Dank ...
Hm?
Nanu?
Warum lässt er mich nicht los?
Ssst ...

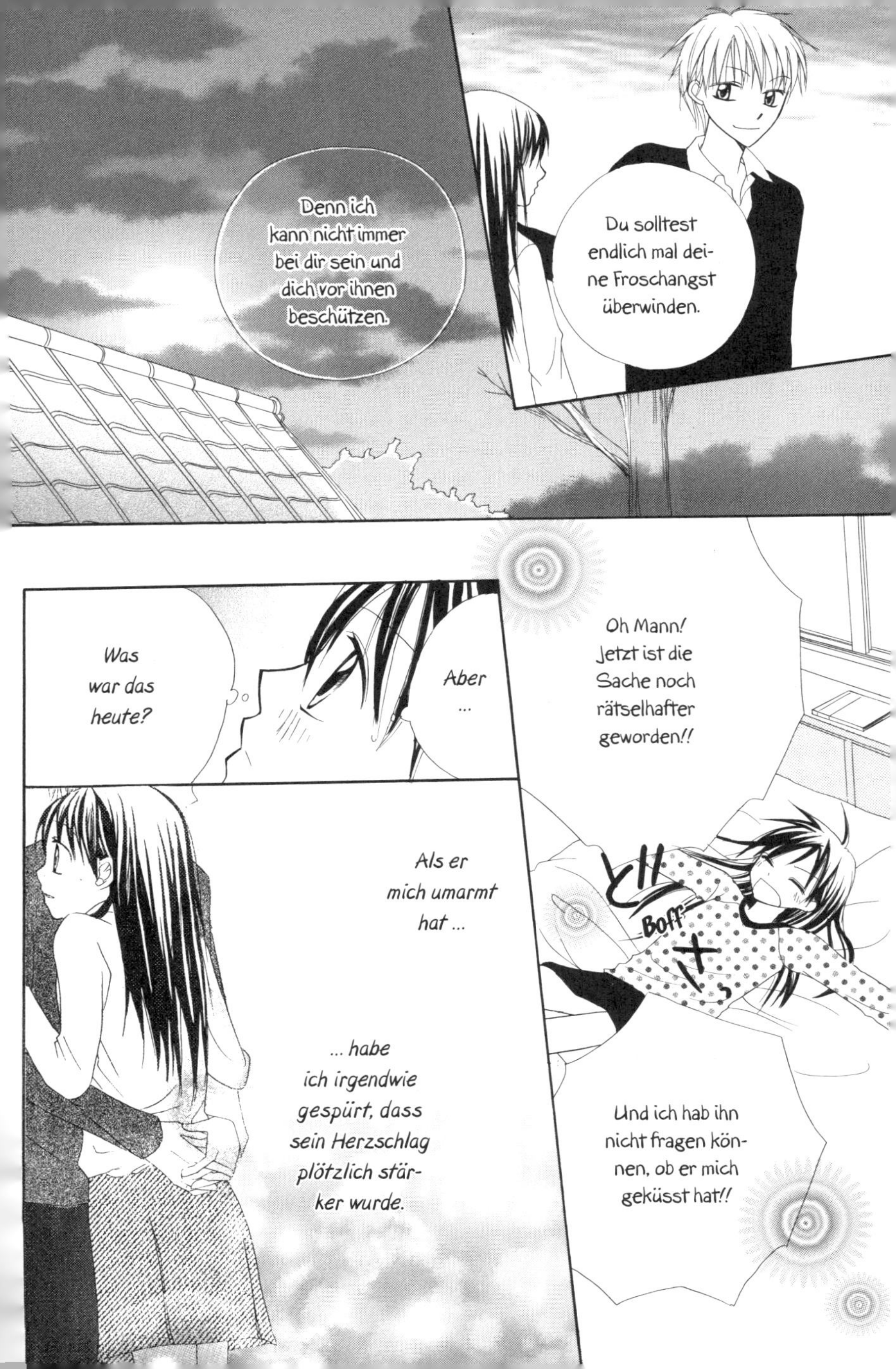
Du solltest endlich mal deine Froschangst überwinden.
Denn ich kann nicht immer bei dir sein und dich vor ihnen beschützen.
Oh Mann! Jetzt ist die Sache noch rätselhafter geworden!!
Aber ...
Was war das heute?
Boff
Und ich hab ihn nicht fragen können, ob er mich geküsst hat!!
Als er mich umarmt hat ...
... habe ich irgendwie gespürt, dass sein Herzschlag plötzlich stärker wurde.

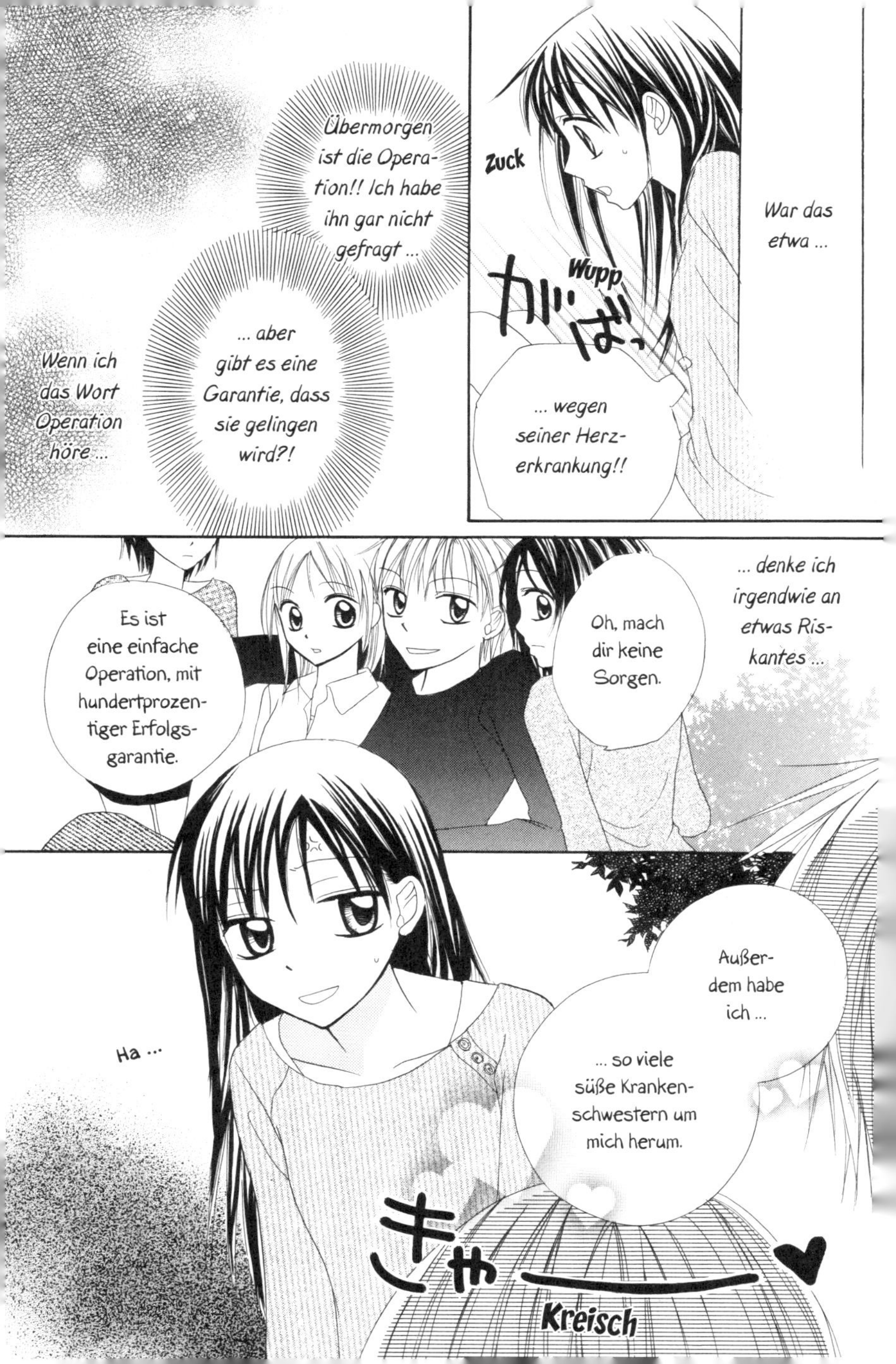

Zuck
War das etwa ...
Wupp
がばっ
... wegen seiner Herzerkrankung!!
Übermorgen ist die Operation!! Ich habe ihn gar nicht gefragt ...
... aber gibt es eine Garantie, dass sie gelingen wird?!
Wenn ich das Wort Operation höre ...
... denke ich irgendwie an etwas Riskantes ...
Oh, mach dir keine Sorgen.
Es ist eine einfache Operation, mit hundertprozentiger Erfolgsgarantie.
Außerdem habe ich ...
... so viele süße Krankenschwestern um mich herum.
Ha ...
きゃー♥
Kreisch

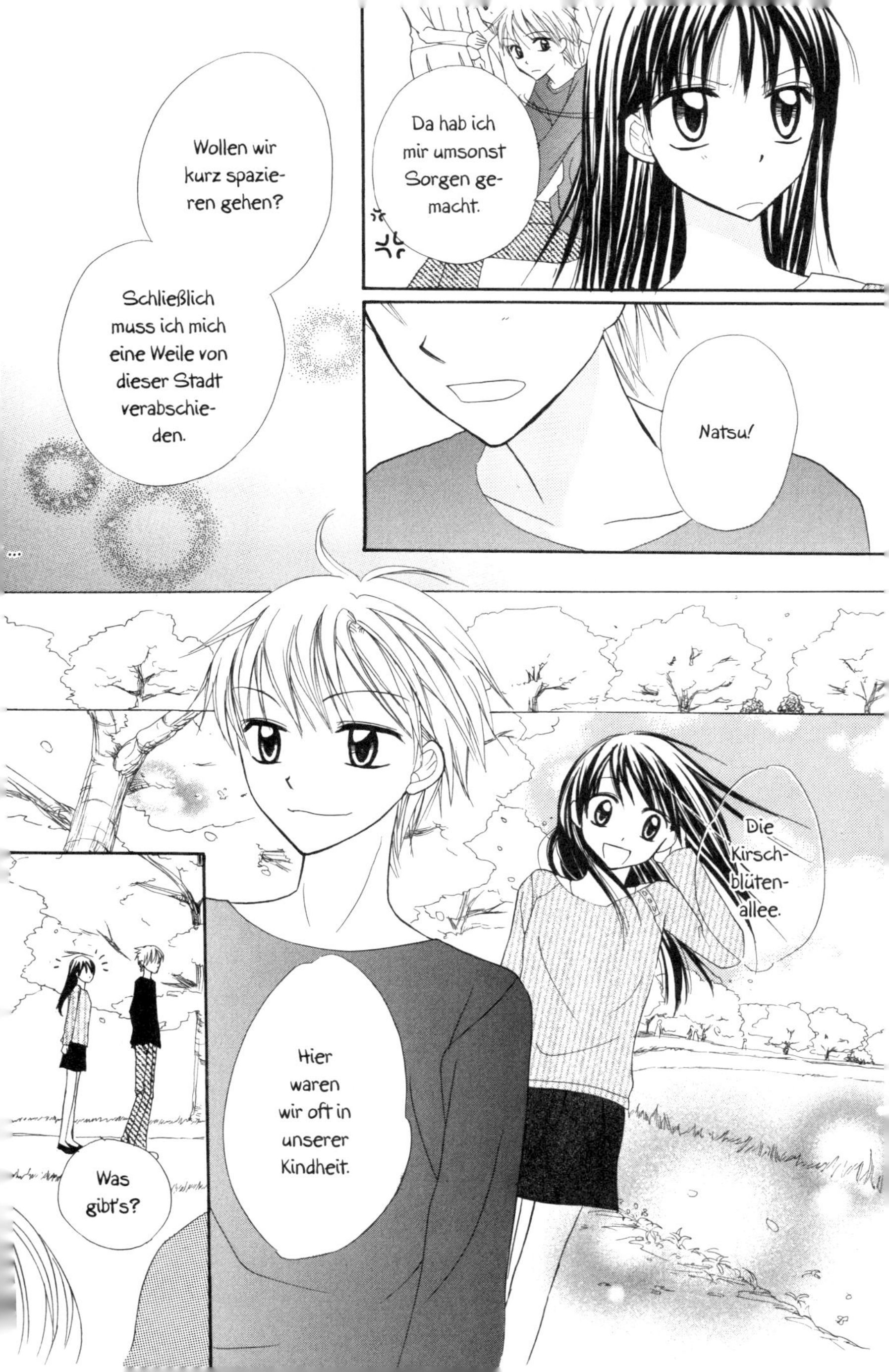
Da hab ich mir umsonst Sorgen gemacht.
Wollen wir kurz spazieren gehen?
Schließlich muss ich mich eine Weile von dieser Stadt verabschieden.
Natsu!
...
Die Kirschblütenallee.
Hier waren wir oft in unserer Kindheit.
Was gibt's?

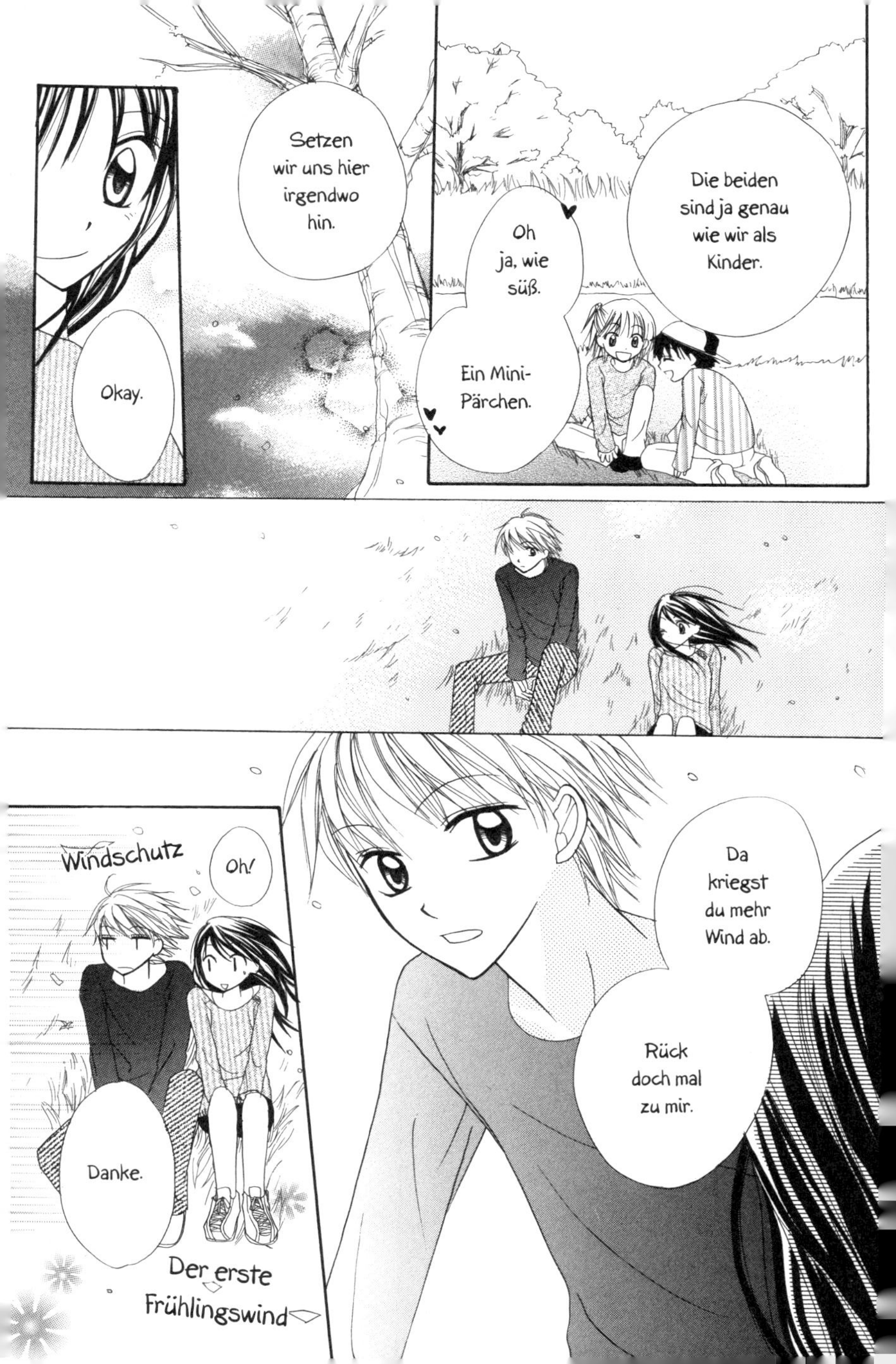
Die beiden sind ja genau wie wir als Kinder.
Oh ja, wie süß.
Ein Mini-Pärchen.
Setzen wir uns hier irgendwo hin.
Okay.
Da kriegst du mehr Wind ab.
Rück doch mal zu mir.
Oh!
Windschutz
Danke.
Der erste Frühlingswind

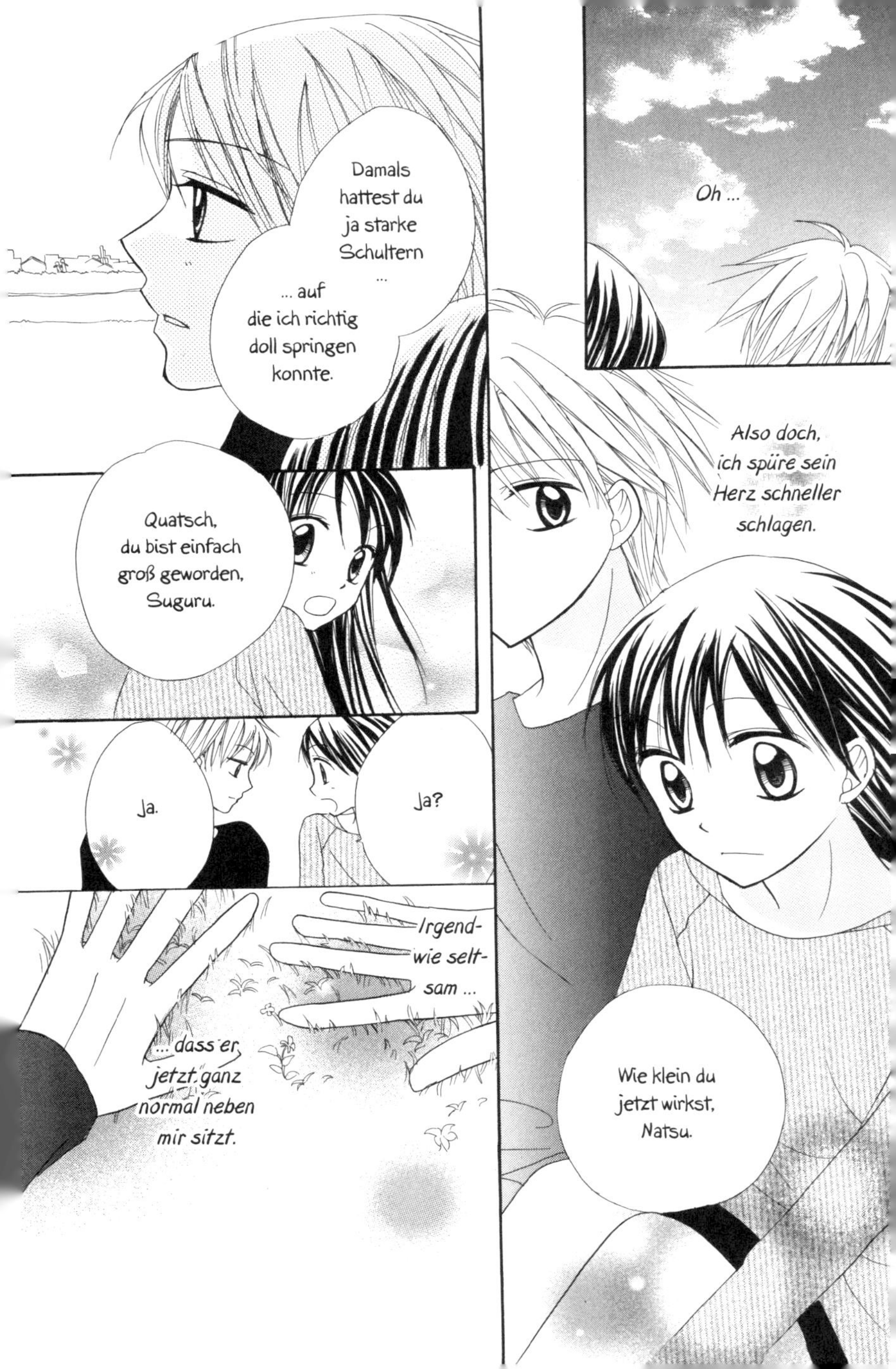
Oh ...
Damals hattest du ja starke Schultern ...
... auf die ich richtig doll springen konnte.
Also doch, ich spüre sein Herz schneller schlagen.
Quatsch, du bist einfach groß geworden, Suguru.
Ja?
Ja.
Irgendwie seltsam ...
... dass er jetzt ganz normal neben mir sitzt.
Wie klein du jetzt wirkst, Natsu.

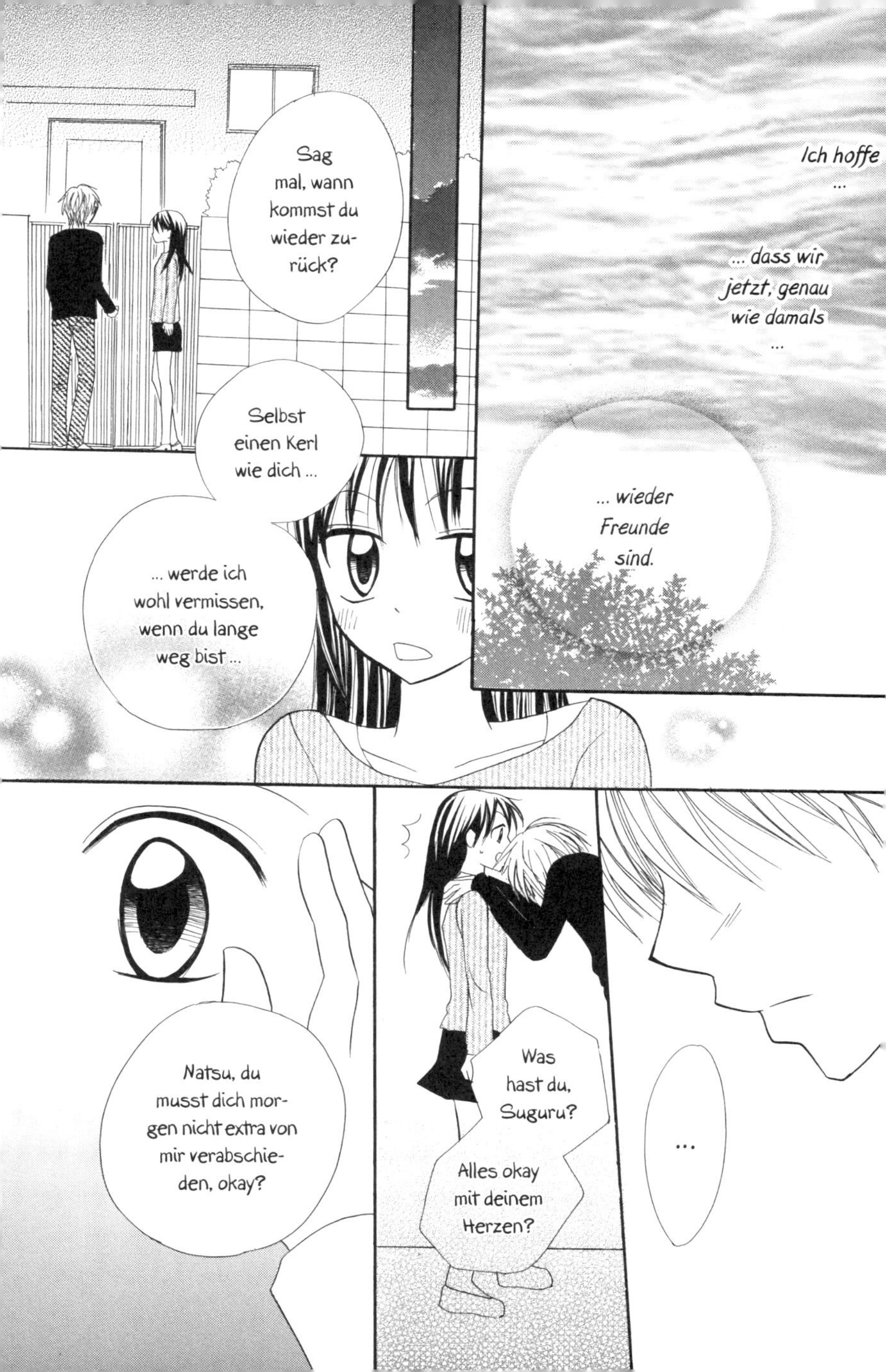
Ich hoffe ...
... dass wir jetzt, genau wie damals ...
... wieder Freunde sind.
Sag mal, wann kommst du wieder zurück?
Selbst einen Kerl wie dich ...
... werde ich wohl vermissen, wenn du lange weg bist ...
...
Was hast du, Suguru?
Alles okay mit deinem Herzen?
Natsu, du musst dich morgen nicht extra von mir verabschieden, okay?

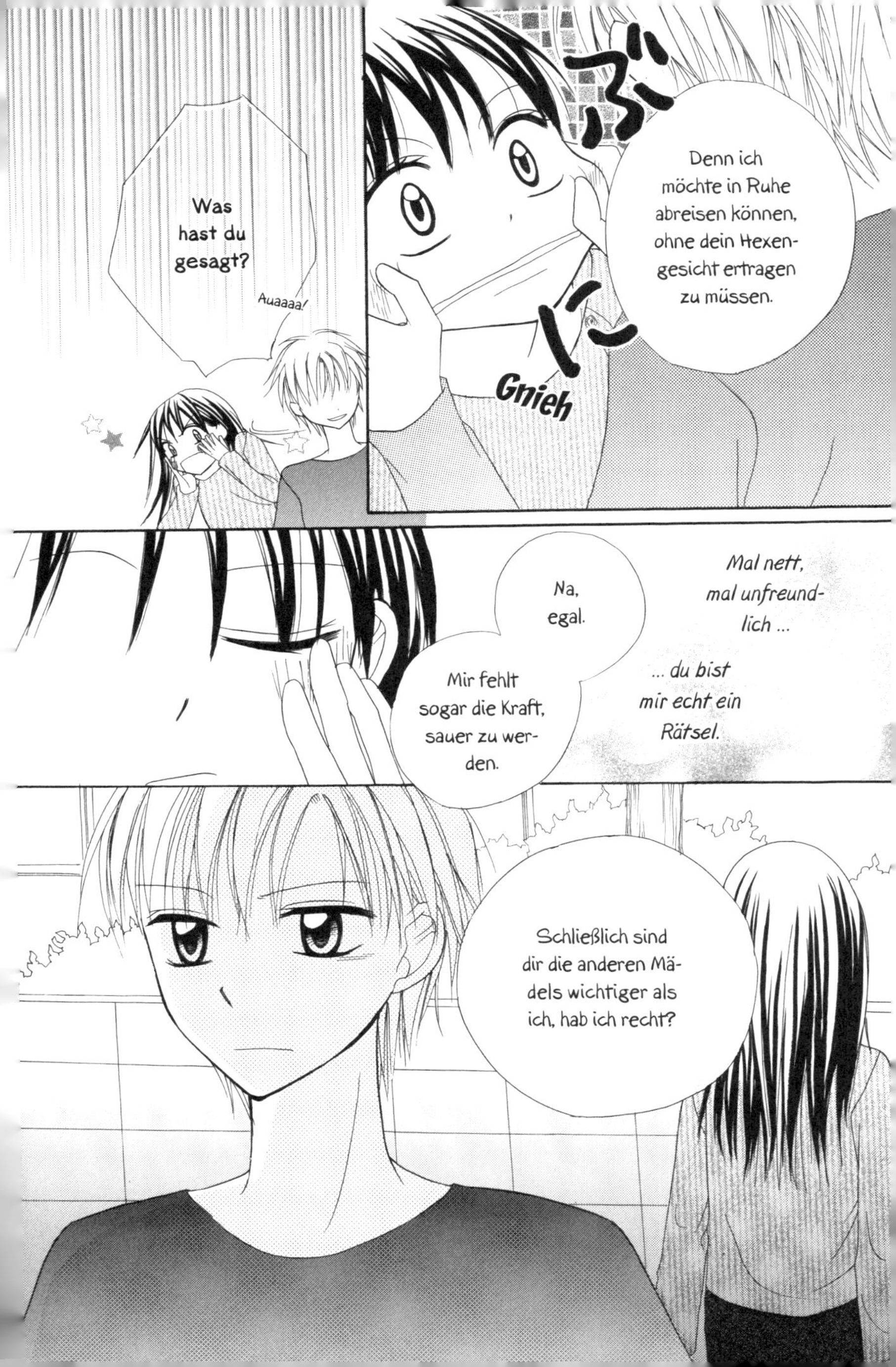
Denn ich möchte in Ruhe abreisen können, ohne dein Hexen-gesicht ertragen zu müssen.
Gnieh
Was hast du gesagt?
Auaaaa!
Mal nett, mal unfreund-lich ...
... du bist mir echt ein Rätsel.
Na, egal.
Mir fehlt sogar die Kraft, sauer zu wer-den.
Schließlich sind dir die anderen Mä-dels wichtiger als ich, hab ich recht?

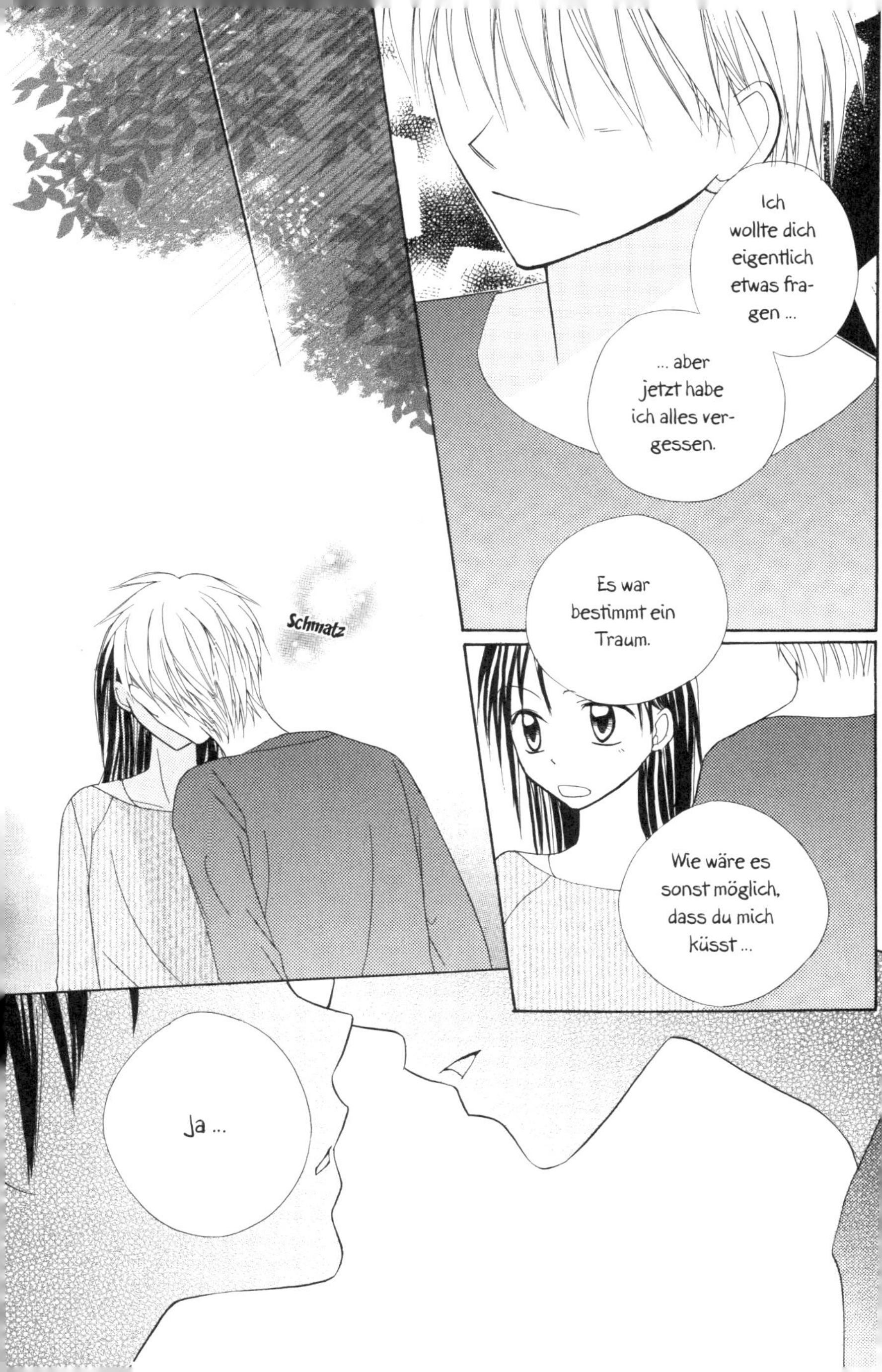
Ich wollte dich eigentlich etwas fragen ...
... aber jetzt habe ich alles vergessen.
Schmatz
Es war bestimmt ein Traum.
Wie wäre es sonst möglich, dass du mich küsst ...
Ja ...

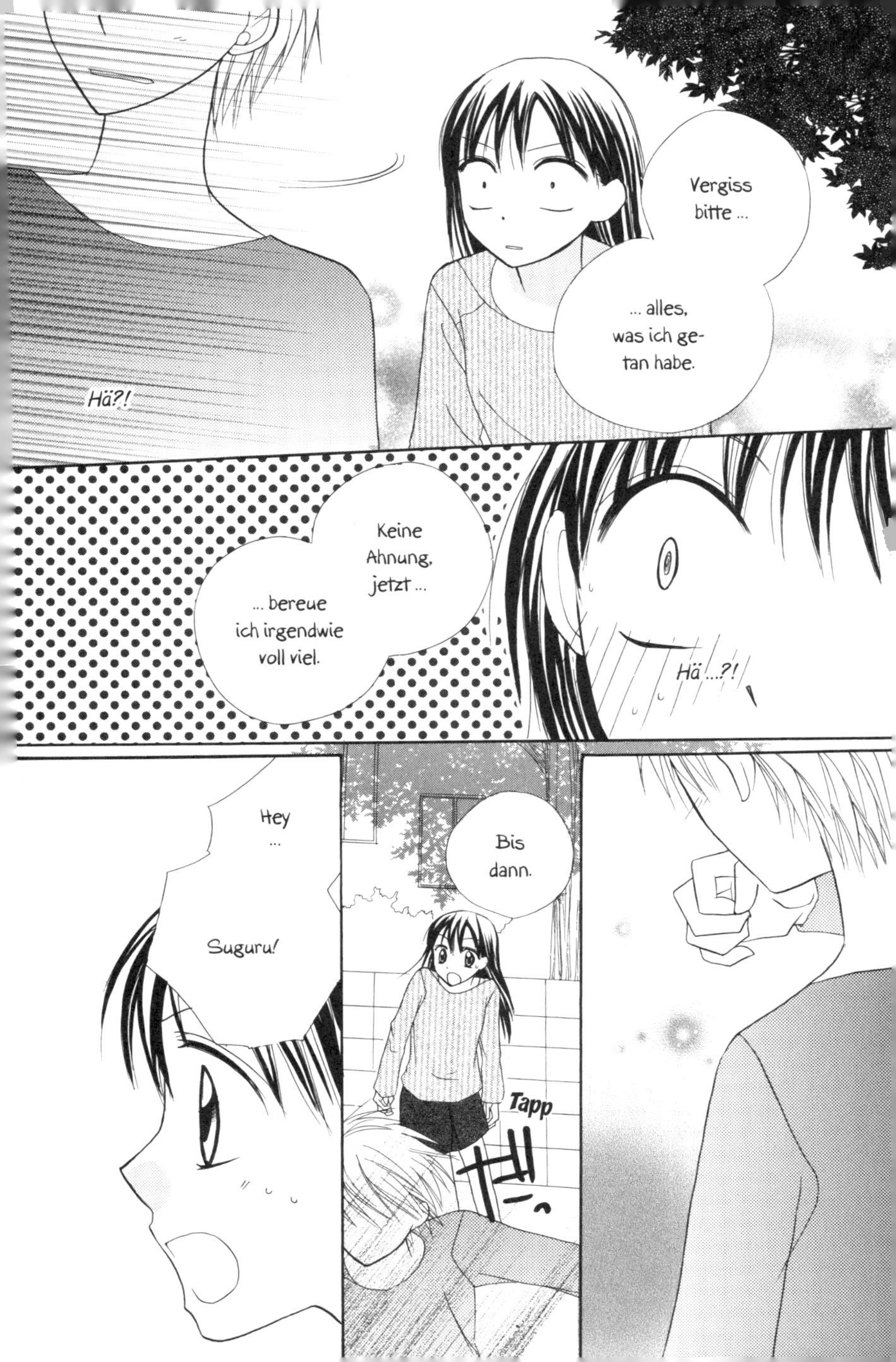
Vergiss bitte ...
... alles, was ich getan habe.
Hä?!
Keine Ahnung, jetzt ...
... bereue ich irgendwie voll viel.
Hä ...?!
Bis dann.
Tapp
Hey ...
Suguru!

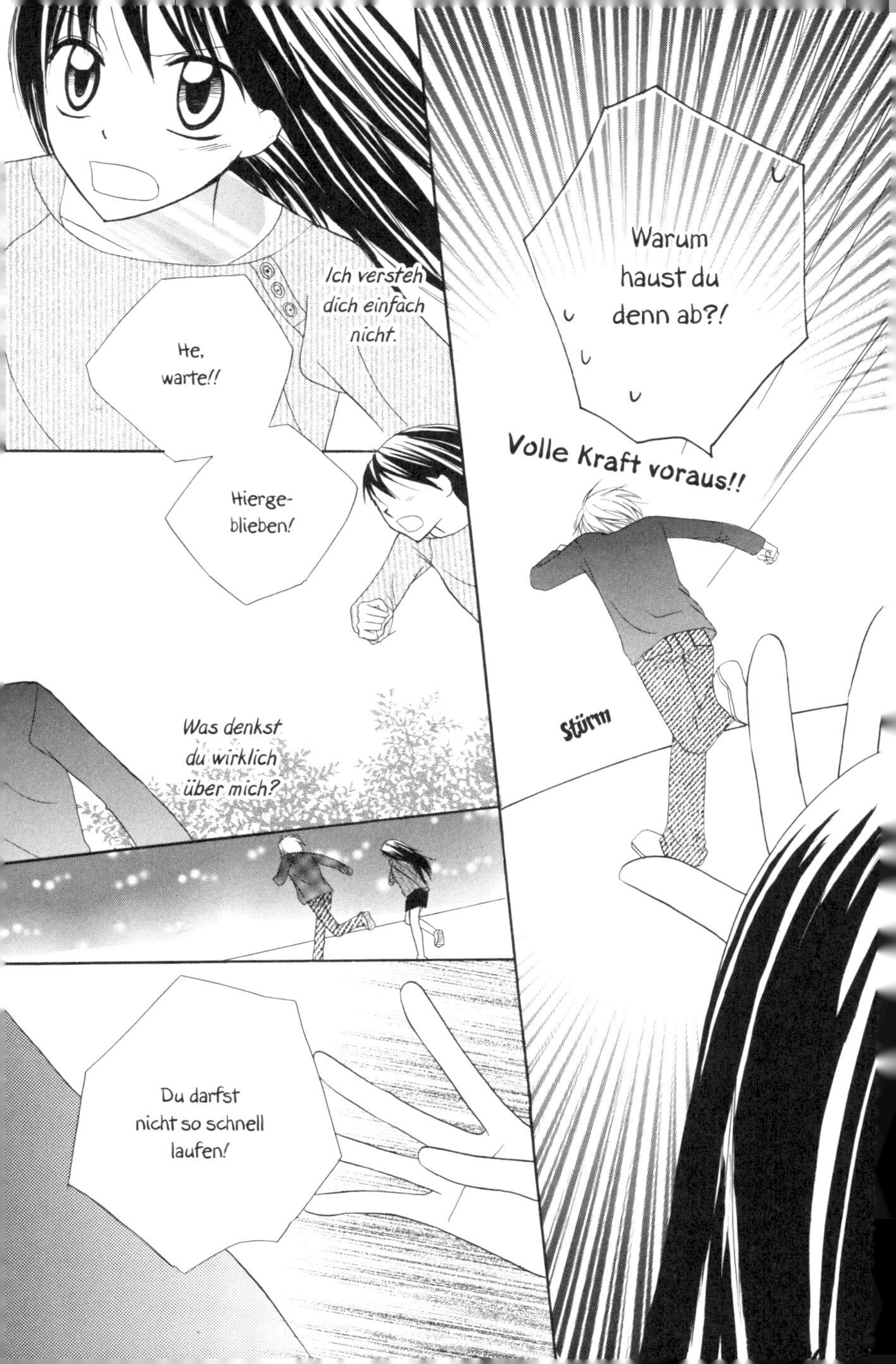
Warum haust du denn ab?!
Volle Kraft voraus!!
Stürm
Ich versteh dich einfach nicht.
He, warte!!
Hierge-blieben!
Was denkst du wirklich über mich?
Du darfst nicht so schnell laufen!

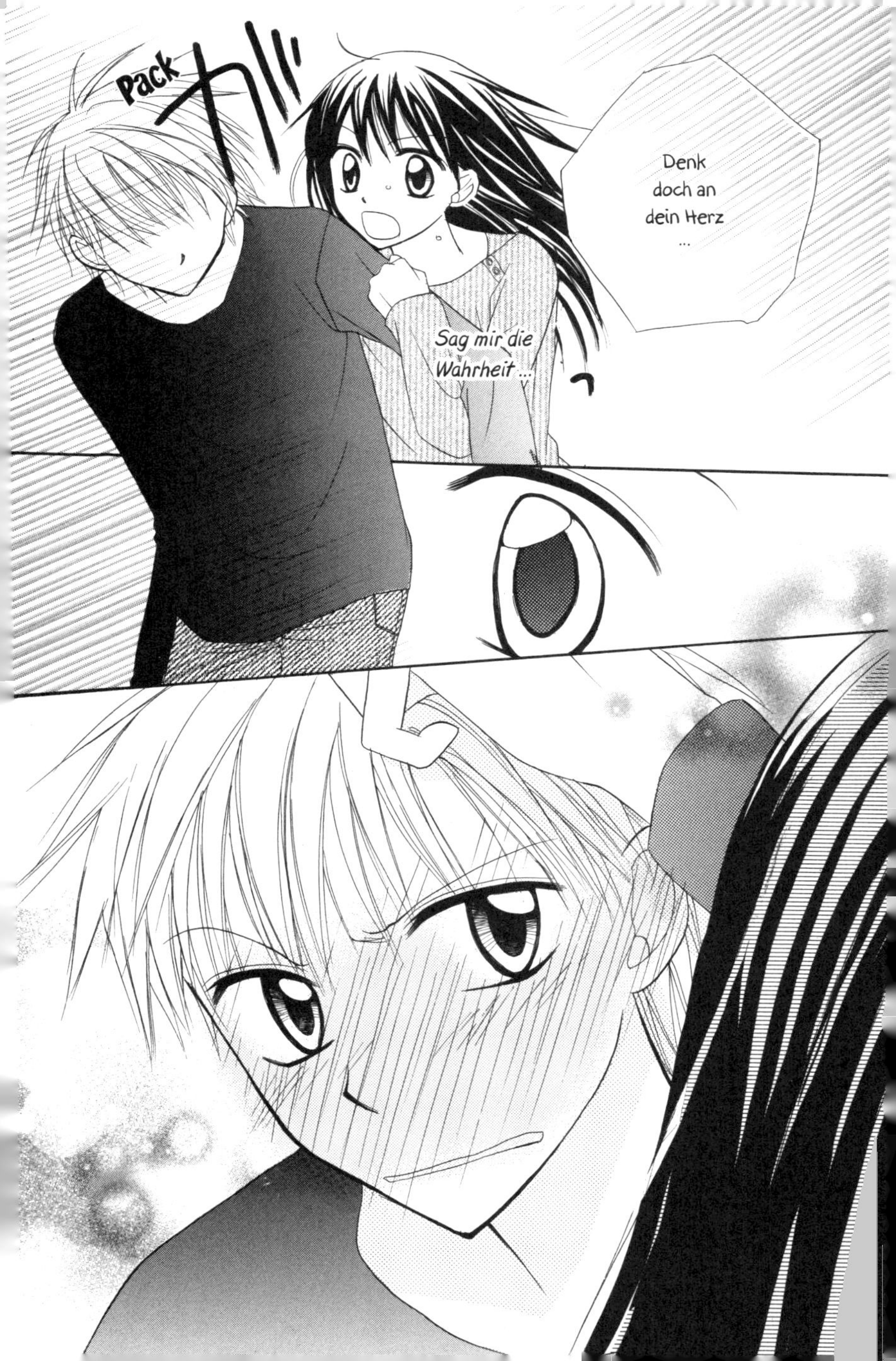

Denk doch an dein Herz ...
Sag mir die Wahrheit ...
Pack

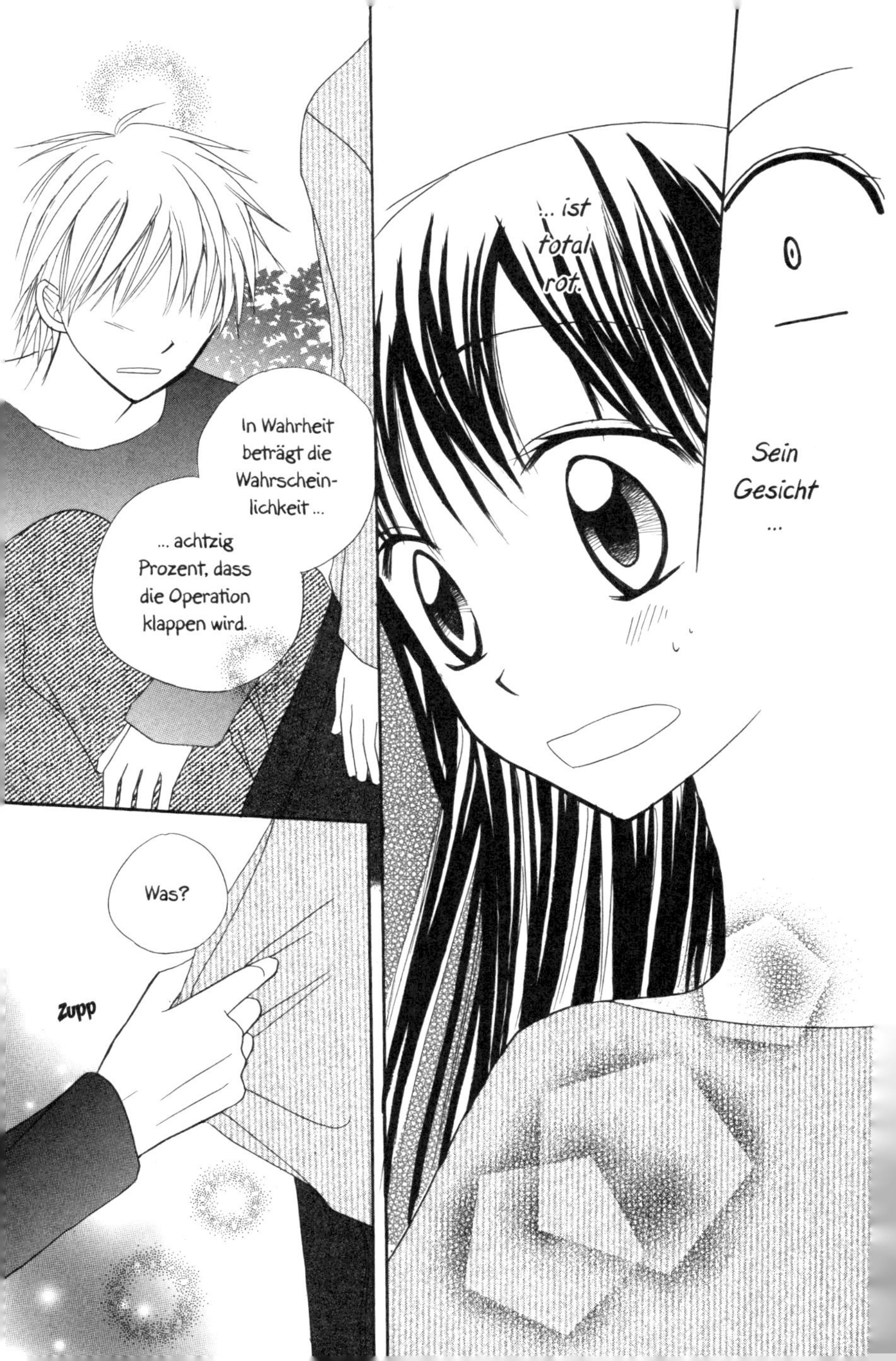
Sein Gesicht ...
... ist total rot.
In Wahrheit beträgt die Wahrscheinlichkeit ...
... achtzig Prozent, dass die Operation klappen wird.
Was?
Zupp

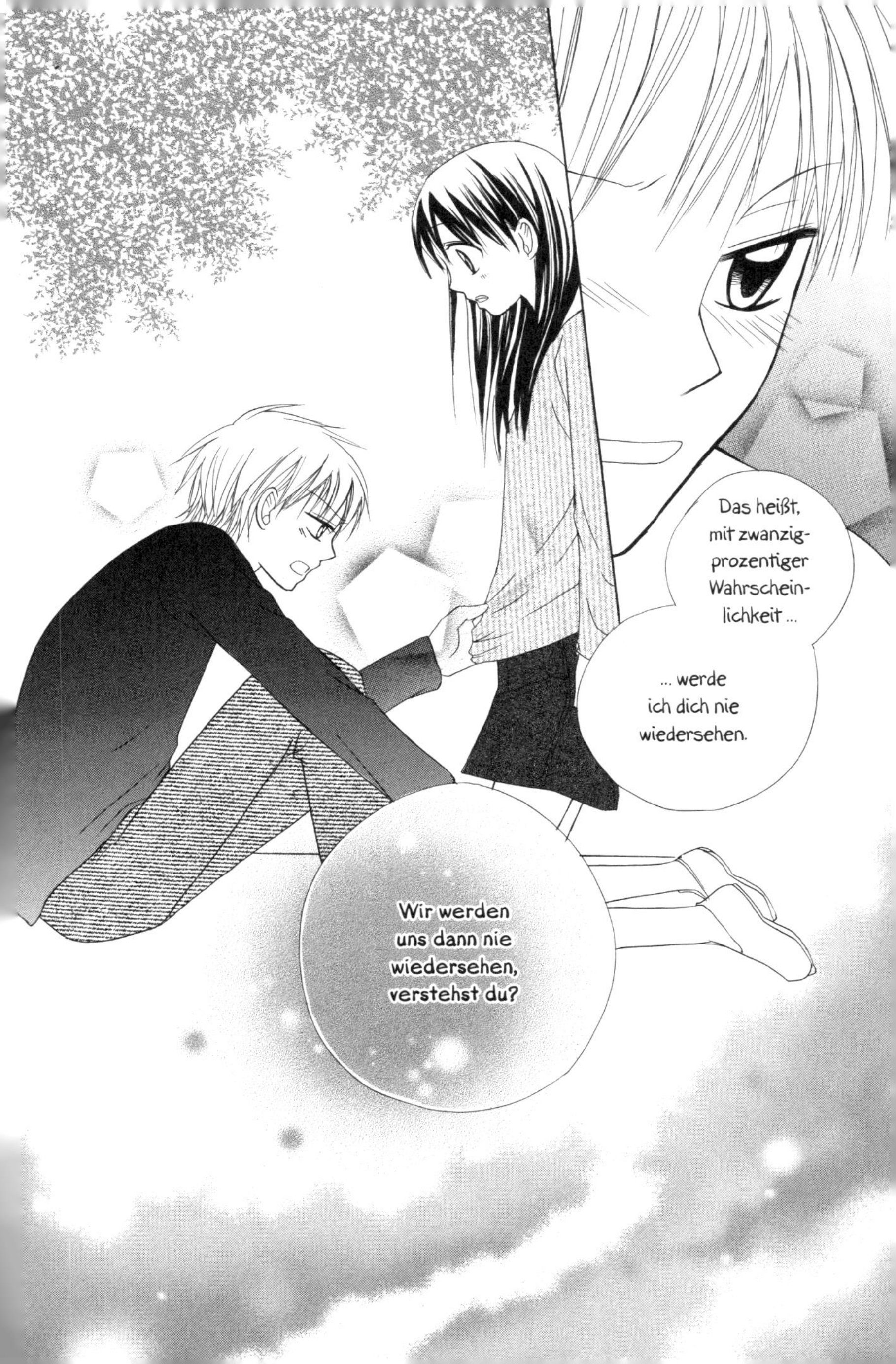
Das heißt, mit zwanzig-prozentiger Wahrschein-lichkeit ...
... werde ich dich nie wiedersehen.
Wir werden uns dann nie wiedersehen, verstehst du?

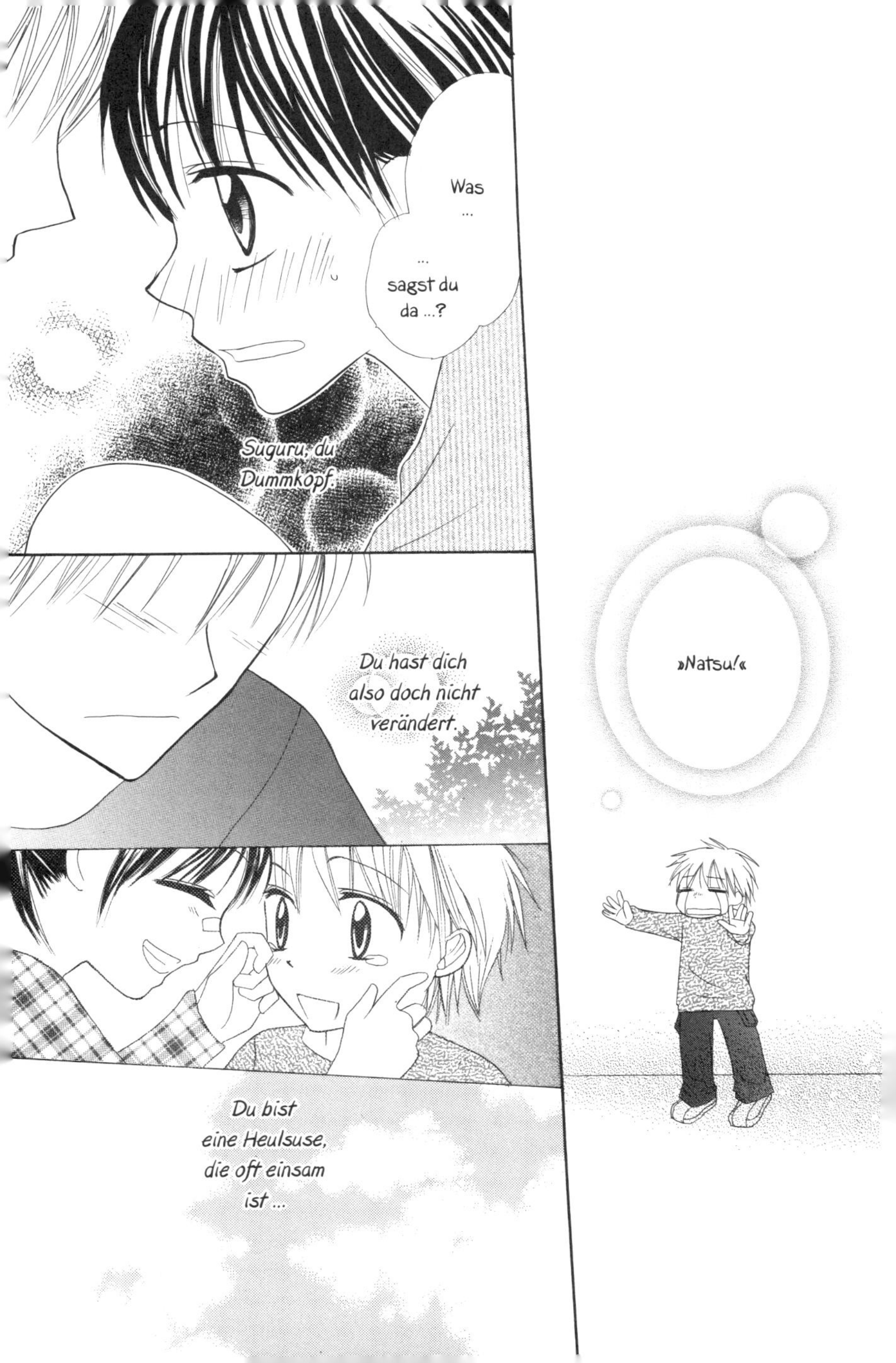
Was …
… sagst du da …?
Suguru, du Dummkopf.
Du hast dich also doch nicht verändert.
»Natsu!«
Du bist eine Heulsuse, die oft einsam ist …

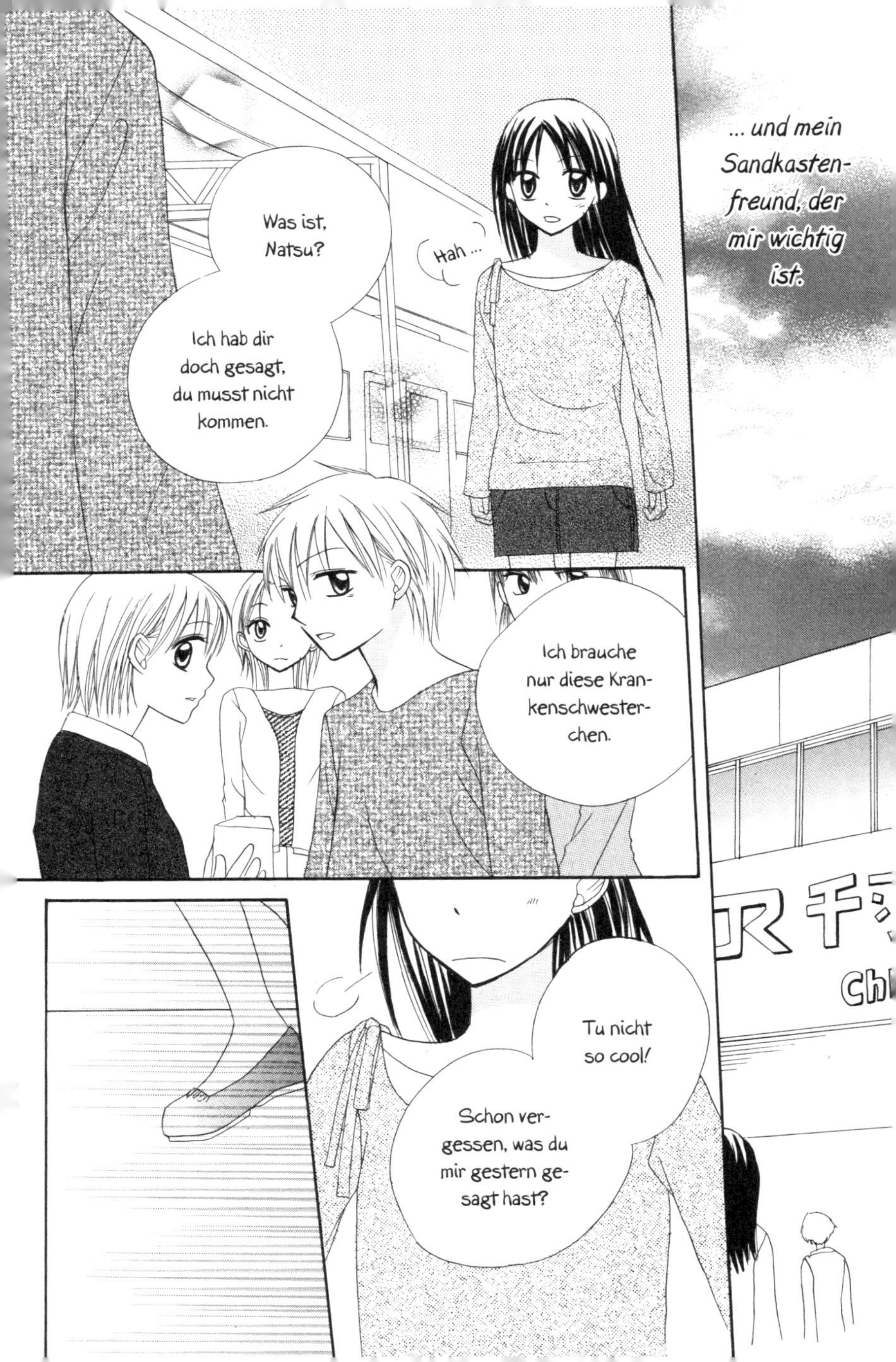
... und mein Sandkasten-freund, der mir wichtig ist.
Hah ...
Was ist, Natsu?
Ich hab dir doch gesagt, du musst nicht kommen.
Ich brauche nur diese Kran-kenschwester-chen.
Ch
Tu nicht so cool!
Schon ver-gessen, was du mir gestern ge-sagt hast?

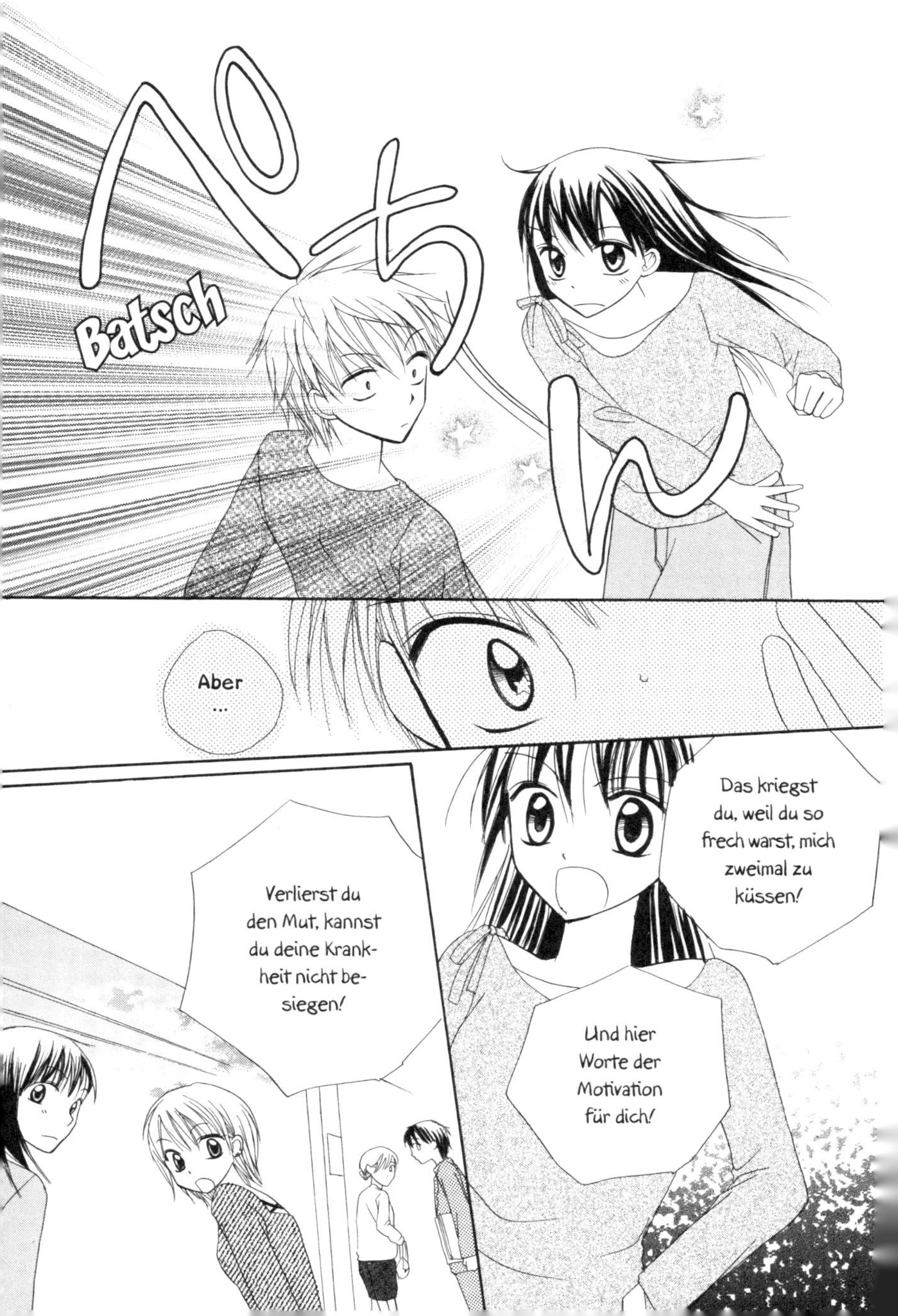
ぺちん
Batsch
Aber ...
Das kriegst du, weil du so frech warst, mich zweimal zu küssen!
Verlierst du den Mut, kannst du deine Krankheit nicht besiegen!
Und hier Worte der Motivation für dich!

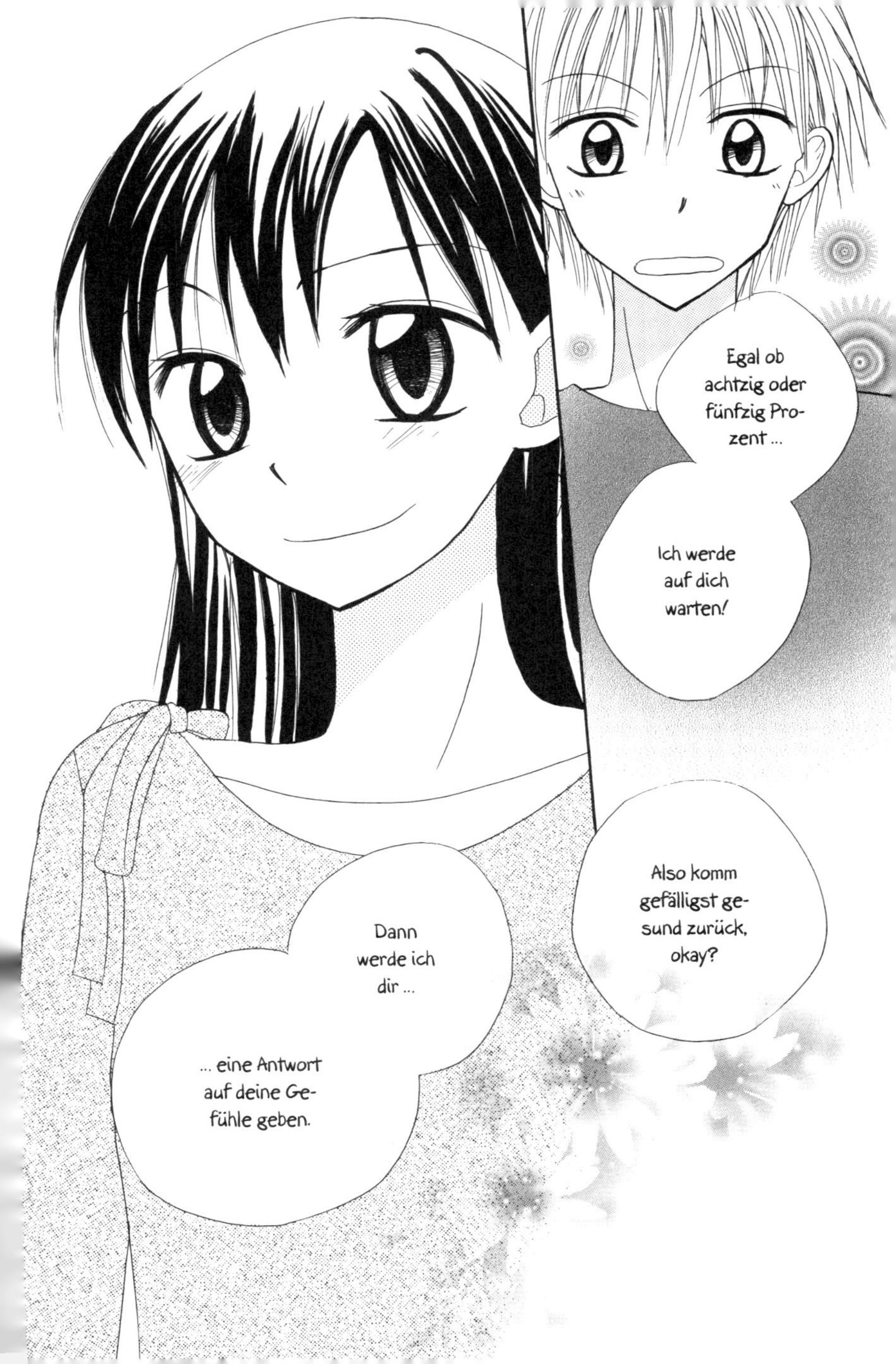
Egal ob achtzig oder fünfzig Prozent ...
Ich werde auf dich warten!
Also komm gefälligst gesund zurück, okay?
Dann werde ich dir ...
... eine Antwort auf deine Gefühle geben.

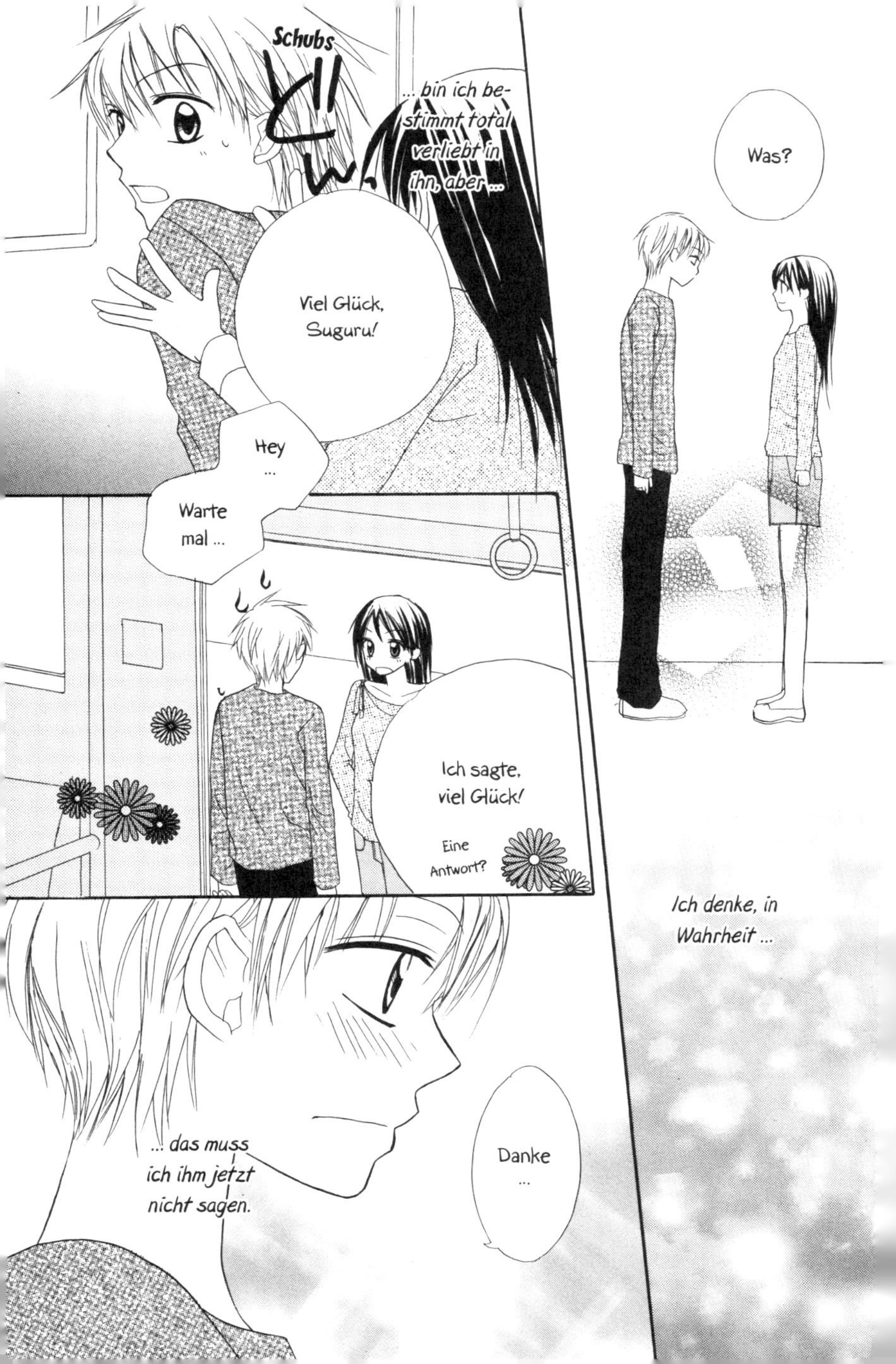

... bin ich bestimmt total verliebt in ihn, aber ...
Schubs
Viel Glück, Suguru!
Hey ...
Warte mal ...
Ich sagte, viel Glück!
Eine Antwort?
Was?
Ich denke, in Wahrheit ...
... das muss ich ihm jetzt nicht sagen.
Danke ...

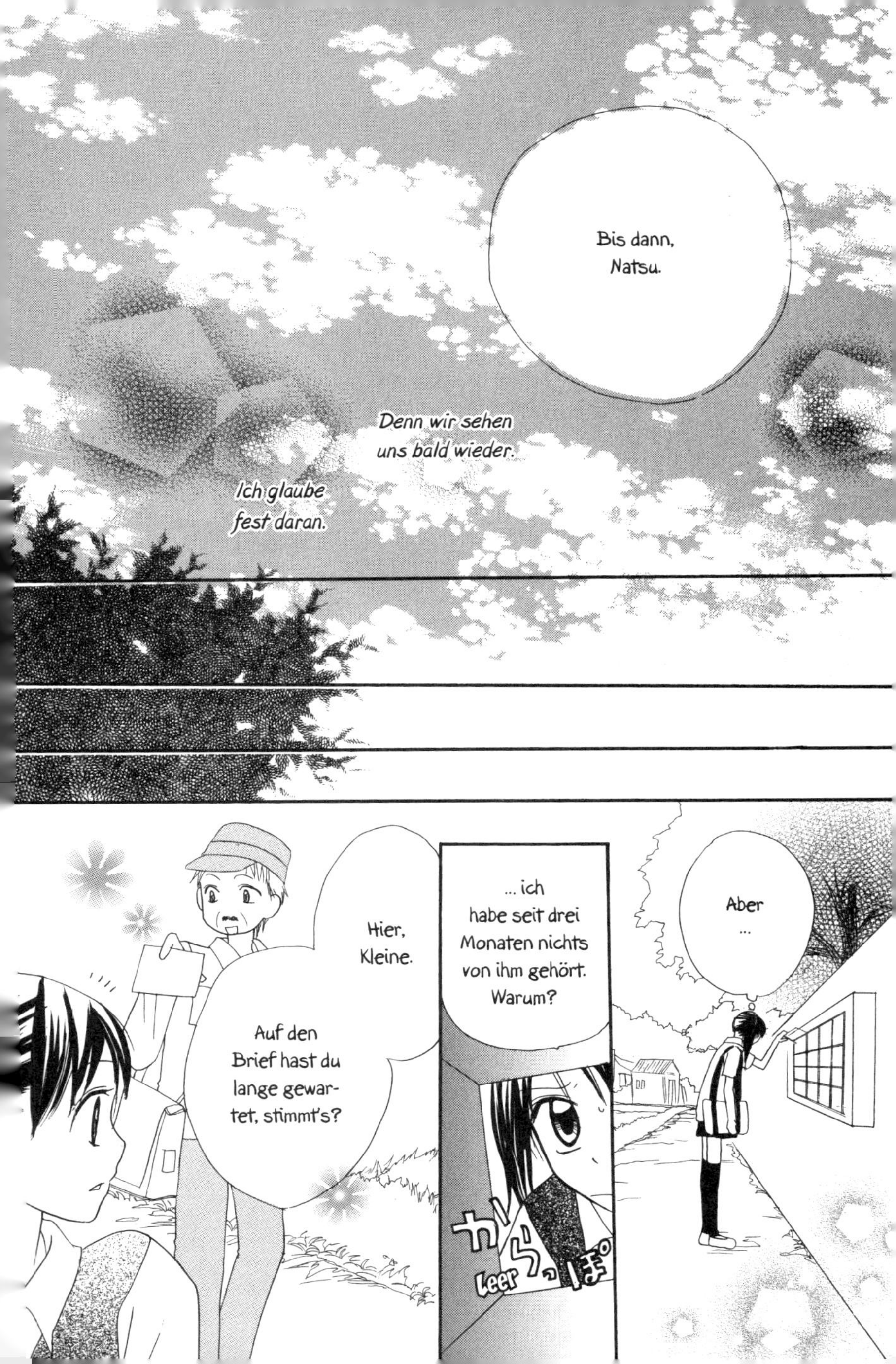
Bis dann, Natsu.
Denn wir sehen uns bald wieder.
Ich glaube fest daran.
Aber ...
... ich habe seit drei Monaten nichts von ihm gehört. Warum?
Leer
Hier, Kleine.
Auf den Brief hast du lange gewartet, stimmt's?

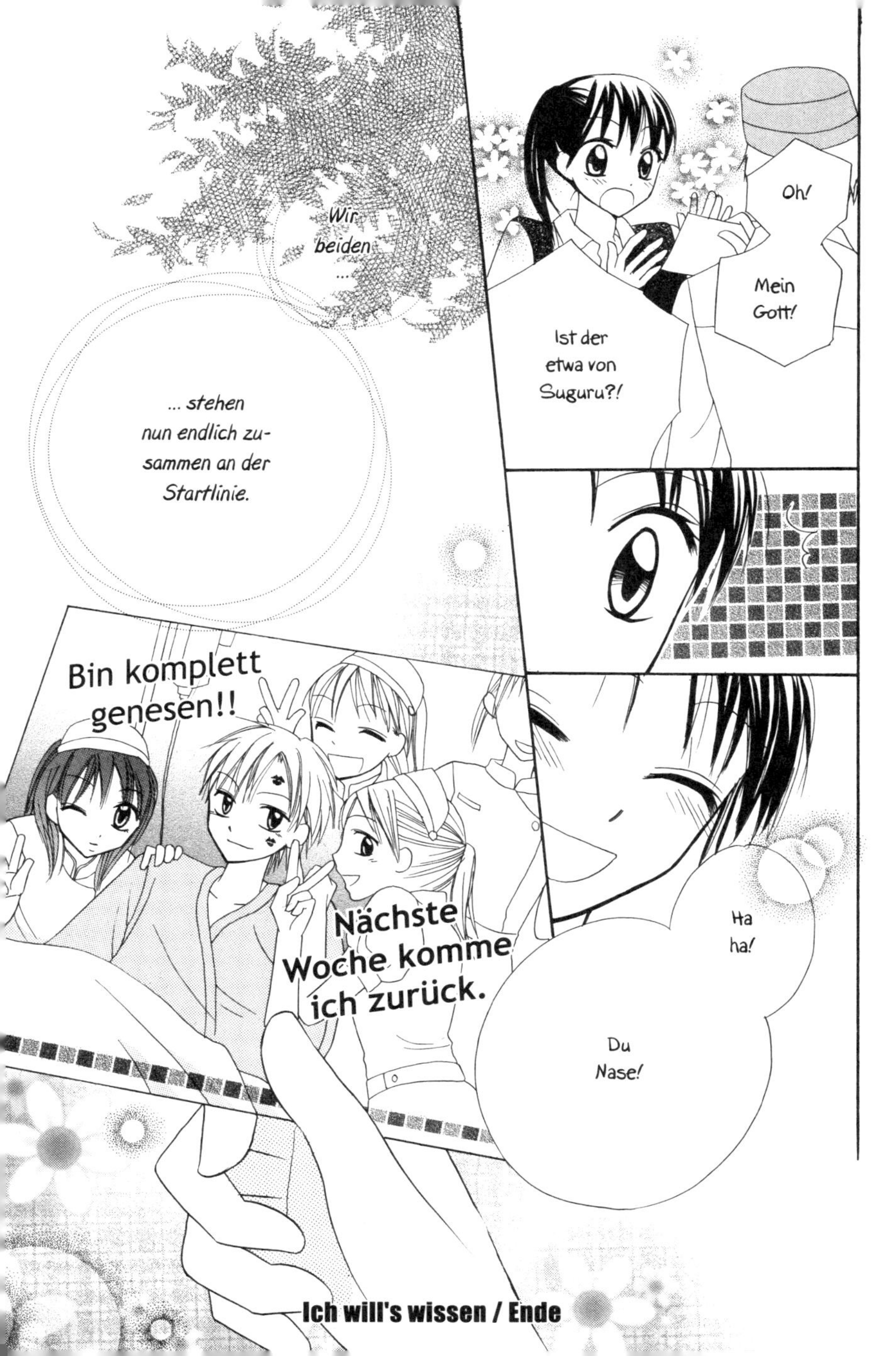
Oh!
Mein Gott!
Ist der etwa von Suguru?!
Wir beiden ...
... stehen nun endlich zusammen an der Startlinie.
Ha ha!
Du Nase!
Bin komplett genesen!!
Nächste Woche komme ich zurück.
Ich will's wissen / Ende

Thank you!

Vielen Dank, dass ihr Band 4 von Liebe, Küsse, Körper gelesen habt. Am Ende von Band 3 hatte ich zwar geschrieben, dass Band 4 noch erscheinen wird, aber da sich eine andere Veröffentlichung im Magazin Betsucomi länger hingezogen hat, hatte ich recht viel zu tun, und ...

... so kam es, dass ich irgendwie sorglos gedacht habe: »Band 4 von Liebe, Küsse, Körper ist bestimmt schon in Vergessenheit geraten, also kann man die Serie wohl ruhig heimlich einstellen.« Doch ...

... als ich zu twittern begann, habe ich viele Fragen bekommen wie: »Wann erscheint Band 4?« Und gute Freunde haben mir vorwurfsvoll gesagt: »Was du deinen Leserinnen versprochen hast, musst du natürlich halten.«

Dies hat mich dazu motiviert, die letzten Kapitel zu zeichnen. Ich bedanke mich bei allen Fans, die darauf gewartet haben!! So habe ich auch erfahren, dass meine Leserinnen Sasa und Maki mehr gemocht haben, als ich vermutet hatte. Deshalb habe ich mir vorgenommen, zu meinen eigenen Charakteren viel liebevoller zu sein und mehr Verantwortung für sie zu übernehmen ... doch ...

... als die letzten Kapitel in Sho-Comi erschienen sind, habe ich von Leserinnen, die den Manga aufmerksam gelesen haben, die Kritik bekommen: »Maki sieht anders aus als früher ...« ... »Das Setting ist falsch ...« Oh mein Gott!!

Für die Taschenbücher habe ich die Panels ziemlich überarbeitet. Aber Maki wirkt nun irgendwie jünger als früher ...

Ich hätte viel früher mit dem Zeichnen von Band 4 beginnen müssen ... Es tut mir wirklich leid!

Nach einigem Hin und Her geht die Geschichte von Sasa und Maki nun zu Ende. Sie war auch meine letzte Veröffentlichung für das Magazin Sho-Comi, für das ich über zehn Jahre lang als Mangaka arbeiten durfte. Der Manga ist daher auch für mich persönlich wichtig. Vielen Dank für alles!!

Und nun, nachdem Hausarrest ab 19:00! im Magazin Betsucomi abgeschlossen ist, habe ich fleißig die erste Episode meiner neuen Serie zu zeichnen begonnen.

← Weiter geht's.

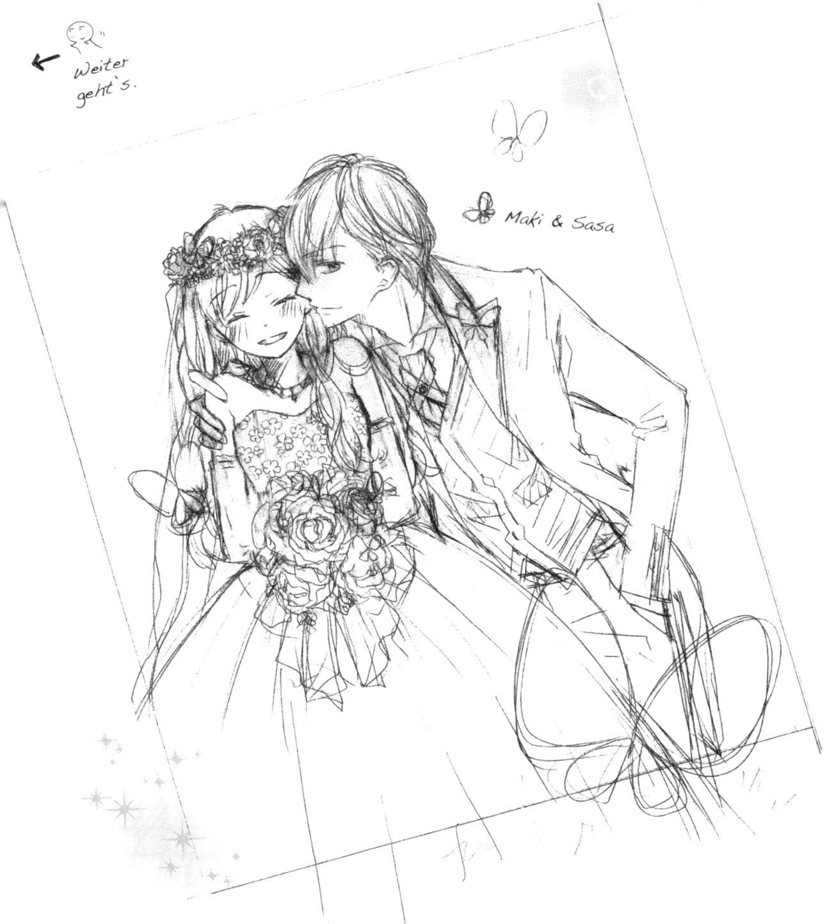

Im Februar 2017 wird in Betsucomi vom Verlag Shogakukan meine neue Serie namens ...

{ 1/3 San-bun no Ichi } Yippee!

... starten.

»Wenn ich noch mal ein 17-jähriges Schulmädchen sein könnte, möchte ich dies und jenes machen!«; »Eine Beziehung wie diese möchte ich haben!«; »Ich möchte mir als stylisches Mädchen solche Klamotten anziehen!«; »Bei Starbucks möchte ich mal einen Frappuccino trinken! (*lach*)«

Wünsche wie diese sind die Themen in diesem Manga. Ich würde mich daher freuen, wenn ihr ihn lesen würdet.

Die Geschichte spielt in der Gegend von Shonan und Enoshima.

Diese Städte gefallen mir gut. Zu Recherchezwecken möchte ich gern wieder dorthin.

Skizze der drei Hauptcharaktere von 1/3 San-bun no Ichi.

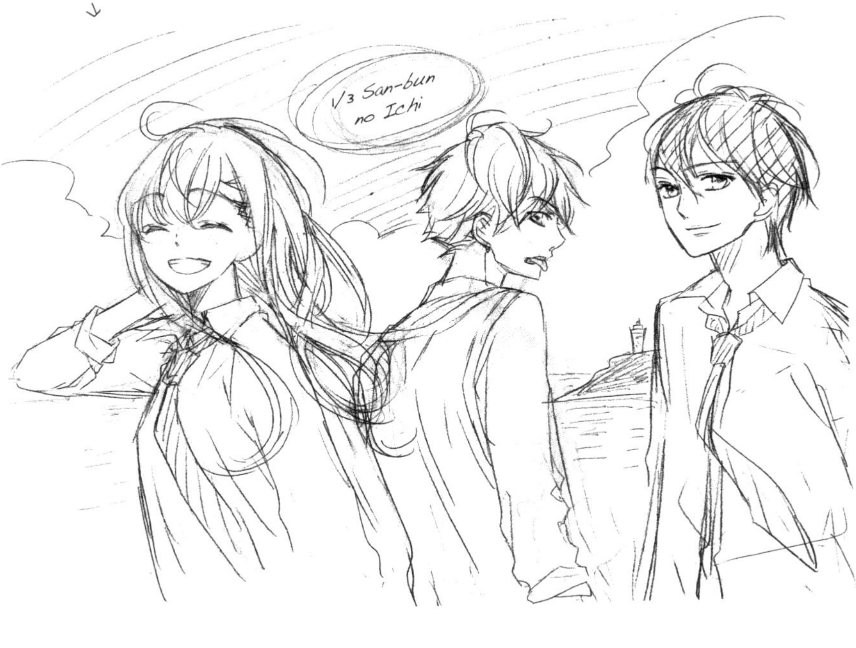

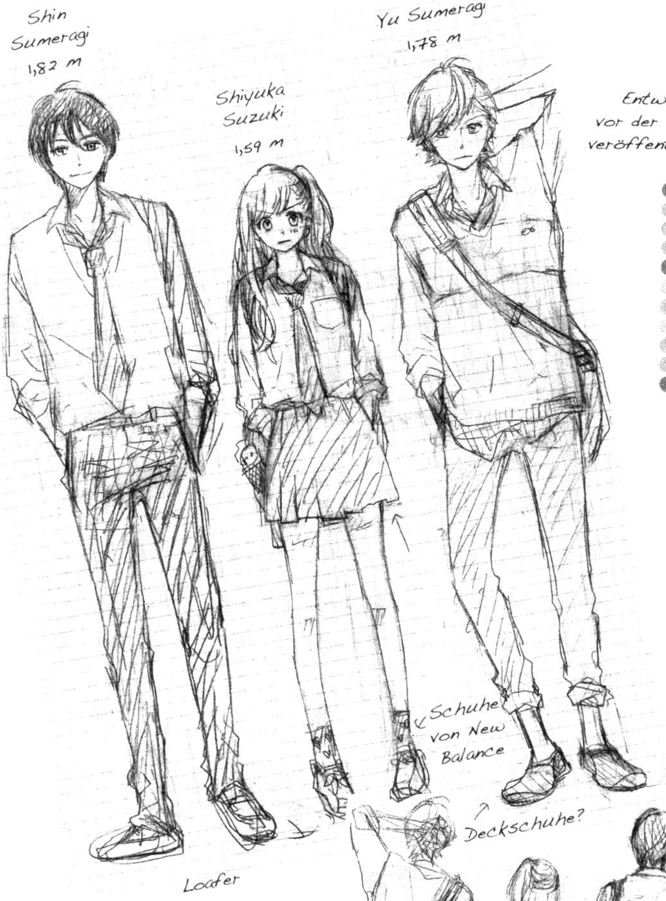

Entwürfe vor der Serienveröffentlichung

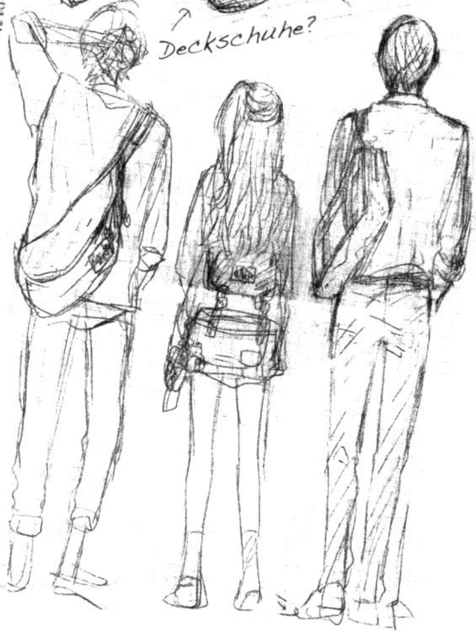

Ich hoffe, dass der Manga für die Leserinnen zum Inventar ihrer Jugend wird.

Ich würde mich freuen, euch bald wiederzusehen.

29.11.2016.
Kozue Chiba

HAUSARREST AB 19:00!

Kozue Chiba

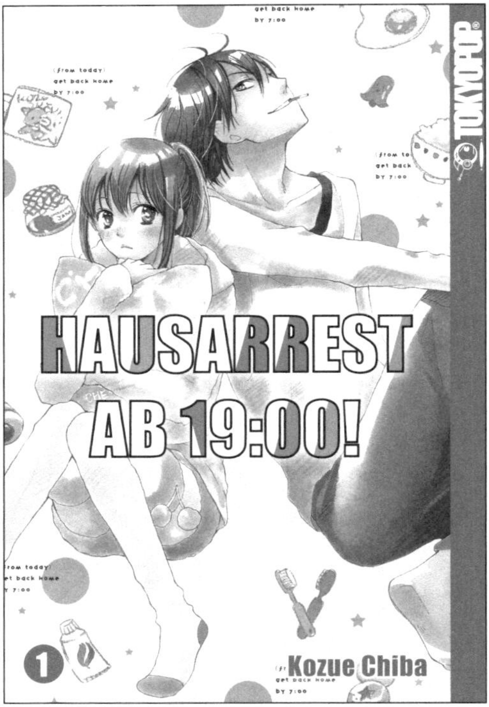

Er und ich ... unter einem Dach?!

Nach dem Tod ihrer Mutter ist Toka ganz auf sich allein gestellt – zumindest denkt sie das. Denn plötzlich sitzt ein Fremder in ihrem Haus, der rotzfrech behauptet, von nun an ihr Aufpasser und ihre Haushaltshilfe zu sein! Am liebsten würde Toka diesen Typen hochkant rauswerfen. Aber dann erfährt sie, dass er auf Wunsch ihrer Mutter da ist, und lässt sich auf eine WG mit ihm ein ...

TOKYOPOP GmbH
Hamburg

TOKYOPOP
1. Auflage, 2017
Deutsche Ausgabe/German Edition

Aus dem Japanischen von Kenichi Kusano

KOI TOKA, KISS TOKA, KARADA TOKA. 4 by Kozue CHIBA

Original Japanese edition published by SHOGAKUKAN.
German translation rights arranged with SHOGAKUKAN
through The Kashima Agency.

Redaktion: Elke Benesch
Lettering: Vibrraant Publishing Studio
Herstellung: Rita Geers
Druck und buchbinderische Verarbeitung:
CPI – Clausen & Bosse GmbH, Leck
Printed in Germany

ISBN 978-3-8420-4045-8

www.tokyopop.de

STOPP!

Dies ist die letzte Seite des Buches!
Du willst dir doch nicht den Spaß verderben
und das Ende zuerst lesen, oder?

Um die Geschichte unverfälscht und originalgetreu mitverfolgen zu können, musst du es wie die Japaner machen und von rechts nach links lesen. Deshalb schnell das Buch umdrehen und loslegen!

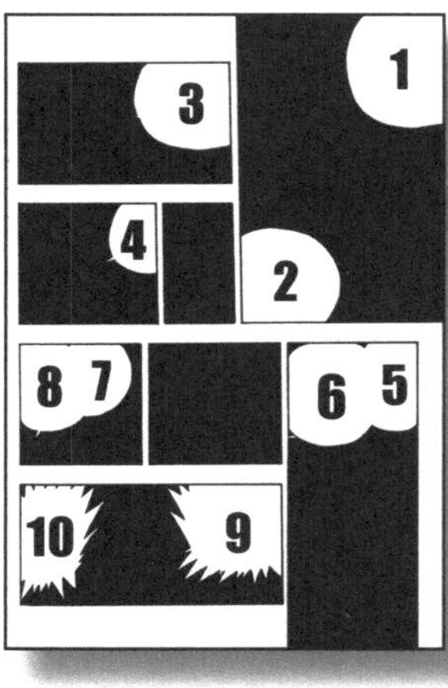

So geht's:

Wenn dies das erste Mal sein sollte, dass du einen Manga in den Händen hältst, kann dir die Grafik helfen, dich zurechtzufinden: Fang einfach oben rechts an zu lesen und arbeite dich nach unten links vor. Viel Spaß dabei wünscht dir TOKYOPOP®!